OEUVRES COMPLÈTES

DE M. LE VICOMTE

DE CHATEAUBRIAND.

TOME XXXII.

IMPRIMERIE ET FONDERIE DE FELIX LOCQUIN,
RUE NOTRE-DAME-DES-VICTOIRES, n° 16.

OEUVRES COMPLÈTES

DE M. LE VICOMTE

DE CHATEAUBRIAND

MEMBRE DE L'ACADÉMIE FRANÇOISE

TOME TRENTE-DEUXIÈME.

TABLE SOMMAIRE

DES

OEUVRES COMPLÈTES

DE M. LE VICOMTE

DE CHATEAUBRIAND.

APPENDICE.

Cette Table des Chapitres comprend le sommaire de l'*Essai sur la Vie et les Ouvrages de M. de Chateaubriand*, celui des *Natchez*, la *Table de la Polémique*, qui manquaient à ces deux ouvrages, et la Table générale des Notes, qui n'avait jamais été faite.

La pagination du *Sommaire des Martyrs* a été aussi indiquée, afin d'établir de l'uniformité dans le classement des œuvres complètes, et de faciliter les recherches.

AVIS

DES ÉDITEURS.

Les œuvres de M. de Châteaubriand, plus que toute autre production littéraire, réclamaient une table générale des matières. Cette table avait déjà été faite, il nous était facile de la reproduire dans notre édition; mais nous avons voulu remplir une lacune; à la nomenclature des hommes nous avons ajouté la nomenclature des choses, espérant que notre plan serait d'une plus grande utilité pour les personnes qui veulent consulter un auteur.

TABLE

Son discours d'entrée ; sa hardiesse	293
Chap. VIII. Bonaparte et les Bourbons	301
La monarchie selon la charte (fragment)	304
Disgrace de M. de Châteaubriand	306
Création du *Conservateur*	307
Assassinat du duc de Berry	308
Les *Quatre Stuarts*	310
Jugement porté sur ce livre	*ibid.*
Vers sur les Alpes	311
M. de Châteaubriand ambassadeur à Rome	314
La révolution de juillet	315
Il est porté en triomphe par le peuple	*ibid.*
M. de Châteaubriand après la révolution	316
Le *Paradis perdu*	317
M. de Châteaubriand et Milton	*ibid.*
M. de Châteaubriand et Napoléon	321
M. de Châteaubriand et lord Byron	322
Beau parallèle de M. de Châteaubriand et du prince de Talleyrand	343

TOME DEUXIÈME.

ESSAI SUR LES RÉVOLUTIONS.

—

TOME PREMIER.

Préface générale	1
Avertissement de l'auteur	ix

SOMMAIRE.

Préface.. xj
*Prospectus de l'*Essai sur les révolutions....... xlv
Avis sur cette édition........................... xlvij
Notice... xlix

PREMIÈRE PARTIE.

RÉVOLUTIONS ANCIENNES.

Introduction.. 1
Chapitre premier. *Première question.* Ancienneté des hommes............................. 14
Chap. II. Première révolution. Les républiques grecques. Si le contrat social des publicistes est la convention primitive des gouvernements......................... 22
Chap. III. L'âge de la monarchie en Grèce....... 26
Chap. IV. Causes de la subversion du gouvernement royal chez les Grecs. Elles diffèrent totalement de celles de la révolution française.. 28
Chap. V. Effet de la révolution républicaine sur la Grèce. Athènes, depuis Codrus jusqu'à Solon, comparée au nouvel état de la France... 33
Chap. VI. Quelques réflexions sur la législation de Solon. Comparaisons. Différences.... 37
Chap. VII. Origine des noms des factions *la montagne* et *la plaine*........................ 41

Chap. VIII. Portraits des chefs.	43
Chap. IX. Pisistrate.	45
Chap. X. Règne et mort de Pisistrate	48
Chap. XI. Hipparque et Hippias. Assassinat du premier. Rapports	49
Chap. XII. Guerre des émigrés. Fin de la révolution républicaine de la Grèce.	52
Chap. XIII. Sparte. Les Jacobins.	54
Chap. XIV. Suite	59
Chap. XV. Suite	63
Chap. XVI. Suite	65
Chap. XVII. Fin du sujet.	70
Chap. XVIII. Caractère des Athéniens et des Français.	72
Chap. XIX. De l'état des lumières en Grèce au moment de la révolution républicaine. Siècle de Lycurgue.	79
Chap. XX. Siècles moyens.	82
Chap. XXI. Siècle de Solon.	84
Chap. XXII. Poésie à Athènes. Anacréon. Voltaire. Simonide, Fontanes. Sapho, Parny. Alcée. Esope, Nivernais. Solon, les deux Rousseau.	85
Chap. XXIII. Poésie à Sparte. Premier chant de Tyrtée; Lebrun. Second chant de Tyrtée; Hymne des Marseillais. Chœur spartiate; strophe des Enfants. Chanson en l'honneur d'Harmodius; épitaphe de Marat.	102

SOMMAIRE.   xj

Chap. XXIV. Philosophie et politique. Les sages : les encyclopédistes. Opinions sur le meilleur gouvernement : Thalès, Solon, Périandre, etc. ; J.-J. Rousseau, Montesquieu. Morale : Solon, Thalès ; La Rochefoucault, Champfort . Parallèle de J.-J. Rousseau et d'Héraclite. Lettre à Darius ; lettre au roi de Prusse 112

Chap. XXV. Influence de la révolution républicaine sur les Grecs. Les biens 125

Chap. XXVI. Suite. Les maux................ 129

Chap. XXVII. État politique et moral des nations contemporaines, au moment de la révolution républicaine en Grèce. Cette révolution considérée dans ses rapports avec les autres peuples. Causes qui en ralentirent ou en accélérèrent l'influence..... 131

Chap. XXVIII. L'Égypte...................... 132

Chap. XXIX. Obstacles qui s'opposèrent à l'effet de la révolution grecque sur l'Égypte. Ressemblance de ce dernier pays avec l'Italie moderne........................ 137

Chap. XXX. Carthage 140

Chap. XXXI. Parallèle de Carthage et de l'Angleterre. Leurs constitutions............. 142

Chap. XXXII. Les deux partis dans le sénat de Carthage : Hannon, Barca............. 147

Chap. XXXIII. Suite. Minorité et majorité dans le parlement d'Angleterre.............. 149

Chap. XXXIV. M. Fox. M. Pitt................ 158

Chap. XXXV. Suite du parallèle entre Carthage et l'Angleterre. La guerre et le commerce. Annibal, Marlborough. Hannon, Cook. Traduction du voyage du premier; extrait de celui du second.................. 163

Chap. XXXVI. Influence de la révolution grecque sur Carthage................................. 178

Chap. XXXVII. L'Ibérie....................... 182

Chap. XXXVIII. Les Celtes.................... 184

Chap. XXXIX. L'Italie........................ 188

Chap. XL. Influence de la révolution grecque sur Rome...................................... 190

Chap. XLI. La Grande-Grèce................... 193

Chap. XLII. Suite. Zaleucus. Charondas........ 199

Chap. XLIII. Influence de la révolution d'Athènes sur la Grande-Grèce........................ 201

Chap. XLIV. La Sicile........................ 202

Chap. XLV. Suite............................ 204

Chap. XLVI. Les trois âges de la Scythie et de la Suisse. Premier âge: la Scythie heureuse et sauvage.................................. 205

Chap. XLVII. Suite du premier âge : la Suisse pauvre et vertueuse........................ 208

Chap. XLVIII. Second âge : la Scythie et la Suisse philosophiques............................. 212

Chap. XLIX. Suite. Troisième âge : la Scythie et la Suisse corrompues. Influence de la ré-

SOMMAIRE.

volution grecque sur la première, de la
révolution française sur la seconde.... 214

Chap. L. La Thrace. Fragments d'Orphée....... 218

Chap. LI. La Macédoine. La Prusse........... 221

Chap. LII. Iles de la Grèce. L'Ionie 223

Chap. LIII. Tyr. La Hollande................ 225

Chap. LIV. Suite........................... 228

Chap. LV. La Perse........................ 230

Chap. LVI. Tableau de la Perse au moment de l'abolition de la monarchie en Grèce. Gouvernement. Finances. Armées. Religion. 234

Chap. LVII. Tableau de l'Allemagne, au moment de la révolution française............... 237

Chap. LVIII. Suite. Les arts en Perse et en Allemagne. Poésie. Kreesnha. Klopstock. Fragment du poème Mahabarat, tiré du sanscrit. Fragment du Messie. Sacontala. Évandre................................ 239

Chap. LIX. Philosophie. Les deux Zoroastre. Politique..................................... 253

Chap. LX. Situation politique de la Perse, à l'instant de la guerre médique ; de l'Allemagne, à l'instant de la guerre républicaine. Darius. Joseph. Léopold........ 258

Chap. LXI. Influence de la révolution républicaine de la Grèce sur la Perse, et de la révolution de la France sur l'Allemagne. Causes immédiates de la guerre médique, de la guerre républicaine. L'Ionie. Le Brabant. 263

Chap. LXII. Déclaration de la guerre médique, l'an premier de la soixante-neuvième olympiade (505 ans avant Jésus-Christ); déclaration de la guerre présente, 1792. Premières hostilités 265

Chap. LXIII. Premières campagnes : an trois de la soixante-douzième olympiade; 1792. Portrait de Miltiade; portrait de Dumouriez. Bataille de Marathon; bataille de Jemmapes. Accusation de Miltiade, de Dumouriez........................ 269

Chap. LXIV. Xerxès; François. Ligue générale contre la Grèce, contre la France. Révolte des provinces................... 273

Chap. LXV. Campagne de la quatrième année de la soixante-quatorzième olympiade (480 ans avant Jésus-Christ). Campagne de 1793. Consternation à Athènes et à Paris. Bataille de Salamine. Bataille de Maubeuge 277

Chap. LXVI. Préparation à une nouvelle campagne. Retraite des chefs Mardonius, Cobourg, Pausanias, Pichegru. Alexandre, roi de Macédoine................... 287

Chap. LXVII. Campagne de l'an 479 avant Jésus-Christ, première année de la soixante-quinzième olympiade. Campagne de 1794. Bataille de Platée. Bataille de Fleurus. Succès et vices des Grecs, des Français. Différentes paix. Paix générale......... 290

Chap. LXVIII. Différence générale entre notre siè-

cle et celui où s'opéra la révolution républicaine de la Grèce.............. 299
Chap. LXIX. Récapitulation 309
Chap. LXX. Sujets et réflexions détachés 313

TOME TROISIÈME.

ESSAIS SUR LES RÉVOLUTIONS.

TOME II.

SECONDE PARTIE.

Chapitre premier. Seconde révolution. Philippe et Alexandre 1
Chap. II. Athènes. Les quatre cents........... 5
Chap. III. Examen d'un grand principe en politique........................ 11
Chap. IV. Les trente tyrans. Critias; Marat. Théramènes; Syeyes 16
Chap. V. Accusation de Théramènes. Son discours et celui de Critias. Accusation de Robespierre........................ 20

TABLE

Chap. VI. Guerre des émigrés. Exécution à Éleusine. Massacres du 2 septembre........ 26

Chap. VII. Abolition de la tyrannie. Rétablissement de l'ancienne constitution 30

Chap. VIII. Un mot sur les émigrés 32

Chap. IX. Denys le Jeune................. 39

Chap. X. Expédition de Dion. Fuite de Denys. Troubles à Syracuse................. 45

Chap. XI. Nouveaux troubles à Syracuse. Timoléon. Retraite de Denys............. 52

Chap. XII. Denys à Corinthe. Les Bourbons..... 55

Chap. XIII. Aux infortunés................. 66

Chap. XIV. Agis à Sparte................. 82

Chap. XV. Condamnation et exécution d'Agis et de sa famille....................... 85

Chap. XVI. Jugement et condamnation de Charles Ier, roi d'Angleterre............... 91

Chap. XVII. M. de Malesherbes. Exécution de Louis XVI........................ 98

Chap. XVIII. Triple parallèle. Agis, Charles et Louis 108

Chap. XIX. Quelques pensées 114

Chap. XX. Philippe et Alexandre 117

Chap. XXI. Siècle d'Alexandre 118

Chap. XXII. Philosophes grecs 128

Chap. XXIII. Philosophes modernes, depuis l'invasion des Barbares jusqu'à la renaissance des lettres........................ 130

SOMMAIRE.

Chap. XXIV. Suite. Depuis Bâcon jusqu'aux encyclopédistes 138

Chap. XXV. Les encyclopédistes. 144

Chap. XXVI. Platon, Fénélon, J.-J. Rousseau. La république de Platon, le Télémaque, l'Émile 147

Chap. XXVII. Mœurs comparées des philosophes modernes 163

Chap. XXVIII. De l'influence des philosophes grecs de l'âge d'Alexandre sur leur siècle, et de l'influence des philosophes modernes sur le nôtre 169

Chap. XXIX. Influence politique................ 170

Chap. XXX. Influence religieuse................ 174

Chap. XXXI. Histoire du polythéisme depuis son origine jusqu'à son plus haut point de grandeur............................... 176

Chap. XXXII. Décadence du polythéisme chez les Grecs, occasionnée par les sectes philosophiques et par plusieurs autres causes .. 181

Chap. XXXIII. Le polythéisme à Rome jusqu'au christianisme 185

Chap. XXXIV. Histoire du christianisme, depuis la naissance du Christ jusqu'à sa résurrection 187

Chap. XXXV. Accroissement du christianisme jusqu'à Constantin......................... 189

Chap. XXXVI. Suite. Depuis Constantin jusqu'aux Barbares 191

Chap. XXXVII. Suite. Conversion des Barbares. 194

Chap. XXXVIII. Depuis la conversion des Barbares jusqu'à la renaissance des lettres. Le christianisme atteint son plus haut point de grandeur 198

Chap. XXXIX. Décadence du christianisme occasionnée par trois causes : les vices de la cour de Rome, la renaissance des lettres et la réformation 200

Chap. XL. La réformation................. 202

Chap. XLI. Depuis la réformation jusqu'au Régent 208

Chap. XLII. Le Régent. La chute du christianisme s'accélère 210

Chap. XLIII. La secte philosophique sous Louis XV. 213

Chap. XLIV. Objections des philosophes contre le christianisme. Objections philosophiques. 220

Chap. XLV. Objections historiques et critiques .. 223

Chap. XLVI. Objections contre le dogme....... 226

Chap. XLVII. Objections contre la discipline.... 229

Chap. XLVIII. De l'esprit des prêtres chez les anciens et chez les modernes, considéré dans un gouvernement populaire...... 233

Chap. XLIX. De l'esprit des prêtres chez les anciens et chez les modernes, considéré dans un gouvernement monarchique 237

Chap. L. Du clergé actuel en Europe. Du clergé en France 245

SOMMAIRE.

Chap. LI. Du clergé en Italie.................. 247
Chap. LII. Du clergé en Allemagne............. 249
Chap. LIII. Du clergé en Angleterre............ 250
Chap. LIV. Du clergé en Espagne et en Portugal.
    Voyage aux Açores. Anecdote 253
Chap. LV. Quelle sera la religion qui remplacera
    le christianisme 265
Chap. LVI. Résumé........................... 271
Chap. LVII et dernier. Nuit chez les sauvages
    d'Amérique 280
Notes 299

TOME QUATRIÈME.

ÉTUDES OU DISCOURS HISTORIQUES.

TOME I.

Avant-propos 1
Préface 5
Origine commune des peuples de l'Europe. Docu-

ments et historiens étrangers à consulter pour
l'histoire de France.................... 6
Archives françaises...................... 17
Écrivains de l'histoire générale et de l'histoire critique de France avant la révolution............ 31
École historique moderne de la France......... 38
École historique de l'Allemagne. Philosophie de l'histoire. L'histoire en Angleterre et en Italie. 41
Auteurs français qui ont écrit l'histoire depuis la révolution. Mémoires. Traductions et publications. Théâtre. Roman historique. Poésie. Écrivains fondateurs de notre nouvelle école historique................................ 54
De ces études historiques................. 89

ÉTUDE PREMIÈRE.

PREMIER DISCOURS sur la chute de l'empire romain, la naissance et les progrès du Christianisme et l'invasion des Barbares.................. 129
EXPOSITION............................ *ibid.*
PREMIÈRE PARTIE : De Jules-César à Dèce ou Décius................................ 154
SECONDE PARTIE : De Dèce ou Décius à Constantin. 248

ÉTUDE SECONDE.

SECOND DISCOURS sur la chute de l'empire romain, la naissance et les progrès du Christianisme et l'invasion des Barbares.................. 304

SOMMAIRE.

PREMIÈRE PARTIE : De Constantin à Valentinien et Valens.................................. *ibid*.

TOME CINQUIÈME.

ÉTUDES OU DISCOURS HISTORIQUES.

TOME II.

ÉTUDE SECONDE (suite).

SECONDE PARTIE : De Julien à Théodose Ier...... 3

ÉTUDE TROISIÈME.

PREMIÈRE PARTIE : De Valentinien Ier et Valens à Gratien et à Théodose Ier................. 71
SECONDE PARTIE 96
TROISIÈME PARTIE 141

ÉTUDE QUATRIÈME.

PREMIÈRE PARTIE : D'Arcade et d'Honorius à Théodose Ier et Valentinien III................. 163

SECONDE PARTIE : De Théodose II et Valentinien III à Marcien, Avitus, Léon Ier, Majorien, Anthème, Glicerius, Népos, Zénon et Augustule. 191

ÉTUDE CINQUIÈME.

PREMIÈRE PARTIE : Mœurs des chrétiens, âge héroïque.. 219

SECONDE PARTIE : Suite des mœurs des chrétiens. Age philosophique. Hérésie 259

TROISIÈME PARTIE : Mœurs des païens............ 290

ÉCLAIRCISSEMENTS.

Sur Attila 337
Notes communiquées par S. Exc. M. Bunsen.... 338
Extrait du poème des Nibelungen............. 342

SOMMAIRE.

TOME SIXIÈME.

ÉTUDES OU DISCOURS HISTORIQUES.

TOME III.

ÉTUDE SIXIÈME.

Première partie : Mœurs des Barbares........	1
Seconde partie : Suite des Mœurs des Barbares..	43

ANALYSE RAISONNÉE DE L'HISTOIRE DE FRANCE.

Première race..............................	81
Seconde race	113
Troisième race.............................	152
Hugues Capet.............................	155
Robert...................................	160
Henri Ier	*ibid.*
Philippe Ier	161
Louis VI.................................	166
Louis VII................................	171

Philippe II..	172
Louis VIII...	177
Louis IX...	178
Philippe III...	180
Philippe IV..	181
Louis X..	195
Philippe V...	203
Charles IV...	209

Féodalité, chevalerie, éducation, mœurs générales des douzième, treizième et quatorzième siècles.

Féodalité..	214
Chevalerie...	242
Éducation..	254
Mœurs générales des douzième, treizième et quatorzième siècles.................................	261

HISTOIRE DE FRANCE.

Philippe VI, dit de Valois, de 1328 à 1350....	303
Sommaire...	305
Fragments. Vœu du Héron.............................	306
Sommaire...	310
Fragments. Pertes des Français au combat naval de l'Ecluse. Godemar du Fay. Causes des méprises dans ces guerres du quatorzième siècle..	311

SOMMAIRE.

Sommaire... 314
Fragments. Guerre de Bretagne. Les Bretons...... *ibid.*
Sommaire... 317
Fragments. Siège d'Hennebon. Jeanne, comtesse de Montfort. Aventure de Gautier de Mauny et de La Cerda.................................... *ibid.*
Sommaire... 325
Fragments. Amours d'Édouard III et de la comtesse de Salisbury................................ *ibid.*
Sommaire... 333
Fragments. Chute d'Artevel...................... 334
Tableau des langues teutonique, celtique, etc... 341

TOME SEPTIÈME.

ÉTUDES OU DISCOURS HISTORIQUES.

TOME IV.

HISTOIRE DE FRANCE (suite).

Sommaire... 2
Fragments. Invasion de la France par Édouard.. 3

Sommaire.	49
Fragments. Reddition de Calais.	50
Sommaire.	60
Fragments. Mort du roi.	*ibid.*
JEAN II. Depuis son avènement à la couronne jusqu'à la bataille de Poitiers, de 1350 à 1356.	61
Sommaire.	63
Fragments. Du roi de Navarre.	*ibid.*
Sommaire.	65
Fragments. Les trois états.	66
Sommaire.	71
Fragments. Bataille de Poitiers	*ibid.*

ANALYSE RAISONNÉE DE L'HISTOIRE DE FRANCE
(de 1356 à 1793).

JEAN II.	101
CHARLES V.	118
CHARLES VI.	122
CHARLES VII.	135
LOUIS IX.	145
CHARLES VIII.	157
LOUIS XII.	160
FRANÇOIS Ier.	165
HENRI II.	193
FRANÇOIS II.	195
CHARLES IX.	198

SOMMAIRE.

Henri III 212
Henri IV 295
Louis XIII 320
Louis XIV .... *ibid.*
Louis XV .... *ibid.*
Louis XVI .... *ibid.*

TOME HUITIÈME.

MÉLANGES LITTÉRAIRES.

Préface 1
De l'Angleterre et des Anglais 5

ESSAI SUR LA LITTÉRATURE ANGLAISE.

Young 21
Shakespeare 38
Beattie 61
Alex. Makenzie 71
Sur la législation primitive 108
Suite 122
Sur le Printemps d'un Proscrit 149

Sur l'histoire de la vie de Jésus-Christ	174
Sur les œuvres de Rollin	189
Sur les Essais de morale et de politique	203
Sur les Mémoires de Louis XIV	216
Des lettres et des gens de lettres	233
Sur le Voyage en Espagne de M. de Laborde	251
Sur les Annales littéraires de M. de Dussault	276
Sur la vie de Malesherbes, par M. Boissy-d'Anglas	289
Panorama de Jérusalem	302
Sur le Voyage au Levant de M. de Forbin	305
Sur quelques ouvrages historiques et littéraires	318
Sur quelques romans	331
Sur un Voyage de M. de Humboldt	334
Sur l'Histoire des ducs de Bourgogne	341
Suite	353
Sur l'Histoire des Croisades, par M. Michaud	367

SOMMAIRE.

TOME NEUVIÈME.

ITINÉRAIRE DE PARIS A JÉRUSALEM.

TOME PREMIER.

Préface pour l'édition des œuvres complètes...	j
Note sur la Grèce. Avertissement............	vij
Avant-propos. Première partie..............	viij
Deuxième partie...........................	xvj
Préface de la troisième édition de la note......	xlv
Note sur la Grèce...........................	xlix
Extrait d'un discours sur l'histoire de France lu à l'Académie française......................	lxv
Opinion sur le projet de loi relatif à la répression des délits commis dans les Échelles du Levant.	lxvij
Amendement...............................	lxxvj
Discours en réponse à M. le garde des sceaux ...	lxxvij
Préface de la première édition................	lxxxv
Préface de la troisième édition................	lxxxix
Introduction. Premier mémoire................	xcvij
— Second mémoire................	cxxvij

PREMIÈRE PARTIE.

Voyage de la Grèce............................ 1
Argument. L'itinéraire de Paris à Jérusalem..... 197

TOME DIXIÈME.

ITINÉRAIRE DE PARIS A JÉRUSALEM.

TOME II.

DEUXIÈME PARTIE.

Voyage de l'Archipel, de l'Anatolie et de Constantinople.................................... 3

TROISIÈME PARTIE.

Voyage de Rhodes, de Jaffa, de Bethléem et de la mer Morte 50

SOMMAIRE. xxxj

QUATRIÈME PARTIE.

Voyage de Jérusalem 147

CINQUIÈME PARTIE.

Suite du voyage de Jérusalem 263

NOTES.

Description du temple de Minerve par le père Babin 301
Bataille du Granique 303
Contrat passé entre le capitaine Dimitri et M. de Châteaubriand 306
Traduction du contrat précédent 307
Extrait de Télémaque 309
Violation du tombeau de David 311
Extrait de Massillon 313
Destruction de Jérusalem 314
Extrait de Massillon 317
Extrait de Bossuet 318
Captivité de saint Louis 319
Tableau de Jérusalem par l'abbé Guenée 321
Calcul tiré de l'Itinéraire de Benjamin de Tudèle ... 324
Description du premier temple par Josèphe 330
Description de la Mosquée de la Roche 333

TOME ONZIEME.

ITINÉRAIRE DE PARIS A JÉRUSALEM.

TOME III.

SIXIÈME PARTIE.

Voyage d'Égypte 3

SEPTIÈME ET DERNIÈRE PARTIE.

Voyage de Tunis et retour en France........... 49

NOTES.

Mort de Pompée.................................. 123
Fragment d'une lettre de J. B. C. d'Ansse de Villoison au professeur Millin, sur l'inscription grecque de la prétendue colonne de Pompée.. 126

PIÈCES JUSTIFICATIVES.

Itinerarium a Burdigala Hierusalem usque, et ab Heraclea per Aulonam et per urbem Romam,

SOMMAIRE. xxxiij

Mediolanum usque; ante annos mille trecentos simplici sermone scriptum, ex antiquissimo P. Pithœi exemplari editum.................. 133

Dissertation sur l'étendue de l'ancienne Jérusalem, par M. d'Anville.................. 159

   I. Discussion des quartiers de l'ancienne Jérusalem 161

   II. Enceinte de l'ancienne Jérusalem........ 165

   III. Mesure actuelle du plan de Jérusalem.... 175

   IV. Mesure de l'enceinte de l'ancienne Jérusalem.................. 177

   V. Opinions précédentes sur l'étendue de Jérusalem 184

   VI. Mesure sur l'étendue du temple......... 186

   VII. Des mesures hébraïques de longueur.... 194

Discussion de la coudée arabique............. 204

Mémoire sur Tunis.................. 211

INTRODUCTION AUX VOYAGES EN AMÉRIQUE.

Mémoires sur les ruines de l'Ohio............. 237

Monuments d'un peuple inconnu trouvés sur les bords de l'Ohio.................. 257

Deuxième mémoire. Description des monuments trouvés dans l'état de l'Ohio et autres parties des États-Unis, par M. Caleb-Atwater, etc., traduit de l'anglais.................. 259

   I. Antiquités des Indiens de la race actuelle... 261

II. Antiquité de peuples provenant d'origine européenne.................. 263

III. Antiquité du peuple qui habitait jadis les parties occidentales des États-Unis........ 267

Anciens ouvrages près de Newark............ 271
Monuments du comté de Perry (Ohio)......... 276
Monuments que l'on trouve à Marietta (Ohio).... 277
Monuments trouvés à Circleville (Ohio) 282
Monuments sur les bords du Point-Creek (Ohio). 284
Monuments de Portsmouth (Ohio) 289
Monuments qu'on voit sur les bords du Petit-Miami................................. 293
Sur l'origine et l'époque des monuments anciens de l'Ohio, par Malte-Brun................. 301
Forme et situation des enceintes 302
Rapports entre les *tumuli* et les *fortifications*... 304
Squelettes trouvés dans les *tumuli* 306
Corps trouvés dans les cavernes du Kentucky.... 307
Idoles et objets sacrés 309
Ouvrages de l'art 311
Conclusion................................ 313

SOMMAIRE.

TOME DOUZIÈME.

VOYAGES EN AMÉRIQUE ET EN ITALIE.

Avertissement de l'édition de 1827	i
Préface	iij
Introduction	1
Voyage en Amérique	11
Les Onondagas	31
Lettre écrite de chez les Sauvages de Niagara	42
Niagara	46
Lacs du Canada	48
Journal sans date	55
Alpalaches	64
L'Ohio et les monuments de l'Ohio	ibid.
Description de quelques sites de la Floride	84
Histoire naturelle. Castors	99
Ours	106
Cerf et original	107
Bison	108
Fouine, renards	110
Loups, rat musqué, carcajou	111
Oiseaux	112
Poissons, serpents	113

Arbres et plantes............	115
Abeilles................................	116
Mœurs des Sauvages....................	117
Mariages, enfants, funérailles............	118
Moissons...............................	134
Fêtes..................................	135
Récolte du sucre d'érable................	143
Pêches.................................	145
Danses................................	148
Jeux...................................	149
Année. Division du temps................	156
Calendrier.............................	158
Médecine..............................	160
Langues indiennes......................	167
Chasses................................	177
La guerre..............................	191
Religion...............................	221
Gouvernement. Les Natchez. Despotisme dans l'état de nature...........................	229
Les Muscogulges. Monarchie limitée dans l'état de nature.................................	240
Chanson de la chair blanche..............	248
Les Hurons et les Iroquois. République dans l'état de nature...............................	250
État actuel des Sauvages de l'Amérique septentrionale................................	260

SOMMAIRE.

Conclusion. États-Unis	279
Républiques espagnoles	291
Fin du voyage	307

TOME TREIZIÈME.

VOYAGE EN ITALIE.

Première lettre à M. Joubert	3
Journal	6
Deuxième lettre à M. Joubert	14
Troisième lettre à M. Joubert	18
Tivoli et la *Villa Adriana*	20
Le Vatican	36
Musée Capitolin	40
Galerie Doria	42
Promenade dans Rome, au clair de lune	44
Voyage de Naples	47
Pouzzoles et la Solfatara	52
Le Vésuve	54
Patria ou Literne	62
Baies	64

Herculanum, Portici, Pompéia............... 65
Lettre à M. de Fontanes.................... 70

Voyage à Clermont (Auvergne) 99

Voyage au mont Blanc 125

NOTES.

Notice sur les fouilles de Pompéi............. 143
Lettre de M. Taylor à M. Charles Nodier, sur les villes de Pompéi et d'Herculanum........... 151

LES QUATRE STUARTS.

Jacques Ier................................ 155
Charles Ier 157
Henriette-Marie de France................. 167
De l'ouverture du long parlement, au commencement de la guerre civile................ 185
Cromwel................................... 201
Du commencement de la guerre civile à la captivité du roi................................. 206
Depuis la captivité du roi jusqu'à l'établissement de la république........................ 211
Relation véritable de la mort du roi de la Grande-Bretagne, avec la harangue faite par S. M. sur l'échafaud, immédiatement avant son exécution... 235

SOMMAIRE.

La république et le protectorat............... 246
Le protectorat............................... 263
Richard Cromwel............................. 289
Charles II................................... 295
Jacques II................................... 316
Sur les voyages.............................. 325
Sur les *Quatre Stuarts*...................... 335

TOME QUATORZIÈME.

GÉNIE DU CHRISTIANISME.

TOME I.

PREMIÈRE PARTIE.

DOGMES ET DOCTRINES.

Préface .... j

TABLE

LIVRE PREMIER.

Mystères et Sacrements.

CHAPITRE PREMIER. Introduction............ 1

Mystères.

CHAP. II. De la nature du mystère............ 12

Mystères chrétiens.

CHAP. III. De la Trinité.................. 15
CHAP. IV. De la Rédemption............. 23
CHAP. V. De l'Incarnation................ 33

Des Sacrements.

CHAP. VI. Le baptême et la confession......... 35
CHAP. VII. La communion................ 41
CHAP. VIII. La confirmation, l'ordre et le mariage. Examen du vœu de célibat sous ses rapports moraux...................... 47
CHAP. IX. Suite du précédent sur le sacrement d'ordre. Examen de la virginité sous ses rapports poétiques................. 57

SOMMAIRE.

Chap. X. Suite des précédents. Le mariage 62
Chap. XI. L'extrême-onction 70

LIVRE SECOND.

Vertus et Lois morales.

Chapitre premier. Vices et vertus selon la religion................................. 72
Chap. II. De la foi 75
Chap. III. De l'espérance et de la charité 78
Chap. IV. Des lois morales, ou du Décalogue.... 81

LIVRE TROISIÈME.

Vérité des Écritures, chute de l'homme.

Chapitre premier. Supériorité de la tradition de Moïse sur toutes les autres cosmogonies. 93
Chap. II. Chute de l'homme; le serpent. Un mot hébreu 98
Chap. III. Constitution primitive de l'homme. Nouvelle preuve du péché originel..... 104

LIVRE QUATRIÈME.

Suite des vérités de l'Écriture. Objection contre le système de Moïse.

Chapitre premier. Chronologie 110

Chap. II. Logographie et faits historiques........ 114
Chap. III. Astronomie..................... 124
Chap. IV. Suite du précédent. Histoire naturelle. Déluge...................... 132
Chap. V. Jeunesse et vieillesse de la terre....... 136

LIVRE CINQUIÈME.

Existence de Dieu prouvée par les merveilles de la nature.

Chapitre premier. Objet de ce livre........... 139
Chap. II. Spectacle général de l'univers 141
Chap. III. Organisation des animaux et des plantes. 144
Chap. IV. Instinct des animaux.............. 150
Chap. V. Chant des oiseaux; qu'il est fait pour l'homme. Loi relative au cri des animaux. . 153
Chap. VI. Nids des oiseaux 157
Chap. VII. Migrations des oiseaux. Oiseaux aquatiques; leurs mœurs. Bonté de la Providence 160
Chap. VIII. Oiseaux des mers; comment utiles à l'homme. Que les migrations des oiseaux servaient de calendrier aux laboureurs dans les anciens jours................. 166
Chap. IX. Suite des migrations quadrupèdes 172
Chap. X. Amphibies et reptiles.............. 177
Chap. XI. Des plantes et de leurs migrations..... 185
Chap. XII. Deux perspectives de la nature...... 187

SOMMAIRE.

Chap. XIII. L'homme physique 193
Chap. XIV. Instinct de la patrie 196

LIVRE SIXIÈME.

Immortalité de l'ame prouvée par la morale et le sentiment.

Chapitre premier. Désir de bonheur dans l'homme. 206
Chap. II. Du remords et de la conscience....... 211
Chap. III. Qu'il n'y a point de morale s'il n'y a point d'autre vie. Présomption en faveur de l'ame, tirée du respect de l'homme pour les tombeaux.................. 215
Chap. IV. De quelques objections............ 217
Chap. V. Danger et inutilité de l'athéisme...... 224
Chap. VI. Fin des dogmes du christianisme. État des peines et des récompenses dans une autre vie. Élysée antique, etc. 233
Chap. VII. Jugement dernier................ 236
Chap. VIII. Bonheur des justes.............. 240

SECONDE PARTIE.

POÉTIQUE DU CHRISTIANISME.

LIVRE PREMIER.

Vue générale des épopées chrétiennes.

CHAPITRE PREMIER. Que la poétique du christianisme se divise en trois branches : poésie, beaux-arts, littérature; que les six livres de cette seconde partie traitent spécialement de la poésie................................. 243

CHAP. II. Vues générales des poèmes où le merveilleux du Christianisme remplace la mythologie. L'Enfer du Dante, la Jérusalem délivrée........................... 246

CHAP. III. Paradis perdu 250

CHAP. IV. De quelques poèmes français et étrangers 259

CHAP. V. La Henriade 265

NOTES ET ÉCLAIRCISSEMENTS.

A. Sur l'Encyclopédie 273

SOMMAIRE.

B. Sur les dangers d'une grande population 274

C. Lettre de Pline à Trajan, et réponse de ce prince. 277

D. Sur Ramsay. 278

E. Variantes des Bibles sur les mots : *Ego sum Dominus Deus tuus* 280

F. Sur les opinions religieuses des Sauvages du Nouveau-Monde......................... *ibid.*

G. Sur la Chronologie....................... 298

H. Sur les ouvrages des rives du Scioto......... *ibid.*

I. Sur diverses chronologies................. 302

K. Sur l'opinion de Buffon relative à l'origine du monde .... *ibid.*

L. Preuves métaphysiques de l'existence de Dieu et de l'immortalité de l'ame.................. 303

  La matière............................... *ibid.*

  Le mouvement........................... 308

  Éclaircissements sur ces dernières preuves touchant le mouvement...................... 310

  La pensée............................... 317

  Quelques autres preuves de l'immortalité de l'ame.................................. 321

M. Sur les sens............................. 325

N. Opinion de Voltaire sur les athées.......... 328

    id.   sur les philosophes................ 329

    id.   sur les mathématiques............. *ibid.*

    id.   sur le peuple..................... 330

Opinion de Voltaire sur le Christianisme dévoilé... 330
  id.   sur Helvétius et sur le despotisme oriental 331
  id.   sur l'athéisme................... *ibid.*
  id.   sur le système de Sanderson .... *ibid.*
  id.   sur l'existence de Dieu............ 332

ARGUMENT.

Les deux premiers livres du *Génie du Christianisme*................................ 333

SOMMAIRE.

TOME QUINZIÈME.

GÉNIE DU CHRISTIANISME.

TOME II.

SECONDE PARTIE (suite).

POÉTIQUE DU CHRISTIANISME.

LIVRE SECOND.

Poésie dans ses rapports avec les hommes.

CARACTÈRES.

CHAPITRE PREMIER. Caractères naturels.........	3
CHAP. II. Suite des époux. Ulysse et Pénelope....	5
CHAP. III. Suite des époux. Adam et Ève.......	11
CHAP. IV. Le père. Priam...................	20
CHAP. V. Suite du père. Lusignan.............	24

CHAP. VI. La mère. Andromaque 27
CHAP. VII. Le fils. Gusman 31
CHAP. VIII. La fille. Iphigénie. 35
CHAP. IX. Caractères sociaux. Le prêtre. 40
CHAP. X. Suite du prêtre. La Sibylle. Joad. Parallèle de Virgile et de Racine. 42
CHAP. XI. Le guerrier. Définition du beau idéal. . 49
CHAP. XII. Suite du guerrier. 53

LIVRE TROISIÈME.

Suite de la poésie dans ses rapports avec les hommes.

PASSIONS.

CHAPITRE PREMIER. Que le Christianisme a changé les rapports des passions en changeant les bases du vice et de la vertu. 59
CHAP. II. Amour passionné. Didon. 63
CHAP. III. Suite du précédent. La Phèdre de Racine. 68
CHAP. IV. Suite des précédents. Julie d'Étange. Clémentine. 71
CHAP. V. Suite des précédents. Héloïse et Abélard. 74
CHAP. VI. Amour champêtre de Cyclope et Galathée. 80
CHAP. VII. Suite du précédent. Paul et Virginie. . 84
CHAP. VIII. La religion chrétienne considérée elle-même comme passion 89
CHAP. IX. Du vague des passions. 98

SOMMAIRE.

LIVRE QUATRIÈME.

Du merveilleux ou de la poésie, dans ses rapports avec les êtres surnaturels.

Chapitre premier. Que la mythologie rapetissait la nature; que les anciens n'avaient point de poésie descriptive	103
Chap. II. De l'allégorie	109
Chap. III. Partie historique de la poésie descriptive chez les modernes	113
Chap. IV. Si les divinités du paganisme ont poétiquement la supériorité sur les divinités chrétiennes	118
Chap. V. Caractère du vrai Dieu	123
Chap. VI. Des esprits de ténèbres	126
Chap. VII. Des saints	128
Chap. VIII. Des anges	133
Chap. IX. Application des principes établis dans les chapitres précédents. Caractère de Satan	135
Chap. X. Machines poétiques. Vénus dans les bois de Carthage. Raphaël au berceau d'Éden.	140
Chap. XI. Suite des machines poétiques. Songe d'Énée. Songe d'Athalie	143
Chap. XII. Suite des machines poétiques. Voyage	

des dieux homériques. Satan allant à la découverte de la création............ 149

Chap. XIII. L'enfer chrétien 152

Chap. XIV. Parallèle de l'enfer et du Tartare. Entrée de l'Averne. Porte de l'enfer du Dante. Didon. Françoise d'Arimino. Tourments des coupables...................... 154

Chap. XV. Du Purgatoire..................... 160

Chap. XVI. Du Paradis....................... 162

LIVRE CINQUIÈME.

La Bible et Homère.

Chapitre premier. De l'Écriture et de son excellence........................... 168

Chap. II. Qu'il y a trois livres principaux dans l'Écriture............................ 170

Chap. III. Parallèle de la Bible et d'Homère. Termes de comparaison 181

Chap. IV. Suite du parallèle de la Bible et d'Homère. Exemples.............................. 189

SOMMAIRE.

TROISIÈME PARTIE.

BEAUX-ARTS ET LITTÉRATURE.

LIVRE PREMIER.

Beaux-Arts.

CHAPITRE PREMIER. Musique. De l'influence du Christianisme dans la musique................ 207
CHAP. II. Du chant grégorien..................... 210
CHAP. III. Partie historique de la peinture chez les modernes.................................. 213
CHAP. IV. Des sujets de tableaux................ 217
CHAP. V. Sculpture............................. 220
CHAP. VI. Architecture. Hôtel des Invalides..... 222
CHAP. VII. Versailles........................... 225
CHAP. VIII. Des églises gothiques............... 226

LIVRE SECOND.

Philosophie.

CHAPITRE PREMIER. Astronomie et mathématiques. 231

TABLE

Chap. II. Chimie et histoire naturelle 246
Chap. III. Des philosophes chrétiens. Métaphysiciens... 253
Chap. IV. Suite des philosophes chrétiens. Publicistes... 257
Chap. V. Moralistes. La Bruyère............... 259
Chap. VI. Suite des moralistes.................. 263

LIVRE TROISIEME.

Histoire.

Chapitre premier. Du christianisme dans la manière d'écrire l'histoire.................... 272
Chap. II. Causes générales qui ont empêché les écrivains modernes de réussir dans l'histoire. Première cause : Beautés des sujets antiques..................................... 275
Chap. III. Suite du précédent. Seconde cause : les anciens ont épuisé tous les genres d'histoire, hors le genre chrétien 279
Chap. IV. Pourquoi les Français n'ont que des mémoires..................................... 283
Chap. V. Beau côté de l'histoire moderne....... 287
Chap. VI. Voltaire historien.................... 290
Chap. VII. Philippe de Commines et Rollin...... 295
Chap. VIII. Bossuet historien.................. 294

SOMMAIRE. liij

LIVRE QUATRIEME.

Éloquence.

Chapitre premier. Du Christianisme dans l'éloquence 300
Chap. II. Des orateurs. Les Pères de l'église...... 304
Chap. III. Massillon........................ 312
Chap. IV. Bossuet, orateur 315

NOTES ET ÉCLARCISSEMENTS.

A. Sur le polythéisme 324
B. Fragments d'André Chénier............... 325
C. Sur le genre descriptif................... 327
D. Poésies sanskristes et erses 328
E. Imitation de Voltaire.................... 329
F. Sur le Dante........................... 330
G. Fragment du sermon de Bossuet sur le bonheur du ciel........................... 332
H. Morceau de Bossuet sur saint Paul......... 334
I. Catalogue des peintres, tiré de Pline........ 337
K. Sur des peintures antiques............... 340
L. Sur le prélat Baïardi 342

M. Sur Voltaire et Pascal.................... 342

N. Sur des améliorations et d'autres projets conçus sous Louis XIV........................... 343

O. Sur l'ancienne censure .... *ibid.*

P. Vers de Chenedollé sur Bossuet 344

Q. Extrait du discours de saint Jean-Chrysostome sur la disgrace d'Eutrope, et du premier livre du sacerdoce........................... 347

R. Sur le sacerdoce, par La Harpe............ 355

Vers adressés à l'auteur...................... 356

SOMMAIRE.

TOME SEIZIÈME.

GÉNIE DU CHRISTIANISME.

TOME III.

TROISIÈME PARTIE (suite).

BEAUX-ARTS ET LITTÉRATURE.

LIVRE QUATRIEME (suite).

Éloquence.

Chap. V. Que l'incrédulité est la principale cause de la décadence du goût et du génie.... 3

LIVRE CINQUIÈME.

Harmonies de la religion chrétienne avec les scènes de la nature et les passions du cœur humain.

Chapitre premier. Division des harmonies...... 15

CHAP. II. Harmonies physiques. Suite des monuments religieux, couvents maronites, cophtes, etc...................... 14

CHAP. III. Des ruines en général; qu'il y en a de deux espèces...................... 23

CHAP. IV. Effet pittoresque des ruines. Ruines de Palmyre, d'Égypte, etc.............. 27

CHAP. V. Ruines des monuments chrétiens...... 30

CHAP. VI. Harmonies morales. Dévotions populaires...................... 33

QUATRIÈME PARTIE.

CULTE.

LIVRE PREMIER.

Églises, ornements, chants, prières, solennités.

CHAPITRE PREMIER. Des cloches............ 41

CHAP. II. Du vêtement des prêtres et des ornements de l'église...................... 45

CHAP. III. Des chants et des prières.......... 48

CHAP. IV. Des solennités de l'église. Du dimanche. 57

CHAP. V. Explication de la messe............ 60

CHAP. VI. Cérémonies et prières de la messe..... 63

SOMMAIRE.

Chap. VII. La Fête-Dieu.................... 67
Chap. VIII. Les Rogations.................. 71
Chap. IX. De quelques fêtes chrétiennes : Les Rois, Noël, etc......................... 73
Chap. X. Funérailles. Pompes funèbres des grands. 78
Chap. XI. Funérailles du guerrier. Convois des riches. Coutumes........................ 81
Chap. XII. Des prières pour les morts.......... 84

LIVRE SECOND.

Tombeaux.

Chapitre premier. Tombeaux antiques. L'Égypte. 91
Chap. II. Les Grecs et les Romains............ 93
Chap. III. Tombeaux modernes. La Chine et la Turquie............................. 94
Chap. IV. La Calédonie ou l'ancienne Écosse.... 95
Chap. V. Otaïti............................ 97
Chap. VI. Tombeaux chrétiens............... 99
Chap. VII. Cimetières de campagne........... 102
Chap. VIII. Tombeaux dans les églises......... 105
Chap. IX. Saint-Denis...................... 108

LIVRE TROISIÈME.

Vue générale du clergé.

Chapitre premier. De Jésus-Christ et de sa vie.... 113

Chap. II. Clergé séculier. Hiérarchie............ 121

Chap. III. Clergé régulier. Origine de la vie monastique........................... 133

Chap. IV. Des constitutions monastiques........ 139

Chap. V. Tableau des mœurs et de la vie religieuse. Moines, cophtes, maronites, etc.. 145

Chap. VI. Suite du précédent. Trappistes, Chartreux, sœurs de Sainte-Claire, pères de la Rédemption, Missionnaires, filles de la Charité, etc........................ 149

LIVRE QUATRIÈME.

Missions.

Chapitre premier. Idée générale des missions... 157

Chap. II. Missions du Levant................. 166

Chap. III. Missions de la Chine............... 171

Chap. IV. Missions du Paraguay. Conversion des Sauvages............................ 178

Chap. V. Suite des missions du Paraguay. République chrétienne. Bonheur des Indiens.. 184

Chap. VI. Missions de la Guiane.............. 197

Chap. VII. Missions des Antilles.............. 200

Chap. VIII. Missions de la Nouvelle-France..... 205

Chap. IX. Fin des missions................... 218

SOMMAIRE.

LIVRE CINQUIÈME.

Ordres militaires, ou chevalerie.

CHAPITRE PREMIER. Chevaliers de Malte................	220
CHAP. II. Ordre teutonique.........................	225
CHAP. III. Chevaliers de Calatrava et de Saint-Jacques-de-l'Épée, en Espagne............	227
CHAP. IV. Vie et mœurs des chevaliers............	231

NOTES ET ÉCLAIRCISSEMENTS.

A. Lichtenstein et Eugène. Dialogue de Frédéric II................................	247
B. Portraits de J.-J. Rousseau et de Voltaire, par La Harpe	250
C. Extrait des Lettres de Montesquieu à l'abbé Guasco................................	252
D. Sentiment de Voltaire sur le siècle de Louis XIV.	253
E. Sur les monastères, extrait de Fleury........	258
F. Extrait du poème de *l'Incrédulité*, par M. Soumet................................	259
G. Fragment d'un poème de M. F. de Barqueville, intitulé des *Cloîtres en ruines*............	260
H. Autre fragment du même ouvrage............	261
I. Sur les Offices............................	*ibid.*

J. Extrait de l'*Émile* de Rousseau sur la Messe.... 262

K. Fragment des Essais sur la Peinture, par Diderot; sur le Vendredi-Saint............. *ibid.*

L. La Fête-Dieu dans un hameau, poème de M. de la Renaudière........................ 263

M. Sur les Rogations. Extrait du poème de *la Pitié*, par Delille 268

N. Sur les Funérailles des anciens, et citation du poème de M. de Fontanes sur le *Jour des Morts* dans une campagne................. 270

O. Description d'une vallée des Alpes, extraite des Lettres sur la Suisse de William Coxe... 277

P. Monuments détruits dans l'abbaye de Saint-Denis, en 1793......................... *ibid.*

Q. Citation de Platon...................... 299

R. Indication historique .... *ibid.*

S. Voltaire jugé comme historien............ 300

T. Fragment du sermon de Bossuet sur l'Unité de l'Église, prononcé à l'ouverture de l'assemblée du clergé de 1682................. 301

U. Sur quelques erreurs de Voltaire.......... 302

V. Sur les Lettres de M. Cl................ 304

X. Fragment de l'Itinéraire de Paris à Jérusalem, relatif aux missions 325

Y. Sur les Missions de la Chine............. 330

Z. Sur la Chevalerie 331

SOMMAIRE.

TOME DIX-SEPTIÈME.

GÉNIE DU CHRISTIANISME.

TOME IV.

QUATRIÈME PARTIE (suite).

CULTE (suite).

LIVRE SIXIÈME.

Services rendus à la société par le clergé et par la religion chrétienne en général.

CHAPITRE PREMIER. Immensité des bienfaits du Christianisme 1

CHAP. II. Hôpitaux....................... 5

CHAP. III. Hôtel-Dieu. Sœurs grises........... 11

CHAP. IV. Enfants trouvés. Dames de la charité. Traits de bienfaisance................. 17

Chap. V. Éducation. Écoles. Collèges. Universités. Bénédictins et Jésuites.............. 21

Chap. VI. Papes et cour de Rome. Découvertes modernes, etc..................... 28

Chap. VII. Agriculture..................... 36

Chap. VIII. Villes et villages, ponts, grands chemins, etc............................ 40

Chap. IX. Arts et métiers. Commerce......... 45

Chap. X. Des lois civiles et criminelles......... 49

Chap. XI. Politique et gouvernement.......... 55

Chap. XII. Récapitulation générale........... 64

Chap. XIII et dernier. Quel serait aujourd'hui l'état de la société si le christianisme n'eût point paru sur la terre ? Conjectures. Conclusion............................ 70

NOTES ET ÉCLAIRCISSEMENTS.

A. Sur les missions d'Amérique. Premier fragment de Robertson........................ 97

Second fragment 116

Massacres d'Irlande, par M. Millon 118

B. Sur l'hospice du mont Saint-Gothard, extrait des Lettres sur la Suisse par W. Coxe...... 123

C. Sur les collèges et hôpitaux 124

D. Sur la corruption de l'empire romain....... 134

E. Sur la *Télémacomanie* de Faydit........... 139

SOMMAIRE. lxiij

F. Sur l'*Epist. ad magnum* 141
G. Sur deux passages d'Apollinaire le fils....... *ibid.*
H. Sur la manière dont l'auteur a parlé des mystères.. 143
I. Sur le poème *De partu Virginis*, de Sannazar. 145
J. Sur une critique faite à l'auteur, à l'occasion des mœurs de l'ours............................. *ibid.*
Défense du Génie du Christianisme par l'auteur. 149
Sujet de l'ouvrage.............................. 151
Plan de l'ouvrage............................... 173
Détails de l'ouvrage............................. 178
Lettre à M. de Fontanes sur la deuxième édition de l'ouvrage de madame de Staël............. 185

POLÉMIQUE.

EXTRAITS CRITIQUES, PAR M. DE FONTANES.

Premier extrait................................. 215
Second extrait.................................. 227
Rapport fait à l'Institut par M. le comte Daru.... 251
Opinion de M. P. Lacretelle..................... 308
— de M. l'abbé Morellet................... 224
— de M. Regnault de Saint-Jean-d'Angély.. 349

TABLE

TOME DIX-HUITIÈME.

NOUVELLES.

—

Préface de la première édition............... j
Avis sur la troisième édition d'Atala .... vij
Avis sur la cinquième édition d'Atala .... viij
Préface d'Atala et de René, édition in-12, 1805.. ix
Extrait du Génie du Christianisme............. xv
Extrait de la défense du Génie du Christianisme.. xvij

ATALA.

Prologue.................................. 3
Le Récit. Les Chasseurs..................... 9
   Les Laboureurs 48
Le Drame................................. 60
   Les Funérailles................... 80
Épilogue.................................. 88

SOMMAIRE.

RENÉ.

Récit de sa vie 101

LES AVENTURES DU DERNIER ABENCÉRAGE.

Avertissement........................... 147
Exposition 149
Amours.................................. 158
Dénoûment.............................. 201

POÈMES TRADUITS DU GALLIQUE EN ANGLAIS, PAR M. JOHN SMITH.

Préface 209

DARGO.

Chant premier 213
Chant deuxième 225
Duthona, poëme......................... 251
Gaul, poëme 249
Lettre sur l'art du dessin dans les payages ... 271
Pensées, réflexions et maximes 283
Atala et ses critiques 301
Atala, Prologue. Imitation par Saint-Victor ... 358
Autre imitation (du même) 360
Imitation, par Delille................... 361
Imitation, par Millevoye................ *ibid.*

TABLE

TOME DIX-NEUVIÈME.

LES MARTYRS.

—

TOME I.

Préface de l'édition de 1826................	1
Préface de la première et de la seconde édition...	3

LIVRE PREMIER.

Sommaire.

Invocation.................................	19
Exposition.................................	20
Dioclétien tient les rênes de l'empire...........	*ibid.*
Sous le gouvernement de ce prince, les temples du vrai Dieu commencent à disputer l'encens aux temples des idoles........................	21
L'Enfer se prépare à livrer un dernier combat pour renverser les autels du Fils de l'homme..	*ibid.*

L'Eternel permet aux démons de persécuter l'Église, afin d'éprouver les fidèles ; mais les fidèles sor-

SOMMAIRE.

tiront triomphants de cette épreuve ; l'étendard du salut sera placé sur le trône de l'univers, le monde devra cette victoire à deux victimes que Dieu a choisies.................................... 21

Quelles sont ces victimes ?...................... *ibid.*

Apostrophe à la Muse qui va les faire connaître.. *ibid.*

Famille d'Homère................................ *ibid.*

Démodocus, dernier descendant des Homérides, prêtre d'Homère au temple de ce poète, sur le mont Ithome en Messénie..................... *ibid.*

Description de la Messénie....................... 22

Démodocus consacre au culte des Muses sa fille unique Cymodocée, afin de la dérober aux poursuites d'Hiéroclès, proconsul d'Achaïe et favori de Galérius...................................... 23

Cymodocée va seule avec sa nourrice à la fête de Diane Limnatide ; elle s'égare ; elle rencontre un jeune homme endormi au bord d'une fontaine. 27

Eudore reconduit Cymodocée chez Démodocus. 31

Démodocus part avec sa fille pour aller offrir des présents à Eudore, et pour remercier la famille de Lasthénès.................................... 41.

LIVRE SECOND.

Sommaire.

Arrivée de Démodocus et de Cymodocée en Arcadie... 44

Rencontre d'un vieillard au tombeau d'Aglaüs de Psophis; ce vieillard conduit Démodocus au champ où la famille de Lasthénès fait la moisson	45
Cymodocée reconnaît Eudore	47
Démodocus découvre que la famille de Lasthénès est chrétienne	50
On retourne chez Lasthénès	52
Mœurs chrétiennes	*ibid.*
Prière du soir	*ibid.*
Arrivée de Cyrille, confesseur et martyr, évêque de Lacédémone	54
Il vient prier Eudore de lui raconter ses aventures	56
Repas du soir	*ibid.*
La famille et les étrangers vont, après le repas, s'asseoir dans le verger, au bord de l'Alphée	*ibid.*
Démodocus invite Cymodocée de chanter sur sa lyre	58
Chant de Cymodocée	*ibid.*
Eudore chante à son tour	62
Les deux familles vont goûter le repos	66
Songe de Cyrille	*ibid.*
Prière du saint évêque	*ibid.*

SOMMAIRE.

LIVRE TROISIÈME.

Sommaire.

La prière de Cyrille monte au trône du Tout-Puissant.	67
Le ciel.	*ibid.*
Les anges, les saints.	69
Tabernacle de la mère du Sauveur.	74
Sanctuaires du Fils et du Père.	75
Le Saint-Esprit.	76
La Trinité.	*ibid.*
La prière de Cyrille se présente devant l'Éternel; l'Éternel la reçoit, mais il déclare que l'évêque de Lacédémone n'est point la victime qui doit racheter les chrétiens.	77
Eudore est la victime choisie.	78
Motifs de ce choix.	*ibid.*
Les milices célestes prennent les armes.	81
Cantique des saints et des anges.	82

LIVRE QUATRIÈME.

Sommaire.

Cyrille. La famille chrétienne	84
Démodocus et Cymodocée se rassemblent dans une	

île, au confluent de l'Adon et de l'Alphée, pour entendre le fils de Lasthénès raconter ses aventures.. 88

Commencement du récit d'Eudore.................... 89

Origine de la famille de Lasthénès.................... *ibid.*

L'aîné de la famille de Lasthénès est obligé de se rendre en ôtage à Rome............................ 90

La famille de Lasthénès embrasse le christianisme. *ibid.*

Enfance d'Eudore.................................. 91

Il part à seize ans pour remplacer son père à Rome. *ibid.*

Tempête... 92

Description de l'Archipel........................... *ibid.*

Arrivée d'Eudore en Italie........................... 95

Description de Rome............................... *ibid.*

Eudore contracte une étroite amitié avec Jérôme, Augustin et le prince Constantin, fils de Constance... 98

Caractères de Jérôme, d'Augustin et de Constantin. *ibid.*

Eudore est introduit à la cour...................... 100

Dioclétien... 101

Galérius... 102

Cour de Dioclétien................................. *ibid.*

Le sophiste Hiéroclès, proconsul d'Achaïe et favori de Galérius..................................... 105

Inimitié d'Eudore et d'Hiéroclès.................... 107

Eudore tombe dans tous les désordres de la jeunesse et oublie sa religion............................ *ibid.*

SOMMAIRE.

Marcellin, évêque de Rome.................... 107
Il menace Eudore de l'excommunier, s'il ne rentre
    dans le sein de l'Église..................... 109
Excommunication lancée contre Eudore........ 110
Amphithéâtre de Vespasien.................... 111
Pressentiment .... *ibid.*

LIVRE CINQUIÈME.

Sommaire.

Suite du récit 114
La cour va passer l'été à Baies............... *ibid.*
Naples....................................... 115
Maison d'Aglaé............................... *ibid.*
Promenades d'Eudore, d'Augustin et de Jérôme.. 118
Leur entretien au tombeau de Scipion.......... 123
Traséas, ermite du Vésuve.................... 126
Son histoire .... *ibid.*
Séparation des trois amis..................... 131
Eudore retourne à Rome avec la cour 133
Les Catacombes 134
Aventure de l'impératrice Prisca et de la princesse
    Valérie, sa fille.......................... 137
Eudore, banni de la cour, est envoyé en exil à
    l'armée de Constance 139
Il quitte Rome; il traverse l'Italie et les Gaules.. 140

Il arrive à Agrippina, sur les bords du Rhin..... 142
Il trouve l'armée romaine prête à porter la guerre chez les Francs.......................... *ibid.*
Il sert comme simple soldat parmi les archers crétois qui composent avec les Gaulois l'avant-garde de l'armée de Constance............ *ibid.*

LIVRE SIXIÈME.

Sommaire.

Suite du récit...................... 143
Marche de l'armée romaine en Batavie........ 144
Elle rencontre l'armée des Francs........... 145
Champ de bataille.................... 147
Ordre et dénombrement de l'armée romaine..... *ibid.*
Ordre et dénombrement de l'armée des Francs... 150
Pharamond, Clodion, Mérovée.............. 152
Chants guerriers..................... 153
Bardit des Francs.................... *ibid.*
Combat de cavalerie................... 155
Combat singulier de Vercingétorix, chef des Gaulois, et de Mérovée, fils du roi des Francs.... 158
Vercingétorix est vaincu................. 159
Les Romains plient.................... 160
La légion chrétienne descend d'une colline et rétablit le combat..................... *ibid.*

SOMMAIRE.

Mélée.. 161
Les Francs se retirent dans leur camp............ 163
Eudore obtient la couronne civique et est nommé chef des Grecs par Constance................. *ibid.*
Le combat recommence au lever du jour........ 164
Attaque du camp des Francs par les Romains.... *ibid.*
Soulèvement des flots............................... 165
Les Romains fuient devant la mer................. *ibid.*
Eudore, après avoir combattu long-temps, tombe percé de plusieurs coups......................... 166
Il est secouru par un esclave des Francs qui le porte dans une caverne............................... 167

LIVRE SEPTIÈME.

Sommaire.

Suite du récit....................................... 169
Eudore devient esclave de Pharamond............ *ibid.*
Histoire de Zacharie................................ 174
Clotilde femme de Pharamond..................... 181
Commencement du Christianisme chez les Francs. *ibid.*
Mœurs des Francs................................... 183
Retour du printemps................................ 184
Chasse... *ibid.*
Barbares du nord.................................... 185
Tombeau d'Ovide.................................... 186

Eudore sauve la vie à Mérovée.................. 187
Mérovée promet la liberté à Eudore .... *ibid.*
Retour des chasseurs au camp de Pharamond.... *ibid.*
La déesse Herta................................ 188
Festin des Francs .... *ibid.*
On délibère sur la paix ou sur la guerre avec les Romains 189
Dispute de Camulogène et de Chlodéric .... *ibid.*
Les Francs se décident à demander la paix...... 192
Eudore devenu libre est chargé par les Francs d'aller proposer la paix à Constance 193
Zacharie conduit Eudore jusque sur la frontière de la Gaule .... *ibid.*
Leurs adieux................................... *ibid.*

LIVRE HUITIÈME.

Sommaire.

Interruption du récit 194
Commencement de l'amour d'Eudore pour Cymodocée et de Cymodocée pour Eudore 195
Satan veut profiter de cet amour pour troubler l'Église 197
L'enfer .... *ibid.*
Assemblée des démons......................... 205
Discours du démon de l'Homicide. 206

SOMMAIRE. lxxv

Discours du démon de la fausse Sagesse 207
Discours du démon de la Volupté............. 210
Les démons se répandent sur la terre 212
Remarques sur le premier livre.............. 215
— sur le deuxième livre............. 241
— sur le troisième livre............. 256
— sur le quatrième livre............ 271
— sur le cinquième livre............ 289
— sur le sixième livre 298
— sur le septième livre 322
— sur le huitième livre............. 340

TOME VINGTIÈME.

LES MARTYRS.

TOME II.

LIVRE NEUVIEME.

Sommaire.

Reprise du récit d'Eudore.	3
Eudore à la cour de Constance.	5
Il passe dans l'île des Bretons.	7
Il obtient les honneurs du triomphe	8
Il revient dans les Gaules.	*ibid.*
Il est nommé commandant de l'Armorique	*ibid.*
Les Gaules	*ibid.*
L'Armorique.	11
Épisode de Velleda.	12

SOMMAIRE.

LIVRE DIXIÈME.

Sommaire.

Suite du récit	26
Fin de l'épisode de Velleda	*ibid*

LIVRE ONZIÈME.

Sommaire.

Suite du récit	45
Repentir d'Eudore	*ibid.*
Sa pénitence publique	46
Il quitte l'armée	*ibid.*
Il passe en Égypte pour demander sa retraite à Dioclétien	*ibid.*
Navigation	47
Alexandrie	50
Le Nil	52
L'Égypte	53
Eudore obtient sa retraite de Dioclétien	55
La Thébaïde	61
Retour d'Eudore chez son père	71
Fin du récit	72

TABLE

LIVRE DOUZIÈME.

Sommaire.

Invocation à l'Esprit-Saint 73
Conjuration des démons contre l'Église 74
Diclétien ordonne de faire le dénombrement des chrétiens 77
Hiéroclès part pour l'Achaïe 78
Amour d'Eudore et de Cymodocée 81

LIVRE TREIZIÈME.

Sommaire.

Cymodocée déclare à son père qu'elle veut embrasser la religion des chrétiens pour devenir l'épouse d'Eudore 91
Irrésolution de Démodocus . . . . *ibid.*
On apprend l'arrivée d'Hiéroclès en Achaïe 95
Astarté attaque Eudore et est vaincu par l'ange des saintes amours 98
Jalousie d'Hiéroclès 103
Démodocus consent à donner sa fille à Eudore pour éviter les persécutions d'Hiéroclès . . . . *ibid.*
Dénombrement des chrétiens en Arcadie 105
Hiéroclès accuse Eudore auprès de Diclétien . . . . *ibid.*

Cymodocée et Démodocus partent pour Lacédémone.................................... 107

LIVRE QUATORZIÈME.

Sommaire.

Description de la Laconie...................... 109
Arrivée de Démodocus chez Cyrille............ 111
Instruction de Cymodocée...................... ibid.
Astarté envoie le démon de la jalousie à Hiéroclès. 113
Cymodocée va à l'église pour être fiancée à Eudore. 118
Cérémonies de l'Église primitive................ ibid.
Des soldats, par ordre d'Hiéroclès, dispersent les fidèles....................................... 127
Eudore sauve Cymodocée et la défend au tombeau de Léonidas................................. ibid.
Il reçoit l'ordre de partir pour Rome........... 130
Les deux familles se décident à envoyer Cymodocée à Jérusalem pour la mettre sous la protection de la mère de Constantin.......................... ibid.
Eudore et Cymodocée partent pour s'embarquer à Athènes....................................... 131

LIVRE QUINZIÈME.

Sommaire.

Athènes....................................... 132

Adieux de Cymodocée, d'Eudore et de Démodocus 138

Cymodocée s'embarque avec Dorothée pour Joppé 145

Eudore s'embarque en même temps pour Ostie .. *ibid.*

La mère du Sauveur envoie Gabriel à l'Ange des mers .... *ibid.*

Eudore arrive à Rome 148

Il trouve le sénat prêt à s'assembler pour prononcer sur le sort des chrétiens .... *ibid.*

Il est choisi pour plaider leur cause 150

Hiéroclès arrive à Rome ; les Sophistes le chargent de défendre leur secte et d'accuser les chrétiens 151

Symmaque, pontife de Jupiter, doit parler au sénat en faveur des anciens Dieux de sa patrie .. 153

LIVRE SEIZIÈME.

Sommaire.

Harangues de Symmaque, d'Hiéroclès et d'Eudore 157

Dioclétien consent à donner l'édit de persécution ; mais il veut que l'on consulte auparavant la Sibylle de Cumes 180

SOMMAIRE.

LIVRE DIX-SEPTIÈME.

Sommaire.

Navigation de Cymodocée	182
Elle arrive à Joppé	185
Elle monte à Jérusalem	187
Hélène la reçoit comme sa fille	189
Semaine-Sainte	192
Hiéroclès fait partir un Centurion pour réclamer Cymodocée	197
Réponse de la Sibylle de Cumes	199
Dioclétien donne l'édit de persécution	201

LIVRE DIX-HUITIÈME.

Sommaire.

Joie de l'Enfer	202
Galérius, conseillé par Hiéroclès, force Dioclétien à abdiquer	207
Préparation des chrétiens au martyre	208
Constantin, aidé d'Eudore, s'échappe de Rome et fuit vers Constance	210
Eudore est jeté dans les cachots	216
Hiéroclès, premier ministre de Galérius	ibid.
Persécution générale	217

Le Démon de la tyrannie porte à Jérusalem la nouvelle de la persécution................. 222
Le Centurion envoyé par Hiéroclès met le feu aux Lieux-Saints........................ 224
Dorothée sauve Cymodocée................... 225
Rencontre de Jérôme dans la grotte de Bethléem. 227
Remarques sur le neuvième livre............... 233
— sur le dixième livre............. 239
— sur le onzième livre............ 268
— sur le douzième livre........... 295
— sur le treizième livre........... 304
— sur le quatorzième livre........ 309
— sur le quinzième livre.......... 318
— sur le seizième livre........... 226
— sur le dix-septième livre........ 333
— sur le dix-huitième livre........ 345

SOMMAIRE.

TOME VINGT-UNIÈME.

LES MARTYRS.

TOME III.

LIVRE DIX-NEUVIÈME.

Sommaire.

Retour de Démodocus au temple d'Homère, sa douleur..	3
Il apprend la nouvelle de la persécution..........	6
Il part pour Rome, où il croit qu'Hiéroclès a fait conduire Cymodocée........................	ibid.
Cymodocée est baptisée dans le Jourdain par Jérôme..	10
Elle arrive à Ptolémaïs et s'embarque pour la Grèce...	15
Une tempête suscitée par les ordres de Dieu fait aborder Cymodocée en Italie................	22

LIVRE VINGTIÈME.

Sommaire.

Cymodocée, arrêtée par les satellites d'Hiéroclès, est conduite à Rome.................... 28
Émeute populaire........................ 39
Cymodocée, délivrée des mains d'Hiéroclès, est renfermée dans les prisons comme chrétienne. 43
Disgrace d'Hiéroclès..................... *ibid.*
Il reçoit l'ordre de partir pour Alexandrie....... 44
Lettre d'Eudore à Cymodocée................ 48

LIVRE VINGT-UNIÈME.

Sommaire.

Eudore est relevé de sa pénitence 51
Plaintes de Démodocus.................... 55
Prison de Cymodocée..................... *ibid.*
Cymodocée reçoit la lettre d'Eudore............ 58
Actes du martyr d'Eudore 59
Le Purgatoire............................ 64

SOMMAIRE. lxxxv

LIVRE VINGT-DEUXIÈME.

Sommaire.

L'ange exterminateur frappe Galérius et Hiéroclès.	68
Hiéroclès va trouver le juge des chrétiens.	71
Retour du messager envoyé à Dioclétien.	72
Tristesse d'Eudore, de Démodocus et de Cymodocée	75
Le repas libre.	78
Tentation.	81

LIVRE VINGT-TROISIÈME.

Sommaire.

Satan ranime le fanatisme du peuple.	83
Fête de Bacchus.	85
Explication de la lettre de Festus.	89
Mort d'Hiéroclès.	91
L'ange de l'espérance descend vers Cymodocée.	94
Cymodocée reçoit la robe des martyrs.	95
Dorothée enlève Cymodocée de la prison.	98
Joie d'Eudore et de ses confesseurs.	101
Cymodocée retrouve son père.	103
L'ange du sommeil.	106

TABLE

LIVRE VINGT-QUATRIÈME.

Sommaire.

Adieu à la Muse	109
Maladie de Galérius	111
L'amphithéâtre de Vespasien	113
Eudore est conduit au martyre	114
Michel plonge Satan dans l'abîme	120
Cymodocée s'échappe d'auprès de son père et vient trouver Eudore à l'amphithéâtre	122
Galérius apprend que Constantin est proclamé César	129
Martyre des deux époux	130
Triomphe de la religion chrétienne	132
Remarques sur le dix-neuvième livre	135
— sur le vingtième livre	147
— sur le vingt-unième livre	152
— sur le vingt-deuxième livre	157
— sur le vingt-troisième livre	160
— sur le vingt-quatrième livre	167
Examen des martyrs	177
Jugements portés sur les martyrs	241
Premier extrait	243
Deuxième extrait	260
Critique de P. B. Hoffmann	273

SOMMAIRE. lxxxvij

Observations sur cette critique................ 323
Fragments d'un poëme latin, intitulé *Constantin ou l'idolâtrie renversée*, par le père Mambrun. 329
Extrait des annales littéraires de Dussault...... 360

TOME VINGT-DEUXIÈME.

LES NATCHEZ.

TOME PREMIER.

Sommaire.

Préface.. 1

LIVRE PREMIER.

Sommaire.

Invocation à la nuit........................... 11
Arrivée de René aux Natchez................... ibid.
Portrait de Céluta............................. 13
Jeux des Sauvages.............................. 14

Adoption de René par Chactas................. 19
Ordre donné à Chépar de faire défricher le territoire de Natchez........................... 22
Dénombrement de l'armée française............ 23

LIVRE SECOND.

Sommaire.

Discours de Satan aux dieux de l'Amérique........ 32
Chant de Céluta 36
Refus de René d'épouser Mila 38
Assemblée des Sachems...................... 39
Discours d'Adario........................... 40
    — d'Ondouré........................ 43
    — d'Akansie........................ 44
    — de Chactas....................... 46
Résolution des Sachems de proposer la paix..... 47
Palais de la Renommée...................... 48
Archipel du golfe mexicain................... 52
Amour de Céluta pour René dévoilé à Ondouré... 54

LIVRE TROISIÈME.

Sommaire.

Lien fraternel entre Outougamiz et René......... 62

SOMMAIRE.

Chanson de l'amitié	64
Vertus du père Souël	66
Discours du missionnaire dans le conseil des Français	67
Ascendant du renégat Fébriano sur Chépar	68
Réfutation du discours de Fébriano	70
Consentement de Chépar de prolonger la trève	72
Générosité de René envers Ondouré	75

LIVRE QUATRIÈME.

Sommaire.

Rencontre d'Uriel et de l'Ange de l'Amérique	77
Leur entretien	*ibid.*
Système solaire	79
Histoire et ascension de Catherine et de Geneviève	80
Discours de Lascasas	87
Description de la Jérusalem céleste	*ibid.*
Vœux de Catherine et de Geneviève portés par Marie et son fils	92

TABLE

LIVRE CINQUIÈME.

Sommaire.

Volonté de l'Éternel de laisser encore l'Amérique sous la domination de Satan 95
Retour du grand chef aux Natchez............. 96
Adoption de René par les Natchez............. 100
Départ pour la chasse du castor sous la conduite de Chactas.................................. *ibid.*
Histoire Sachem............................. 101

LIVRE SIXIÈME.

Sommaire.

Continuation de l'histoire de Chactas et hospitalité qu'il trouve en parcourant la France......... 117

LIVRE SEPTIÈME.

Sommaire.

Suite du récit de Chactas, sa visite à Fénélon.... 149

SOMMAIRE.

LIVRE HUITIÈME.

Sommaire.

Fin de l'histoire de Chactas, description de la cabane paternelle......................... 176

LIVRE NEUVIÈME.

Sommaire.

Transgression par René des lois de la tribu, en tuant une femelle de castor............... 203
Déclaration de guerre des Illinois aux Natchez... 205
Marche de René à l'ennemi avec la tribu de l'Aigle. 208
Captivité de Chactas au fort Rosalie 213
Préparatifs de guerre des Français contre les Natchez.. 214

LIVRE DIXIÈME.

Sommaire.

Combat des Français et des Natchez 223
Défaite des Français........................... 246
Captivité d'Artaguette chez les Natchez 248

LIVRE ONZIÈME.

Sommaire.

Retour d'Artaguette parmi ses frères d'armes 252
Suspension d'armes conclue et délivrance de Chactas.................................. 253
Retour de la tribu de l'Aigle 254
Nouvelle de la défaite de René et du Soleil, faits prisonniers par les Illinois................. 258
Supplice du grand chef des Natchez............ 261

LIVRE DOUZIÈME.

Sommaire.

Préparatifs du supplice de René. Sa délivrance par Outougamiz.................................. 264
Fuite des deux amis....................... *ibid.*
Secours donnés par Céluta à son frère et à son amant près de périr de fatigue et de faim 291
Retour de René, d'Outougamiz et de Céluta aux Natchez, par les soins du capitaine Artaguette. 293
Entrevue d'Ondouré et de Chépar 299
Election d'Ondouré à la charge d'édile 301
Mariage de René avec Céluta................. 302
Moisson de la folle-avoine 310

SOMMAIRE.

Naissance d'une fille de Céluta, qui reçoit le nom d'Amélie... 316

Arrestation d'Adario et de sa famille, conduits au fort Rosalie et vendus comme esclaves......... 327

Départ de René pour la Nouvelle-Orléans.......... 342

Meurtre d'Adario sur son petit-fils 348

TOME VINGT-TROISIÈME.

LES NATCHEZ.

TOME II.

Sommaire.

Arrivée de René à la Nouvelle-Orléans, sa comparution devant le gouverneur 4

Convocation d'un conseil de guerre pour le juger. 7

Arrivée de Céluta près de René................... 13

Hospitalité exercée par la mère de Jacques 18

Arrivée d'Outougamiz et de Mila................. 24

Condamnation de René et son embarquement pour être conduit en France 25

Dévoûment d'Outougamiz et de Jacques pour le ramener à la colonie	33
Retour de René et de sa famille aux Natchez	41
Nouvelle de la mort d'Amélie	45
Mission donnée à René d'aller en ambassade chez les Illinois	46
Mariage d'Outougamiz et de Milla	50
Retour de Céluta aux Natchez. Épisode de son voyage	63
Assemblée des nations indiennes pour délivrer leur pays	101
Lettre de René à Céluta	132
Chasse au buffle	141
Ruse de Mila pour dérober au jongleur le secret de la conspiration des Indiens contre les Français	142
Jeux de la moisson du maïs	162
Mort de Chactas	174
Enlèvement par Céluta des roseaux de la gerbe, qui devait indiquer le jour du massacre des blancs	178
Funérailles de Chactas	192
Meurtre commis par Ondouré	200
Massacre de René à son arrivée à sa cabane et sous les yeux de Céluta	224
Profanation d'Ondouré	*ibid.*
Apparition de Mila dans la hutte de Céluta	225
Mort d'Ondouré	234

SOMMAIRE.

Fuite des Natchez dans le désert, en emportant les ossements de leurs pères 238
Fin tragique d'Outougamiz .... *ibid.*
Catastrophe du trépas de Céluta et de Mila 241

NOTES.

Extrait de l'histoire de la nouvelle France de Charlevoix 243
Description du pays des Natchez 245

NOTES ET CRITIQUES SUR ATALA.

Critique d'Atala par M. de Fontanes, insérée dans le *Mercure de France*, du 16 germinal an IX. 267
Extrait d'une critique d'Atala, consignée dans la Décade philosophique, littéraire et politique, du 10 floréal an IX........................ 272
Critique d'Atala, par M. Dussault, dans le *Journal des Débats*, du 27 germinal an IX........... 278
Extrait de la critique d'Atala, par le *Publiciste*, 27 germinal an IX......................... 286
Observations critiques sur Atala, par A. Morellet. 290
Extrait d'une réponse à la critique précédente, ayant pour titre : *Après-dînée de Mousseaux*, ou *la Défense d'Atala*.... 320
Sur la critique de M. A. Morellet (*Journal des Débats*, du 5 prairial an IX)................ 328

Critique d'Atala, par M. Geoffroy, extraite de l'année littéraire........................... 332

Extrait d'un article sur René, inséré dans le *Mercure*, du 15 floréal an x................. 335

Article inséré dans le *Mercure*, du 1ᵉʳ thermidor an XIII (20 juillet 1805).................. 339

TOME VINGT-QUATRIÈME.

POÉSIES.

Préface... 3

TABLEAUX DE LA NATURE.

Iᵉʳ TABLEAU.	Invocation........................	15
IIᵉ —	La Forêt...........................	17
IIIᵉ —	Le Soir au bord de la Mer.........	19
IVᵉ —	Le Soir dans une Vallée...........	21
Vᵉ —	Nuit de Printemps..................	25
VIᵉ —	Nuit d'Automne....................	27
VIIᵉ —	Le Printemps, l'Été et l'Hiver.....	31
VIIIᵉ —	La Mer.............................	35
IXᵉ —	L'Amour de la Campagne...........	37
Xᵉ —	Les Adieux........................	41

SOMMAIRE.

Les tombeaux champêtres. Élégie	45
A Lydie. Imitation d'Alcée	49
Milton et Davenant	53
Clarisse. Imitation d'un poète écossais	61
L'Esclave	65
Souvenir du pays de France. Romance	69
Ballade de l'Abencerage	73
Le Cid. Romance	77
Nous verrons	79
Peinture de Dieu	83
Pour le Mariage de mon Neveu	85
Pour la fête de Madame de ***	87
Vers trouvés sur le pont du Rhône	89
Les Malheurs de la Révolution. Ode	91
Vers écrits sur un souvenir donné par madame la marquise de Grollier à M. le baron de Humboldt	99
Charlottembourg; ou le Tombeau de la Reine de Prusse	101
Les Alpes, ou l'Italie	105
Le Départ	109

MOÏSE.

Préface	113
Acte premier	127
Acte second	149
Acte troisième	175

Acte quatrième........................ 201
Acte cinquième........................ 229
Sur les poésies de M. de Châteaubriand......... 247
Note................................ 309

TOME VINGT-CINQUIÈME.

MÉLANGES HISTORIQUES.

Préface. Édition des œuvres complètes........ 2
Avertissement de la première édition.......... 9

MÉMOIRES SUR LA VIE DU DUC DE BERRY.

PREMIÈRE PARTIE.

LIVRE PREMIER.

Chapitre premier. Exposition................ 11
Chap. II. Des Bourbons..................... 13

SOMMAIRE.

Chap. III. Grandeur de la maison de France..... 14

Chap. IV. Naissance et enfance de Mgr. le duc de Berry.................................. 16

Chap. V. Traits de l'enfance du prince........... 18

Chap. VI. Emigration de Mgr. le duc d'Angoulême et de Mgr. le duc de Berry............. 20

Chap. VII. Mgr. le duc de Berry à Turin....... 21

Chap. VIII. Départ de Mgr. le duc d'Angoulême et de Mgr. le duc de Berry pour l'armée des princes.................................... 23

Chap. IX. Retraite de Champagne. Le prince achève son éducation militaire et va rejoindre l'armée de Condé........................ 25

Chap. X. Armée de Condé....................... 27

Chap. XI. Mgr. le duc de Berry à l'armée de Condé. 29

Chap. XII. Suite du précédent. Bravoure du prince. Sa réparation envers un officier........ 31

Chap. XIII. Louis XVIII est proclamé à l'armée de Condé..................................... 33

Chap. XIV. Le roi à l'armée de Condé........... 35

Chap. XV. Repos momentané des émigrés et de Mgr. le duc de Berry. Les observations de ce prince sur l'Allemagne............ 37

Chap. XVI. Lettre de Mgr. le duc de Berry à Mgr. le prince de Condé. L'armée de Condé se retire en Pologne. Adieux du prince à cette armée............................... 39

TABLE

LIVRE SECOND.

CHAPITRE PREMIER. Mgr le duc de Berry rejoint l'armée en Volhinie. Hospitalité des Polonais. Le prince organise le régiment noble à cheval.................................... 42

CHAP. II. L'armée de Condé se met en marche pour rejoindre les troupes alliées. Mariage de S. A. R. *Madame* et de Mgr. le duc d'Angoulême 44

CHAP. III. Arrivée de Mgr. le duc de Berry à Constance avec l'armée. Combat. Retraite... 48

CHAP. IV. Projet de mariage entre Mgr. le duc de Berry et la princesse Christine de Naples. Le prince va en Italie................. 50

CHAP. V. Voyage du prince à Rome 52

CHAP. VI. Suite du précédent. Mgr. le duc de Berry quitte Rome pour retourner à l'armée... 53

CHAP. VII. Mgr. le duc d'Angoulême arrive à l'armée de Condé. Il est rejoint par son frère. Dernier bulletin de l'armée de Condé, écrit par Mgr. le duc de Berry 56

CHAP. VIII. Licenciement de l'armée de Condé... 60

LIVRE TROISIÈME.

CHAPITRE PREMIER. Embarras de Mgr. le duc de Berry en Allemagne. Ses lettres........ 62

SOMMAIRE.

CHAP. II. Mgr. le duc de Berry en Écosse............ 66

CHAP. III. Mgr. le duc de Berry arrive à Londres. Ses faiblesses. Admirable déclaration du roi et des princes de la maison de France. 70

CHAP. IV. Vie de Mgr. le duc de Berry à Londres. Voyages du prince.................... 73

CHAP. V. Mgr. le duc de Berry essaie de reprendre les armes et de passer en France. Magnanimité du prince de Condé et des Bourbons................................... 77

CHAP. VI. Départ de Mgr. le duc de Berry pour Jersey. Séjour du prince dans cette île.. 82

SECONDE PARTIE.

LIVRE PREMIER.

CHAPITRE PREMIER. Arrivée de Mgr. le duc de Berry en France. Voyage de Cherbourg à Paris.................................... 87

CHAP. II. Le roi à Compiègne............... 91

CHAP. III. Mgr. le duc de Berry est nommé colonel-général des chasseurs. Inspections militaires. Mot du prince. Pélerinage de Mgr. le duc de Berry à Versailles....... 93

CHAP. IV. Les cent-jours. Mgr. le duc de Berry à Gand................................ 95

CHAP. V. Retour du roi. Mgr. le duc de Berry préside le collège électoral de Lille....... 97

CHAP. VI. Mariage du prince............................ 100
CHAP. VII. Arrivée de madame la duchesse de Berry à Marseille............................ 104
CHAP. VIII. Lettres du prince et de la princesse. Madame la duchesse de Berry décrit les fêtes qu'on lui donne à Marseille et à Toulon............................ 105
CHAP. IX. Suite des lettres. Madame la duchesse de Berry quitte Marseille, et continue à parler de la France à mesure qu'elle approche de Fontainebleau............................ 110
CHAP. X. Madame la duchesse de Berry arrive à Fontainebleau. Célébration du mariage à Paris............................ 114
CHAP. XI. Vie privée du prince. Anecdotes du cocher, du valet de pied et du piqueur. Pension de M. de Provenchère............................ 116
CHAP. XII. Suite de la vie privée. Charité du prince............................ 118
CHAP. XIII. Suite de la vie privée. Diverses aventures............................ 120
CHAP. XIV. Suite des aventures............................ 122
CHAP. XV. Suite du précédent............................ 125
CHAP. XVI. Madame la duchesse de Berry perd ses deux premiers enfants. Fatalité des nombres............................ 127
CHAP. XVII. Pressentiments de Mgr. le duc de Berry, comparés à ceux d'Henri IV............................ 129

SOMMAIRE.

LIVRE SECOND.

CHAPITRE PREMIER. Monseigneur le duc de Berry est blessé à l'Opéra.................... 132

CHAP. II. Premier pansement du prince........ 135

CHAP. III. Arrivée de Mgr. l'évêque de Chartres, de Mgr. le duc d'Angoulême, de *Madame* et de *Monsieur*. Second pansement de la blessure.............................. 137

CHAP. IV. Diverses paroles du prince. Il annonce la grossesse de madame la duchesse de Berry. Le prince avoue une faute...... 141

CHAP. V. Le prince fait une confession publique et reçoit l'extrême-onction. Diverses paroles du prince:.......................... 145

CHAP. VI. Arrivée du roi. Le prince demande la grace de son assassin................... 149

CHAP. VII. Désespoir de madame la duchesse de Berry. Mort du prince................ 151

CHAP. VIII. Consternation de la France et de l'Europe. Chapelles ardentes au Louvre et à Saint-Denis............................. 156

CHAP. IX. Douleur de la famille royale et de madame la duchesse de Berry............ 160

CHAP. X. Funérailles de Mgr. le duc de Berry. Les entrailles du prince sont portées à Lille. Son cœur sera déposé à Rosny........... 163

CHAP. XI. Portrait du prince. Conclusion...... 168

PIÈCES JUSTIFICATIVES DES MÉMOIRES.

Lettre de Monsieur (depuis Louis XVIII) à MM. les officiers, sous-officiers, grenadiers et soldats du régiment irlandais de Berwick 173

Fragment des mémoires de la maison de Condé.. 174

Lettre de Monsieur (régent du royaume) au duc de Bourbon 177

Lettre de Monsieur (régent du royaume) à Mgr. le duc d'Enghien........................... *ibid.*

Lettre de Monsieur, comte d'Artois, à Mgr. le prince de Condé 178

Lettre du roi Louis XVIII à Mgr. le prince de Condé 180

Ordre du jour, du roi Louis XVIII, à l'armée.... 181

Lettre de Mgr. le duc d'Angoulême à Mgr. le prince de Condé 182

Lettre de Mgr. le duc de Berry à Mgr. le prince de Condé 183

Lettre du roi à Mgr. le prince de Condé 184

Lettre de Mgr. le duc de Berry à Mgr. le prince de Condé 186

Lettre de Mgr. le duc de Berry à M. Acton, ministre de S. M. le roi des Deux-Siciles......... 187

Entrevue de Louis XVIII avec M. Meyer 189

Lettre de Mgr. le prince de Condé au roi........ 190

Réponse du roi....................... 191

SOMMAIRE.

Lettre de Mgr. le prince de Condé à S. A. R. Monsieur, comte d'Artois............................	192
Extrait du journal inédit du comte d'Hautefort...	193
Le roi est mort : vive le roi!...................	201
De la Vendée..................................	221
Ce que la Vendée a fait pour la monarchie......	225
Ce que la Vendée a souffert pour la monarchie...	262
Ce que les ministres du roi ont fait pour la Vendée.	272
Notices nécrologiques...........................	293
Sur la mort de M. La Harpe....................	295
Discours de M. de Fontanes aux funérailles de M. de La Harpe...............................	299
Sur la mort de saint Marcellin.................	301
Sur la mort de M. de Fontanes.................	306
Sur le général Nansouty........................	308
De la restauration et de la monarchie élective (mars 1831)..................................	315
Notes...	348

TOME VINGT-SIXIÈME.

MÉLANGES POLITIQUES.

TOME PREMIER.

Préface	3
De Buonaparte et des Bourbons. (30 mars 1814.)	11
Des Alliés	58
Compiègne. (Avril 1814)	69
De l'état de la France au 4 octobre 1814	75

RÉFLEXIONS POLITIQUES.

(Décembre 1814.)

Chapitre premier. Cas extraordinaire	91
Chap. II. Paroles d'un des juges d'Harrison	93
Chap. III. Que la doctrine du régicide a paru en Europe vers le milieu du seizième siècle. Buchanan. Mariana. Saumaise et Milton.	95
Chap. IV. Parallèle	97
Chap. V. Illusions des apologistes de la mort de Louis XVI	102

SOMMAIRE.

Chap. VI. Des émigrés en général................ 109

Chap. VII. Singulière méprise sur l'émigration... 115

Chap. VIII. Des derniers émigrés 117

Chap. IX. S'il est vrai qu'on soit plus inquiet aujourd'hui qu'on ne l'était au moment de la restauration 118

Chap. X. Si le roi devait reprendre les anciennes formules dans les actes émanés du trône. 122

Chap. XI. Passage d'une proclamation du roi.... 129

Chap. XII. Des alliés et des armées françaises.... 131

Chap. XIII. De la Charte. Qu'elle convient aux deux opinions qui partagent la France... 136

Chap. XIV. Objections des constitutionnels contre la Charte. De l'influence ministérielle et de l'opposition 140

Chap. XV. Suite des objections des constitutionnels. Ordre de la noblesse 145

Chap. XVI. Objections des royalistes contre la Charte............................ 150

Chap. XVII. Suite des objections. Que nous avons essayé inutilement de diverses constitutions. Que nous ne sommes pas faits pour des assemblées délibérantes............ 160

Chap. XVIII. Suite des objections. Notre position continentale 163

Chap. XIX. S'il serait possible de rétablir l'ancienne forme de gouvernement........ 169

Chap. XX. Que le nouveau gouvernement est dans

l'intérêt de tous. Ses avantages pour les hommes d'autrefois................	176
Chap. XXI. Que la classe la plus nombreuse des Français doit être satisfaite de la Charte.	184
Chap. XXII. Que le trône trouve dans la Charte sa sûreté et sa splendeur...............	186
Chap. XXIII. Conclusion................	188
Rapport sur l'état de la France, au 12 mai 1815, fait au roi dans son conseil, à Gand........	193
§ Ier. Actes et décrets pour l'intérieur.....	196
§ II. Extérieur.....................	207
§ III. Reproches faits au gouvernement royal........................	212
§ IV. Esprit du gouvernement..........	226
De la dernière déclaration du congrès........	243
Rapport fait au roi dans son conseil, sur le décret de Napoléon Buonaparte, du 9 mai 1815.....	253
Ordonnance du roi.....................	258

DE LA MONARCHIE SELON LA CHARTE.

Préface de la première édition de la monarchie selon la Charte....................	263
Préface de l'édition de 1827...............	265

SOMMAIRE.

PREMIÈRE PARTIE.

Chapitre premier. Exposé	267
Chap. II. Suite de l'exposé	268
Chap. III. Éléments de la monarchie représentative.	269
Chap. IV. De la prérogative royale. Principe fondamental	270
Chap. V. Application du principe	271
Chap. VI. Suite de la prérogative royale. Initiative. Ordonnance du Roi	272
Chap. VII. Objections	274
Chap. VIII. Contre la proposition secrète de la loi.	276
Chap. IX. Ce qui résulte de l'initiative laissée aux Chambres	278
Chap. X. Où ce qui précède est fortifié	279
Chap. XI. Continuation du même sujet	280
Chap. XII. Question	281
Chap. XIII. De la Chambre des pairs. Privilèges nécessaires	283
Chap. XIV. Substitutions : qu'elles sont de l'essence de la pairie	284
Chap. XV. De la Chambre des députés. Ses rapports avec les ministres	286
Chap. XVI. Que la Chambre des députés doit se faire respecter au dehors par les journaux	289

Chap. XVII. De la liberté de la presse.......... 290
Chap. XVIII. Que la presse entre les mains de la police rompt la balance constitutionnelle. 291
Chap. XIX. Continuation du même sujet .... *ibid.*
Chap. XX. Dangers de la liberté de la presse. Journaux. Lois fiscales................ 294
Chap. XXI. Liberté de la presse par rapport aux ministres...................... 295
Chap. XXII. La Chambre des députés ne doit pas faire le budget.................... 297
Chap. XXIII. Du ministère sous la monarchie représentative. Ce qu'il produit d'avantageux. Ses changements forcés 299
Chap. XXIV. Le ministère doit sortir de l'opinion publique et de la majorité des Chambres. 300
Chap. XXV. Formation d'un ministère : qu'il doit être un. Ce que signifie l'unité ministérielle... 301
Chap. XXVI. Que le ministère doit être nombreux. 302
Chap. XXVII. Qualités nécessaires d'un ministre sous la monarchie constitutionnelle .... *ibid.*
Chap. XXVIII. Qui découle du précédent 303
Chap. XXIX. Quel homme ne peut jamais être ministre sous la monarchie constitutionnelle 305
Chap. XXX. Du ministère de la police. Qu'il est incompatible avec une constitution libre. 306
Chap. XXXI. Qu'un ministre de la police générale

dans une chambre des députés n'est pas à sa place................................. 307.

Chap. XXXII. Impôts levés par la police........... 308.

Chap. XXXIII. Autres actes constitutionnels de la police................................... 309.

Chap. XXXIV. Que la police générale n'est d'aucune utilité........................... 310

Chap. XXXV. Que la police générale, inconstitutionnelle et inutile, est de plus très dangereuse................................. 311

Chap. XXXVI. Moyen de diminuer le danger de la police générale, si elle est conservée... 314

Chap. XXXVII. Principes que tout ministre constitutionnel doit adopter................ 315

Chap. XXXVIII. Continuation du même sujet... 316

Chap. XXXIX. Que le ministère doit conduire ou suivre la majorité..................... 318

Chap. XL. Que les ministres doivent toujours aller aux Chambres......................... 319

DEUXIÈME PARTIE.

Chapitre premier. Que depuis la restauration une même erreur a été suivie par les trois ministères................................. 321

Chap. II. Du premier ministère. Son esprit...... *ibid.*

Chap. III. Actes du premier ministère.......... 324

Chap. IV. Du second ministère. Sa formation.... 325

Chap. V. Suite du précédent 326

Chap. VI. Premier projet du second ministère ... 328

Chap. VII. Suite du premier plan du second ministère. 330

Chap. VIII. Renversement du premier plan du second ministère 331

Chap. IX. Division du second ministère......... 333

Chap. X. Actes du second ministère et sa chute... 335

Chap. XI. Du troisième ministère. Ses actes. Projets de loi....................... 337

Chap. XII. Quels hommes ont embrassé les systèmes que l'on va combattre, et s'il importe de les distinguer............... 338

Chap. XIII. Système capital, fondement de tous les autres systèmes suivis par l'administration.............................. 339

Chap. XIV. Qu'avec ce système on explique toute la marche de l'administration 340

Chap. XV. Erreur de ceux qui soutiennent le système des intérêts révolutionnaires 343

Chap. XVI. Ce qu'il faut faire en admettant la distinction notée au précédent chapitre.... *ibid.*

Chap. XVII. Exemple à l'appui de ce qu'on vient de dire............................ 344

Chap. XVIII. Continuation du même sujet...... 345

Chap. XIX. Que le système des intérêts révolutionnaires, pris à la fois dans le sens physique et moral, mène à cet autre sys-

SOMMAIRE.

tème, savoir : qu'il n'y a point de royalistes en France.................................. 347

Chap. XX. Que les royalistes sont en majorité en
France 348

Chap. XXI. Ce qui a pu tromper les ministres sur
la véritable opinion de la France....... 350

Chap. XXII. Objection réfutée.................. 351

Chap. XXIII. Que s'il n'y a pas de royalistes en
France, il en faut faire............... 354

Chap. XXIV. Système sur la Chambre actuelle des
députés.................................... 355

Chap. XXV. Réfutation 356

TOME VINGT-SEPTIÈME.

MÉLANGES POLITIQUES.

TOME II.

DE LA MONARCHIE SELON LA CHARTE. (Suite.)

Chapitre XXVI. Conseils des départements 1

Chap. XXVII. Que l'opinion même de la minorité

de la Chambre des députés n'est point en faveur du système des intérêts révolutionnaires 6

Chap. XXVIII. Dernier fait qui prouve que les intérêts ne sont pas révolutionnaires en France........................ 7

Chap. XXIX. Qu'on ne fait pas des royalistes avec le système des intérêts révolutionnaires... 8

Chap. XXX. Des épurations en général......... 10

Chap. XXXI. Que les épurations partielles sont une injustice 13

Chap. XXXII. Sur l'incapacité présumée des royalistes, et la prétendue habileté de leurs adversaires 15

Chap. XXXIII. Danger et fausseté de l'opinion qui n'accorde d'habileté qu'aux hommes de la révolution 18

Chap. XXXIV. Que le système des intérêts révolutionnaires, amenant indirectement le renversement de la Charte, menace de destruction la monarchie légitime 20

Chap. XXXV. Qu'il y a conspiration contre la monarchie légitime.................. 21

Chap. XXXVI. Doctrine secrète cachée derrière le système des intérêts révolutionnaires 22

Chap. XXXVII. But et marche de la conspiration. Elle dirige ses premiers efforts contre la famille royale 24

Chap. XXXVIII. La conspiration se sert des inté-

rêts révolutionnaires pour mettre ses agents dans toutes les places 27
Chap. XXXIX. Continuation du même sujet..... 29
Chap. XL. La guerre 31
Chap. XLI. La faction poursuit les royalistes..... 32
Chap. XLII. Suite du précédent................ 33
Chap. XLIII. Ce que l'on se propose en persécutant les royalistes 37
Chap. XLIV. La faction poursuit la religion..... 38
Chap. XLV. Haine du parti contre la Chambre des députés............................... 43
Chap. XLVI. Politique extérieure du système des intérêts révolutionnaires............. 48
Chap. XLVII. Est-il un moyen de rendre le repos à la France ?........................ 54
Chap. XLVIII. Principes généraux dont on s'est écarté 55
Chap. XLIX. Système d'administration à substituer à celui des intérêts révolutionnaires. 56
Chap. L. Développement du système : comment le clergé doit être employé dans la restauration 57
Chap. LI. Comment la noblesse doit entrer dans les éléments de la restauration.......... 6
Chap. LII. Continuation du précédent. Qu'il faut attacher les hommes d'autrefois à la monarchie nouvelle. Éloge de cette monarchie. Conclusion........................

Post-Scriptum 75
Le Vingt et un Janvier mil huit cent quinze....... 87
De l'Excommunication des comédiens........... 97
De la Guerre d'Espagne 109
Du système politique suivi par le ministère....... 117
Remarque sur les affaires du moment........... 160
Première lettre à un pair de France............. 183
Seconde lettre à un pair de France 205
De la Presse................................. 257
Préface 259
De la Censure que l'on vient d'établir 262
Avertissements.............................. *ibid.*
De l'abolition de la Censure 289
Lettre à M. le rédacteur du *Journal des Débats*, sur le projet de loi relatif à la police de la presse....................................... 299
Du rétablissement de la Censure par l'ordonnance du 24 juin 1827 311

SOMMAIRE.

TOME VINGT-HUITIÈME.

MÉLANGES POLITIQUES.

TOME III.

Préface de la deuxième édition..................	5
Opinion sur le projet de loi relatif à la police de la presse.................................	15
Marche et effets de la censure.................	95
Avertissement...............................	97
Les amis de la liberté de la presse.............	99
Post-scriptum................................	132
Dernier avis aux électeurs.....................	137

POLÉMIQUE.

Préface, 1837................................	155
Paris, 22 octobre 1818. De la situation des royalistes et de la marche du gouvernement.......	157
29 octobre. Du principe de l'indépendance des élections..................................	175

3 novembre. Du procès politique de MM. Canuel, Songis, de Romilly, de Chauvigny, Blot, de Chapdelaine et Joannis.................. 180

17 novembre. De la censure.................. 183

30 novembre. Des évènements intérieurs....... 185

5 décembre. Des effets du système ministériel ... 190

De la dislocation du ministère................ 205

22 décembre. De l'ouverture de la session...... 212

28 décembre. Des comités d'électeurs.......... 217

8 janvier 1819. Revue politique................ 220

18 janvier. De la correspondance privée........ 230

21 janvier. De la commémoration du martyre de Louis XVI.................. 247

17 février. De la police générale du royaume.... 259

1ᵉʳ mars. De la proposition de M. de Barthélemy, relative au vote électoral................ 272

3 mai. Sur le mont Valérien.................. 282

12 mai. De la proscription royaliste............ 296

25 mai. De la polémique.................. 313

7 juin. Des hommes d'état.................. 318

15 juin. Des finances.................. 322

SOMMAIRE.

TOME VINGT-NEUVIÈME.

POLÉMIQUE. — OPINIONS ET DISCOURS.

Paris, 7 août 1819. De l'esprit public 1
15 août. Des fautes du ministère................ 17
31 août. Des fraudes électorales................ 40
24 septembre. Des intrigues politiques et littéraires 43
15 octobre. Des entraves de la presse........... 52
30 novembre. De la variété des systèmes politiques 64
14 janvier 1820. De la nouvelle dictature ministérielle 73
20 janvier. De l'administration 79
18 février. De la mort du duc de Berry......... 85
5 mars. Des lois d'exception 87
21 juin 1824. Des journaux...................... 95
28 juin. Du procès de *la Quotidienne* 97
5 juillet. De la rédaction actuelle des lois 105
29 juin 1825. Du sacre de Charles X........... 121
13 juillet. Des trois pour cent 123

29 juillet. De la liberté de penser et d'écrire..... 129
8 août. De la conversion des rentes............ 136
14 août. De la mission de M. de Mackau........ 155
25 août. De la fête de la Saint-Louis........... 175
4 septembre. De la mort de Bessières 178
17 septembre. Du crédit public................ 188
6 octobre. Reproches aux ministres........... 192
17 octobre. De l'isolement du ministère de toutes les opinions............................... 197
23 octobre. De la cause des Hellènes........... 205
24 octobre. Du discours d'adieux du président des États-Unis au général La Fayette........... 208
28 octobre. Des républiques d'Amérique et de France................................... 224
3 novembre. De la Saint-Charles.............. 231
7 décembre. Sur les lettres de deux Grecs....... 235
31 décembre. Revue de l'année................ 244
11 janvier 1826. Des évènements de Saint-Pétersbourg.................................... 248
19 juillet. De la clôture de la session de la Chambre des pairs................................. 252
11 octobre. Des négociations relatives à la Grèce. 264
20 octobre. Du séjour de M. Canning à Paris.... 266
3 novembre. De l'occupation de Lisbonne par les Anglais.................................. 274

SOMMAIRE.

OPINIONS ET DISCOURS.

Préface 287
Discours prononcé à Orléans 295
Opinion sur l'inamovibilité des juges 301
   — sur le deuil du 21 janvier 336
   — sur le clergé 343

TOME TRENTIÈME.

OPINIONS ET DISCOURS.

Discours sur le testament de la reine 1
Opinion sur les pensions des prêtres mariés 6
   — sur la loi d'élection 25
Proposition relative aux puissances barbaresques 41
   — sur ce qui s'est passé aux élections de 1816 44
Opinion sur le projet relatif aux journaux 75
   — sur le budget des finances (vente des forêts) 100

Opinion sur la liberté de la presse............ 131
— sur la loi de recrutement............... 155
Discours sur une proposition du comte de Castellane.................................... 180
Opinion sur la liberté individuelle............ 192
— sur les journaux et écrits périodiques ... 203
Discours sur l'emprunt de cent millions (Chambre des députés)........................ 210
— sur l'emprunt (Chambre des pairs)..... 238
— sur le budget du département des affaires étrangères (Chambre des députés).... 249
Opinion sur l'art. 4 de la loi du sacrilège....... 263
— sur la loi d'indemnité................ 271
— sur l'amendement du comte Roy....... 323
Développement d'un amendement à la loi d'indemnité 336

SOMMAIRE.

TOME TRENTE-UNIÈME.

OPINIONS ET DISCOURS. — OEUVRES DIVERSES.

OPINIONS ET DISCOURS. — Opinion sur le projet de loi relatif à la dette publique et à l'amortissement, prononcée à la Chambre des pairs dans la séance du 26 avril 1826 1

Discours sur l'intervention en Espagne, prononcé à la Chambre des pairs en mai 1823.. 5

— sur les débats du parlement d'Angleterre, prononcé à la Chambre des pairs le 26 décembre 1821.................. 47

— sur la loi des postes, prononcé à la Chambre des pairs dans la session de 1827.. 59

— contre le budget de 1828, prononcé à la Chambre des pairs............... 67

Réponse à un amendement relatif au budget de 1828................... 101

Discours prononcé le 10 mars 1828 devant le Conclave 105

— sur la déclaration faite par la Chambre des députés le 7 août 1830, prononcé à la Chambre des pairs le même jour, à la séance du soir................ 109

DOCUMENTS GÉNÉRAUX. — Extrait des instructions envoyées au ministre de la police............ 121

Ministère de la police générale 123

Copie de la lettre du ministre des finances aux divers agents de son ministère, sous la date du 18 septembre...................... 124

Lettre du marquis de Clermont Mont-Saint-Jean à M. T........................... 127

Écrit dénoncé dans la lettre précédente.......... 129

Préfecture du Pas-de-Calais. — Collèges électoraux................................ 134

Copie de la lettre écrite par M. de Forbin aux ministres de l'intérieur, de la police et de la justice. 135

Mémoire sur les élections du département du Lot, à la Chambre des députés................ 137

Instructions sur les élections................ 142

Lettre d'un électeur du département de .... à M......, député de la dernière Chambre... 145

Désaveu de la pièce intitulée : *Instruction sur les élections* 149

Désaveu de la lettre d'un électeur du département de......... à M........................ 150

FRAGMENTS.

Avis des éditeurs....................... 157
Variante du chapitre de l'Incarnation 161
De la Virginité 163

SOMMAIRE.

Du Divorce	163
L'Extrême-Onction	166
L'Orgueil	168
La Charité	170
Le Décalogue	*ibid.*
La Genèse	172
Histoire naturelle	174
Le Serpent	183
Bailly	184
Le Sinaï	*ibid.*
Le Déluge	185
Spectacle général de l'univers	186
La Création	187
Le Dimanche	190
Des plantes et de leurs migrations	192
Spectacle d'une nuit	201
Désir de bonheur dans l'homme	204
Objections contre la Providence	209
Le Riche athée	212
Les Rois athées	214
La Femme athée	220
Corruption du goût	221
Résurrection et Jugement dernier	224
Paradis chrétien	228
La Henriade	238
Chrysès ou le Prêtre	246

TABLE SOMMAIRE.

Le Guerrier athée	247
L'Amour	249
Paul et Virginie	253
Songe d'Énée	254
Enfer du Dante	255
M. Bodmer	257
Architecture	261
Musique	262
Fragment d'un épisode	267
Esquisse	272
Défense	273
Le temps	274
Gilbert	275
Essais de morale et de politique	292
De la révolution de Fernambouc	305
Lettre sur les Tuileries	313
Lettre sur la démolition de Saint-Germain-l'Auxerrois	317

FIN DE LA TABLE SOMMAIRE.

TABLE ANALYTIQUE

DES

OEUVRES COMPLÈTES

DE M. LE VICOMTE

DE CHATEAUBRIAND.

TABLE ANALYTIQUE

ET RAISONNÉE

DES

OEUVRES COMPLÈTES

DE M. LE VICOMTE

DE CHATEAUBRIAND.

Le chiffre romain indique le tome et le chiffre arabe indique la page.

A

ABAILARD, philosophe péripatéticien, III, 131. — Sa doctrine condamnée au concile de Soissons, VI, 171. — A fait revivre les leçons d'Aristote, 258.

ABARIS est député par les Scythes à Athènes, I, 212.

ABBADIE écrit en faveur de la religion, XIV, 4; son style, *ibid*.

ABBAYE, ce que c'était au moyen-âge, VI, 141.

ABBAYES, leur grand nombre au moyen-âge et leur histoire se trouvent dans le *Gallia christiana*. *Voir* ce nom.—Etaient célèbres par leurs écoles, leurs savants, leurs manuscrits et leur architecture. *Voir* Du Bec, Citeaux, Clairvaux, Cluny, Corbie, Mont-Cassin, Ferrière, Fontenelle, Fontevrault, Fulde, Jumièges, Maubuisson, Moissac, Saint-Denis, Saint-Germain-des-Prés.—Favorisaient l'agriculture et la population, XIV, 55.

ABBÉS, leur origine, XVI, 123.

ABBÉS des armées, ce que c'est, VI, 134.

ABBEVILLE, origine de son nom, XVII, 40.

ABBON, son testament, VI, 140. — Charte précieuse du IXe siècle, citée à son sujet, *ibid*.

ABBON, moine, son poème sur le siège de Paris, XX, 235.

ABDALLAH, pacha de Damas,

son caractère, X, 288. — Ses exactions, *ibid.* 289.

ABEILLES, leur mœurs, XII, 116. — Figurées sur les armoiries des Francs, XIX, 152.

ABENAQUISES, habitent l'Acadie et les côtes du Canada, XXIII, 103.

ABENCÉRAGE (l'). *Voyez* Aben-Hamet.

ABENCÉRAGES, leur origine et leur expédition en Afrique, XVIII, 149. — Elégance de leurs mœurs, *ibid.*

ABEN-HAMET, seul rejeton de la famille des Abencérages, son histoire, XVIII, 152 et suiv.

ABLAVIUS, ancien historien, cité, IV, 249.

ABRAHAM. Sa vocation, XIV, 44.

ABRISSEL (Robert d'), a été le fondateur de Fontevrault, XVII, 37.

ACADÉMIE (l'), lieu célèbre à Athènes. Sa place présumée, IX, 161.

ACADÉMIE DE LYON, reçoit l'auteur dans son sein, XIII, 6. — De Paris, ses relations avec les jésuites de la Chine, 256. *Voir* Jésuites.

ACADÉMIE DES INSCRIPTIONS, ses travaux, IV, 19.

ACADÉMIES célèbres à Bologne, Ferrare, Sienne, Venise, XVII, 30.

ACADIE (l') a été colonisée par Jacques Cartier, XII, *Préf.*, 39.

ACCIAJUOLI (Regnier), Florentin, chasse les Catalans d'Athènes. Se donne aux Vénitiens et meurt, IX, 108.

ACHAIE (l') est réduite en province romaine par Vespasien, IX, *Préf.*, 98. — Est ravagée par Genseric, 101.

ACHERY (d'), savant Bénédictin, XVII, 24.

ACHILLE. Son tombeau, X, 52. — Ce qu'il doit à Homère, XXII, *Préf.*, 10.

ACOMINATE-CHONIATE (Michel), repousse les attaques de Sgure contre Athènes, IX, *Préf.*, 104. — A composé un poème, *ibid.*

AÇORES (les) paraissent sur les cartes dès l'an 1380, XII, *Préf.*, 20.

ACRA, ville maritime fondée par Hannon, I, 167.

ACRE ou *PTOLEMAIDE*, port de la Palestine, XVI, 222. — Prise par Melec Seraph, 223.

ACTES de Rymer, cités, XXXIII, 101.

ACTES publics, époque où ils furent rédigés en français, VII, 175. — Règles pour reconnaître leur degré de vérité, IV, 27.

ACTIUM, bataille citée, VIII, 229.

ADALBERON, évêque de Laon, a composé une satire contre les mœurs de son temps, VI, 264.

ADAM. Sa postérité se divise en deux branches, IV, 137. — Considérations sur sa chute, XIV, 99.

ADAM (Jean), savant, cité, VI, 257.

ADAM DE BRÊME a puisé une partie de son ouvrage dans celui d'Anscaire, XII, *Préf.*, 12.

ADAMANNUS. Sa description de la Terre-Sainte, IX, *Préf.*, 136. — Sa relation de saint Arculfe, XII, *Préf.*, 13.

ADARIO était chef de tribu aux Natchez, XII, 40.

ADDISON. Sa tragédie de Caton, VIII, 42. — Est de l'école classique, 61.

ADMED, turc Doulonide, a fait la conquête de Jérusalem, X, 195.

ADONIS. Son culte souille la grotte de Bethléem, IV, 197.

ADRETS (le baron des). Sa férocité, VII, 277.

ADRIANA (ville). Sa description, XIII, 26.

ADRICHIOMIUS. Son ouvrage sur Jérusalem, X, 149.

ADRIEN VII, pape, a succédé à Léon X; VII, 168.

ADRIEN, empereur, abandonne les conquêtes de Trajan, IV, 158. — Etait voyageur, grand administrateur et ami des arts, 195. — Etablit des colons à Jérusalem, 196. — Son règne a marqué le second siècle de la littérature latine, 198. — A fait de vains efforts pour adoucir le sort des esclaves, V, 296. — Son caratère, son siècle, XIII, 35. — Relève les monuments d'Athènes, IX, *Préf.*, 98. — Sa ville d'Ælia-Capitolina, IV, 196, X, 192. — A élevé des temples à Jésus-Christ; XVI, 118. — Sa mort, IX, 195.

ÆGIDIUS, maître général des Gaules, ce qu'il fait pour Libius Sévère, 212. — Demeure indépendant dans la Gaule, *ibid.* — A été un moment chef des Francs lorsqu'ils chassèrent Chilpéric, *ibid.*

ÆLIA CAPITOLINA, nom donné à la nouvelle Jérusalem par Adrien, X, 192.

AETIUS est donné en otage à Alaric par Stilicon, V, 174. — Surnommé le dernier des Romains de l'empire, 192. — Est immortalisé par sa victoire sur Attila, *ibid.* — Avait favorisé la révolte de Jean, 193. — Son caractère, *ibid.* — Passe en Italie pour combattre Boniface, 194. — Est vaincu, *ibid.* — Est déclaré rebelle par Placidie, et se retire chez les Huns, *ibid.* — Bat Attila dans les plaines Catalanniques, 206. — Est tué par Valentinien III, 209. — Sa mort est vengée par deux Barbares qui lui étaient attachés, *ibid.*

AFFRANCHISSEMENT DES COMMUNES. Leur origine, VI, 167, 168. — Ce qu'en dit M. Thierry, 169 et 182. — Charte de Louis X à ce sujet, 199. *Voir* Benoît d'Anianer, Suger.

AFRICAIN. Son Histoire universelle, IV, 239.

AFRIQUE (l') bornait l'empire romain au midi, IV, 157. — A fait partie de l'empire d'Occident, V, 72. — A été livrée aux Vandales par les Donatistes, V, 288. — I, 230.

AGAMEMNON. Son tombeau, IX, 98.

AGATHIAS. Ce qu'il dit des Francs, VI, 86.

AGDE a été détruit par Charles Martel, VI, 105.

AGES. Tableau historique des divers âges de la société, IV, 43. — Age héroïque, 46, 48. — Philosophique (ancien), 90. — Moyen-âge, VI, 214, 261, 270. — Philosophique (moderne), IV, 74, 86 et 119. — Héroïque du christianisme, V, 233.

AGESILAS est gagné par Agis, II, 83. — Se fait nommer Ephore, *ibid.* — Profite de l'absence d'Agis pour exercer une autorité tyrannique, *ibid.*

AGIER (M.) a été le défenseur des compagnons de Moreau; XXVIII, 181.

AGILES (Raymond d'), chanoine du Puy-en-Velay, accompagne l'évêque Adhémar à la Croisade, XII, *Préf.*, 14. — Ecrit les évènemens et les faits d'armes qui se sont passés à la Terre-Sainte pendant son séjour, *ibid.*

AGINCOURT (M. Leroux d'). Son Histoire de l'art au moyen-âge, XIII, 76, X, 106. — Sur les monuments païens des catacombes, V, 140. — Sur l'architecture arabe, X, 241.

AGIS, roi de Lacédémone; son éloge, XXVII, 89. — Assiège Athènes, II, 16. — Entreprend de rétablir les mœurs dans la Laconie, 82. — Se réfugie dans le temple de Minerve, 44. — Est conduit aux Estuves par ses amis, 86. — Est emprisonné, *ibid.* — Est condamné à mort, 87. — Son supplice, 88. — Est comparé à Charles Ier et à Louis XVI, 90.

AGLAE, XIX, 115. — Fille du proconsul Arsace, sa vie voluptueuse, XIX, 115 et suiv.

AGNAN (St-), évêque d'Orléans, s'efforce d'arrêter Attila, V, 204. — Préserve sa ville de la fureur des Huns, VI, 74.

AGORTES ou CÉRÈS, a recueilli la première moisson, XIV, 118.

AGRICOLA achève, sous le règne de Domitien, de soumettre la Grande-Bretagne, IV, 158. — Bat les Calédoniens, IV, 191.

AGRICULTURE. Ce que l'Europe doit aux ordres religieux sous ce point de vue, XVII, 36, 41.

AGRIPPA, gendre d'Auguste, cité, IV, 156. — XII, *Préf.*, 8.

AGRIPPA, petite-fille d'Hérode, obtient des Romains le royaume de Judée, X, 191.

AGRIPPINA. Cette ville a pris le nom de Cologne, XIX, 142.

AGRIPPINE, sœur de Caligula. — Epouse son oncle Claude, et est mère de Néron, IV, 177.

AGUESSEAU (le chancelier d') fait continuer l'ouvrage de Duchesne, IV, *Préf.*, 29. — Etait en même temps homme de lettres et homme public, VIII, 240. — Prouve que toutes les lois françaises se retrouvent dans celles de l'Angleterre, XVI, 159. — Son éloge, 162.

AIGUE-BELLE. Sa situation pittoresque, XII, 10 et suiv.

AIGUES-MORTES, ville où saint Louis s'embarqua pour la Terre-Sainte, XI, 109.

AILLY (Pierre d'), cité, VI, 257.

AIRE (Jean d'). Sa résolution courageuse, VII, 54.

AISKEW, Anglais, bat les Hollandais dans onze combats, XII, 256.

AIX. Son parlement rendait ses arrêts d'après le droit écrit, VI, 222. — Ne recevait pas le franc-aleu, *ibid.*

AIX-LA-CHAPELLE. Sa belle basilique, VI, 273.

AKANSA (fleuve), XVIII, 3.

AKEMPIS. *Voir* Imitation de Jésus-Christ.

ALABAMA. Sa division, XII, 279. — Nombre de ses villes, *ibid.*

ALABES (les) sont venus en Afrique après la chute des Maures d'Espagne, et se sont établis sur la côte depuis Oran jusqu'à Alger, XVIII, 150.

ALAINS (les) occupaient les terres situées entre le Volga et le Tanaïs, IV, 142. — Ravagent les Gaules, V, 173. — Envahissent l'Espagne, 182. — Sont battus par les Goths, 188. — S'allient aux Romains pour marcher contre Attila, 205. — Leurs mœurs, VI, 4. — Caparaçonnaient leurs chevaux avec la peau des hommes qu'ils avaient tués, 13. — Adoraient une épée nue fichée en terre, 30.

ALAIN DE L'ILLE, cité, VI, 257. — Est surnommé le *Docteur universel.*

ALAON. Sa charte, citée, VI, 115.

ALARCOS (bataille d'), XVI, 228.

ALARD, vicomte de Flandre, a fondé un monastère sur une montagne du Rouergue. Pourquoi? XVI, 42.

ALARIC, roi des Visigoths, son histoire, V, 165 et suiv.

ALBANAIS (les). Leur costume, XI, 15. — Leur conduite envers les habitants de l'Egypte, 16.

ALBERIC, moine du XII° siècle. — Son poème de l'enfer cité, XXXIII, 83.

ALBÉRONI. Son éloge, XVI, 32.

ALBERT, margrave de Brandebourg, était grand-maître de l'ordre Teutonique, V, 171. — Embrasse le luthéranisme, *ibid.*

ALBERT, marquis de Brandebourg, embrasse la doctrine de Luther, XVI, 226. — Chasse les chevaliers teutoniques de la Prusse, *ibid.*

ALBERT, savant du moyen-âge, VI, 257. — Surnommé *le Grand*, 258. — Inventeur d'une machine parlante, *ibid*. — Etait obligé de professer en plein air, ne trouvant pas de local assez grand pour contenir ses disciples, 259.

ALBERT DE SAXE, savant du moyen-âge, cité, VI, 257.

ALBIGEOIS (les). Croisade proclamée contre eux sous le règne de Philippe-Auguste, VI, 173.

ALBINUS élu empereur dans les Gaules, IV, 206. — Vaincu par Septime Sévère, *ibid*.

ALBION. L'une des Cassitérides des Carthaginois, XII, *Préf*. 6. — Son commerce s'étendait jusqu'à Rome par la Gaule, 7.

ALBRET (Jeanne d') avait épousé Antoine de Bourbon, VII, 193. — Sa mort, 206.

ALBUFÉDA, historien arabe, a décrit son pays et les contrées conquises par les Arabes, XII, *Préf*., 15.

ALCALA, célèbre par son université, XVII, 23.

ALCÉE, chassé de Mytilène par une révolution, chantait les malheurs de l'exil et de la tyrannie, I, 93.

ALCIAT était de son temps la lumière du droit, VI, 259.

ALCIBIADE, général athénien. — Sa vie, II, 5.

ALCUIN, savant religieux, VI, 143 et suiv.

AL-EDRISI. Ses descriptions sur sa patrie et les pays soumis par les Arabes, XII, *Préf*. 15.

ALEMBERT (d'). Sa correspondance, II, 214. — L'un des auteurs de l'Encyclopédie, XIV, 6. — Serait peu renommé s'il n'eût mêlé la réputation d'écrivain à celle de savant, XV, 243.

ALENÇON (le duc d'), duc d'Anjou, est nommé chef des Flamands révoltés contre Philippe II, roi d'Espagne, VII, 217.— Meurt, 218.

ALEU (franc). Ce que c'est, VI, 221. — *Voir* aussi Fiefs.

ALEXANDRE Ier, pape, succède à saint Évariste, IV, 191.

ALEXANDRE III, pape, déclare dans le troisième concile de Latran que les Chrétiens devaient être exempts de la servitude, VI, 172.

ALEXANDRE VI, pape, livre à Charles VIII, Zizim, frère de Bazajet, VII, 159. — Entre dans la ligue formée à Venise contre le monarque français, *ibid*. — Sa mort, 162.

ALEXANDRE LE GRAND, roi de Macédoine. Son siècle, II, 118. — Ses conquêtes ont opéré une révolution dans les sciences comme chez les peuples, XII, *Préf*., 5. — Introduit la philosophie grecque dans le système religieux des juifs, V. 220. — Avait porté sa langue maternelle jusqu'aux confins de l'Ethiopie et de l'Inde, V, 291.—Sa familiarité avec Bagoas, 310.—Sa grandeur, X, 38. — A fait la conquête du monde avec trente-cinq mille hommes, en moins de dix ans, *ibid*. — Passe à Jérusalem, et offre des sacrifices dans le temple, 189. — Son tombeau, XX, 52.

ALEXANDRE-SÉVÈRE succède à Élagabale, IV, 221. — Son caractère, *ibid*. — Fait la guerre à Artaxercès. 222.—Adorait l'image de Jésus-Christ, 223. — Meurt assassiné, 229.

ALEXANDRE, évêque de Jérusalem, défend Origène contre Démétrius, XVII, 152. — Périt dans un cachot sous le règne de Dèce, IV, 253.

ALEXANDRE, évêque d'Alexandrie, avait demandé à Dieu la mort d'Arius ou la sienne. VI, 320.

ALEXANDRE, empereur de Russie, est pleuré par son peuple, IX, *Préf*., 10. — Son caractère, *Préf*., 21. — Ses prétentions sur la Grèce, *Préf*., 13. — Sa mort a changé la politique en Orient,

Préf., 22. — A protégé la religion catholique romaine, XXIX, 358. — Ses sentiments politiques, 229.

ALEXANDRIE. Son école, IV, 305. — Sa description, XX, 51. — Sa bibliothèque, *ibid*. — Sa célèbre chronique, fragment sur la mort de Julien, V, 61.

ALEXANO (Martin), l'un des religieux de la Terre-Sainte, qui accueillit l'auteur, X, 75.

ALFRED LE GRAND, roi d'Angleterre. Sa traduction d'Orose, IV, *Préf.*, 15. — Y a inséré deux périples scandinaves de la Baltique, *ibid*. — A divisé la Scandinavie en provinces, XII, *Préf.*, 16. — Son génie se trouve dans l'institution du jury, XXVI, 157.

ALGER (le despotat d') comment s'est formé, XII, *Préf.*, 17. — Ses pirates étaient contenus par l'ordre de Malte, XXX, 42. — Sa conquête en 1830, citée, XXXI, 130.

ALGONQUINE (la nation) était la plus ancienne et la première du Canada, XVI, 205.

ALGONQUINS (les), peuple guerrier et chasseur, XII, 252. — Ont été exterminés par les Iroquois, XXIII, 102. — Leur langue était la plus polie du désert, *ibid*.

ALHAMBRA, palais célèbre, VIII, 262. — Sa description, XVIII, 170. — Effet de lune, 176.

Voir aussi Grenade, Laborde.

ALIGRE (les d'), cités, XXIX, 326.

ALLAMANS. *Voir* ALLEMANDS.

ALLATIUS a conservé l'Itinéraire de Jérusalem d'Eugisippe, IX, *Préf.*, 138.

ALLÉGORIES. Divisées en morales et physiques, VIII, 163. — Caractères de l'allégorie chrétienne, XV, 109. — Système allégorique des païens, ses bases, pourquoi inventé, V, 22.

ALLEMAGNE (le royaume d'). Son état au moment de la révolution française, I, 237. — Arts qu'on y cultive, 239. — Fut un démembrement de l'empire de Charlemagne, VI, 131. — Avait des universités avant le quinzième siècle, 255. — Beaucoup de ses villes ont été fondées par des ordres religieux ou militaires, XVII, 40. — Les comédiens, dans certaines parties de son territoire, ne sont point excommuniés, XXVII, 103. — Progression de sa philosophie, IV, 122. — Sur ses écoles. *Voir* Barchoux.

ALLEMANDS (les). Leur état moral, XXV, 38. — Leur caractère, XXV, 288. — Recueils de leurs historiens. *Voir* Annalistes.

ALLIÉS EN FRANCE, XXVI, 58, 131.

ALPAIDE, mère de Charles Martel, VI, 103.

ALPES (tableau des), XIII, 10. — Souvenirs historiques, 12, 132. — Tableau poétique, XXIV, 105.

ALPHABET RUNIQUE. Ce qu'en dit l'auteur, XVII, 200.

ALPHONSE LE BATAILLEUR, roi de Castille. — Son corps de législation, IV, *Préf.*, 16. — A enlevé aux Maures Caltrava en Andalousie, XVI, 227.

ALFRED (le roi), chroniqueur et géographe, XII, *Préf.*, 16.

AMALA, roi des Goths, IV, 251.

AMALARIC, roi des Visigoths d'Espagne, fait la guerre aux enfants de Clovis, VI, 97.

AMALPHI, ville où l'on a retrouvé le livre des Pandectes de Justinien. *Voir* Justinien, Pandectes.

AMAURY, roi de Jérusalem, a succédé à son frère Baudouin, et a régné onze ans, X, 200.

AMAURY, roi de Jérusalem, frère de Lusignan, a succédé à Henry, comte de Champagne, X, 202.

AMBOISE (ville d'), célèbre par la conjuration de ce nom, VII, 197.

AMBROISE (saint). Son éloge,

XX, 20. — Sa vie, ses ouvrages, V, 97 et suiv. A introduit la musique dans les églises d'Occident, V, 269. — Son ouvrage de *Mysteriis*. *Voir* Baptême. — A composé trois traités sur la Virginité, XIV, 58. — Son style, XV, 304. — Apparaît à un chrétien, lui prédit la destruction des Barbares, V, 172.

AMÉLIE, sœur de René. Son histoire, XVIII, 104.

AMÉRIC VESPUCE a fait la délinéation des côtes de la Guiane, de la Terre-Ferme et du Brésil, XII, *Préf.*, 29.

AMÉRIQUE (l'), son premier nom. *Voir* Danes et Vineland. A été découverte sous le règne de Charles VIII, roi de France, VII, 158. — A été signalée au onzième siècle par les navigateurs du Nord, XII, 24.

AMÉRIQUE septentrionale, a été découvert par Jean-Sébastien Cabot, XII, *Préf.*, 29. — Ses limites, *ibid.* — Ses côtes ont été explorées par Jean Verazini. *Voir* ce nom.

AMÉRIQUE (États-Unis d'). Ce qu'ils offrent, XII, 18. — Changements survenus depuis le voyage de l'auteur, VII, 107. — Offrent dans leur sein des souvenirs de tous les pays, 279. — Leurs routes, 281. Leurs canaux, 282. — Leurs moyens de transport, *ibid.* — Malles-postes, 284. — Population, 285. — Revenus, 286. — Constitutions, *ibid.* — Causes de leur révolution, 289.

AMÉRIQUE méridionale. Sa position florissante, XII, 302.

AME. Son immortalité prouvée par le désir du bonheur, XIV, 206. — Par le remords et la conscience, 211. — Par le respect de l'homme pour les tombeaux, 215. — *Voir* la note L, 303. — Sentiments des philosophes de l'antiquité sur son immortalité, V, 34. — Est une preuve de l'existence de Dieu, XIV, 206.

AMILCAR, surnommé Barca, père d'Annibal, I, 148.

AMILCAR, général carthaginois, assiège Hymère, I, 179.

AMIS (îles des), découvertes par Cook, I, 169.

AMITIÉ, XV, 61.

AMMAND, voyageur et savant, cité, X, 131, 133.

AMMIEN MARCELLIN. Son portrait de Julien, V, 4. — Conduit l'histoire jusqu'aux auteurs chrétiens, XV, 281. — A donné le nom de France au pays des Francs, XIX, 9.

AMMONIUS SACCAS, créateur du néoplatonisme, V, 261.

AMOIN fait remonter l'origine des Francs à la chute de Troie, VI, 91.

AMOUR des plantes, VIII, 169.

AMOUR. *Voyez* Passions.

AMOUR de la patrie, XIV, 196. — Ses effets, 197. — A fait des prodiges chez tous les peuples civilisés, 201. — A été perfectionné par la religion chrétienne, 202. — La religion est son plus puissant motif, XVI, 7. — Ses causes, XIV, 205. — Son effet sur deux esclaves de la Louisiane, 204. — Trait singulier d'un mousse anglais, 200. — Trait singulier d'un Français fugitif, 204.

AMPÈRE. Ses *traductions* et ses *études scandinaves* consultées par l'auteur, IV, *Préf.*, 126.

AMPHIBIES. Leur instinct, XIV, 177.

AMPHION. Ses institutions, XIV, 48.

AMYCLÉE est connue aujourd'hui sous le nom de Sclubochorion, IX, 57.

AMYOT, grand-aumônier de France. Ses œuvres morales de Plutarque, V, 17. — Avait été élevé par l'Université de Paris, XVII, 23. — Sa traduction de Théagène et Chariclée, et des amours de Daphnis et Chloé, 166.

ANACHARSIS. Sa philosophie, I, 213. — Sa mort, 215.

ANACHARSIS (voyages d'), célèbre ouvrage de l'abbé Barthélemy. Son mérite, IX, 125. —*Voir* Barthélemy.

ANACHORÈTES. Descriptions de leurs solitudes, XX, 282.

ANASTASE est enfermé vivant avec un cadavre par l'évêque Caulin. VI, 263.

ANASTASE le bibliothécaire du Vatican. Cité, IV, 312.

ANATOLE, envoyé par Théodose II à Attila, V, 199.

ANATOLIE (l'). Ses villes visitées par l'auteur, X, 17 et suiv.

ANAXARQUE. Son aventure singulière. *Voir* Pyrrhon.

ANDALOUSIE. Origine de son nom. *Voir* Bœtique.

ANDANIES, ville de la Messénie, XVII, 126.

ANDRÉ (saint) a enseigné le christianisme chez les Scythes, IV, 170.

ANDRÉ Paléologue, cède ses droits à Charles VIII, 159.

ANDRINOPLE (bataille d') gagnée par les Visigoths sur l'empereur Valens, V, 90.

ANDROMAQUE, tragédie de Racine; le caractère de l'Andromaque moderne, comparé à celui de l'Andromaque d'Homère, lui est supérieur, XV, 28.

ANDRONIC, empereur d'Orient, succéda à son père Michel, IX, *Préf.*, 107. — Veut faire épouser à son fils Jean une princesse d'Achaïe, *Préf.*, 108.

ANDROSTÈNE a reconnu les côtes méridionales de l'Asie, XII, *Préf.*, 5.

ANGERS, ville, ouvre ses portes aux Vendéens, XXV, 232.

ANGES mis en action dans la Bible, XV, 133. *Voir* Dante, Milton, Voltaire, et surtout, dans les Martyrs, XIX, 69 77, 82.

ANGÉSISE au lieu d'Anségise. *Voir* Anségise.

ANGILBERT, religieux. Sa science, VI, 143.

ANGLETERRE (l') soumise aux Romains sous Claude, IV, 169. — Soulevée sous Néron, 178. — A fait partie de l'empire romain d'Occident, V, 72. — Ravagée par les Scots et les Pictes sous Honorius, 171. — Secoue le joug romain, 182. — Sa conquête par Guillaume le Bâtard, VI, 161. — Sa monarchie au treizième siècle était représentative, VI, 180. — Avait des universités avant le quinzième siècle, 255. — Beaucoup de ses villes ont été fondées par des ordres religieux ou militaires, XVII, 41. — Sa constitution, 61. — A conservé beaucoup de coutumes normandes et saxonnes, XXVI, 127. — Histoire de son gouvernement, 157. — Sa rivalité avec la France a commencé sous le règne de Philippe VI, VI, 303. — Sa république, XIII, 249. — Coalisée contre la France, III, 276. — Son protestantisme, VII, 188. — Sur la liberté de la presse, XXVII, 316. — Sa puissance maritime, VII, 9. — Doit ses possessions américaines à Colomb, Chabot et Verazini, 75. — Possède les plus belles ruines des monuments chrétiens, XVI, 30. — Ses tombeaux, 104. — Sa liberté sur quoi fondée, XXIX, 344.

ANGLAIS (le peuple). Sa double origine (saxonne et normande). — Son gouvernement. — Sa religion. — Son état militaire. — Sa littérature et ses arts. — Son caractère. — Son esprit public, XV, 289 et suiv.

ANGLAIS (les). Leur caractère, XV, 289. — Leurs mœurs, VIII, 6. — Comparés aux Français, *ibid.* — Leur défaut dominant, *ibid.* — Education des jeunes filles, 7. — Education des garçons, 8. — Préfèrent l'étude des lettres à celle des mathématiques, *ibid.* — Ont pour carrière le commerce, la religion, les armes et la politique, *ibid*. — Leurs officiers de marine sont moins instruits que ceux de la France, 10. — Leur clergé est savant, hospitalier et généreux, *ibid*. — Cérémonies religieuses, 11. — Contraignent Jean Sans-terre à leur concéder la grande charte, VI, 173. — Leur constitution est empreinte d'une origine gothique, XXVI, 127. — Origine de leur puissance en France. *Voir* Isabeau de Bavière.

ANGLO-SAXONS. Leurs chansons guerrières et leurs poèmes, XXXIII, 64, 68, 73.

ANGOULÊME (duchesse d'). Son portrait, XXVI, 71.

ANIANE (ville d'), avait dès le neuvième siècle une école célèbre, XVII, 22.

ANIMAUX. Leur organisation, preuve de l'existence de Dieu, XIV, 144. — Leur instinct, 150. — Leur cri, 155. — Migration de quelques uns, 160. *Voir* Oiseaux. De l'Amérique, XII, 99 et suiv. — Chasse des animaux, 177.

ANJOU (le duc d') fait périr Conradin, XIII, 49.

ANJOU (Marguerite d'), femme de Henri VI, roi d'Angleterre. Met en gage la ville de Calais pour vingt mille écus, VII, 150.

ANJOU (l') a été réuni à la couronne par Philippe-Auguste, VI, 172.

ANNALES et ANNALISTES (études des) chez les différents peuples, IV, 6 et suiv. — de *Tacite* retrouvées et acquises par Léon X. *Voir* ce nom. — De Paris. *Voir* Duplessis. — Des villes impériales du Hainaut. *Voir* Fortia d'Urban. — Ecclésiastiques. *Voir* Le Cointe, Le Long, Loriot.

ANNALISTES français, IV, 9. — Allemands, 10, 13. — Anglais, 14.

ANNE d'Autriche, reine de France, reçoit du parlement la tutelle de Louis XIV, VII, 324.

ANNE, reine d'Angleterre, abandonne son père, XIII, 310.

ANNE, duchesse d'Orléans, fille de Louis XI, VII, 156.

ANNEAU DE CLOTILDE. Ce qui lui arriva, VI, 92, 94. — Anneau de César, ce qu'il prouve, IX, 76.

ANNEAU héréditaire des Abencérages, XVIII, 203. — Anneaux de fer des Germains, XIX, 151.

ANNEAUX scellés à l'échafaud de Charles 1er, et leur destination, XXV, 6.

ANNÉE. Différentes manières de la compter chez les peuples, XIV, 112, 115.

ANNIBAL, grand capitaine de l'antiquité, XI, 62. — Ses conquêtes, sa marche sur Rome, 63. — Son caractère, *ibid*. — Sa mort, 76.

ANNIUS DE VITRERIE donne vingt-deux rois aux Gaulois avant la guerre de Troie, VI, 91.

ANONYME (auteur) de l'Itinéraire de Jérusalem, cité, IX, *Préf*., 134. — Des Croisades, X, 280.

ANONYME (l') de Ravenne. Sa géographie citée, X, *Préf*., 102.

ANORBE, rhéteur. Sa défense du christianisme, XIV, 3.

ANSBERG descendait d'Aubéron, présumé fils de Clodion, VI, 90. — A été la tige de la deuxième race des rois de France, *ibid*.

ANSCAIRE, moine de Corbie. Son voyage en Suède et en Danemarck, XII, *Préf*., 102.

ANSÉGISE, abbé de Fontenelle. On lui doit un recueil des capitulaires de Charlemagne et de Louis le Débonnaire, VI, 129.

ANSON. Ses voyages, VII, *Préf*., 34.

ANSE (d') de Villoison. Ses études sur la Grèce sont restées inédites, IX, *Préf*., 125.

ANTEROS, pape, a succédé à Pontieu et n'a régné qu'un mois, IV, 239.

ANTES (les) étaient sous la domination des Goths, IV, 249. — Ravagent la Grèce, IX, *Préf.*, 101.

ANTHÈME, empereur d'Occident, est élevé à l'empire par Léon 1er, V, 213. — Est tué dans la guerre entre ce monarque et Ricimer, 214.

ANTHEMIUS, préfet d'Orient, tuteur de l'empereur Théodose II, V, 117.

ANTIGONE fait la guerre à Hircan et est fait prisonnier par les Parthes, X, 190. Tombe entre les mains d'Hérode qui le livre aux Romains, 191.

ANTILLES (missions des) XVI, 200. — Origine de leur nom, *ibid.*

ANTIOCHE (ville d') est le lieu où les disciples de l'Évangile reçurent pour la première fois le nom de *Chrétiens*, IV, 169. — Son école, IV, 305. — Sa révolte contre Théodose, V, 101, 265.

ANTIOCHUS LE GRAND reprend la Judée sur les rois d'Égypte, IX, 189.

ANTIOCHUS HIÉRAX. Sa captivité, III, 63.

ANTIOCHUS X, chez les Parthes et en Cilicie, III, 63.

ANTIOCHUS, historien sicilien, II, 203.

ANTIOQUE, grand-chambellan de l'empereur Théodose II, V, 178.

ANTIPHON. Son talent, III, 9.

ANTIQUITÉ dévoilée. Livre anti-religieux, jugé par Voltaire, XIV, 330.

ANTIQUITÉS de la monarchie française, idée des plus célèbres collections réunies avant 1791, IV, 18, 22, 31. — Ordonnance de Louis XIV à ce sujet, 21. — Destruction commencée par l'assemblée nationale sur la proposition de Condorcet, 24. *Voir* Assemblée nationale et Condorcet. — Ce qui en est échappé, 25. — Analyse de tous les travaux faits depuis la révolution, 27, 28. — De l'école historique de France, 54. — *Voir* Guizot, Thierry, etc., et surtout Du Tillet, le plus savant sur les antiquités françaises, IV, 28.

ANTOINE (saint), ermite, son genre de vie, 202. — Sa lettre à Constantin, *ibid.* — Le premier des cénobites, XVI, 130. — Habitait le mont Valérien, il y a huit cents ans, XXVIII, 283.

ANTOINE, fils naturel de Reinier Acciajuoli, possesseur de Thèbes, IX, *Préf.*, 108. — Enlève Athènes aux Vénitiens, *ibid.* — Devient prince de l'Attique et de la Béotie, *ibid.*

ANTOINE-PACIFIQUE (le P.). Sa description de la Morée, IX, *Préf.*, 118.

ANTOINE II, chasse Hérius de l'Attique et de la Béotie, IX, *Préf.*, 108.

ANTOINETTE. *Voir* MARIE-ANTOINETTE.

ANTONIN, empereur, succède à Adrien, IV, 197. — Son caractère, *ibid.* — Son règne a marqué le second siècle de la littérature latine, 199.

ANTONIN DE PLAISANCE. Son itinéraire, IX, *Préf.*, 135; XII, *Préf.*, 13.

ANVILLE (d'). Sa dissertation sur Jérusalem, IX, *Préf.*, 87. — Son étymologie du nom du Jourdain, X, 135. — Cité encore, 206.

APALACHES (les). Leur description, VIII, 85; XII, 64.

APALACHUCLA. Description de ses environs, XII, 97.

APOLLINAIRE a mis en vers héroïques les livres de Moïse, XVII, 170.

APOLLINAIRE fils. Ses dialogues à la manière de Platon, XVII, 171.

APOLLON du Belvédère. Ce qu'en dit l'auteur, XIII, 51.

APOLLONIUS, sénateur romain. Son apologie du Christianisme, IV, 211.

APOLLONIUS DE THYANE, cité, IV, 168. Ses prétendus miracles, V, 25.

APOLOGISTES du Christianisme. *Voir* Apollonius, Athénagore, Tertullien, Minutius Félix, Justin Quadrat, Aristide, cités, IV, 196. Erreur de ceux qui ont voulu répondre sérieusement aux sophistes.

APOTHÉOSE (de l') à Rome. Celle de Néron. — d'Adrien, IV, 196. — De Commode, 207. — *Voir* aussi Norvège.

APOTRES. Sont chargés par Jésus-Christ de régénérer la société, IV, 146, 167, 169, 170; VI, 77. — *Voir* aussi aux noms de chacun les pays et les villes évangélisés par eux.

APOLOGÉTIQUE aux gentils. *Voir* Tertullien.

APPERT. Ses ouvrages, XXVII, 263.

AQUILÉE (bataille d'), V, 105.

AQUIN (saint Thomas d'), philosophe péripatéticien, II, 233. — Sa science, VI, 257. Ses poésies sacrées, XVI, 50.

ARABE (langue) enseignée à l'université, VI, 256.

ARABES (les). Leur portrait, X, 140. — Leur costume, *ibid.* — Leur caravane, 141. — Manière dont ils dressent les chevaux, 142. — Aiment les contes merveilleux, *ibid.* — Ont connu la Chine en 715, XII, *Préf.*, 15. — Y envoient des marchands, *ibid.* — Y pénètrent par mer au neuvième siècle, *ibid.* — Sont introduits dans l'Inde, 16. — Fondent des colonies dans plusieurs îles de la mer des Indes, *ibid.* — Prétendent avoir découvert l'Amérique, 27. — Recherches sur leur architecture, X, 236.

ARABIE HEUREUSE. Tableau et souvenir historiques et bibliques, XX, 64.

ARAR, rivière. A pris le nom de *Saône*, XIX, 141.

ARAUCANA (l'). Poème de D. Alonzo de Treilla, XIV, 261.

ARBOGASTE, Franc. Sa puissance à la cour de Valentinien, V, 104. — Sa défaite, 105. — Sa mort, 106.

ARBRE de Sodome. Ce que c'est, X, 131.

ARBRES maudits. Ce que c'était à Rome, V, 296.

ARBRES. Leur beauté en Amérique et noms des plus remarquables, XII, 115.

ARC. *Voir* Jeanne d'Arc.

ARCADE III, fils et successeur de Théodose, V, 164. — Son portrait, *ibid.* — Son caractère, 164. — Sa loi sur le mariage, XIV, 63. — Sa mort, V, 164.

ARCADE, sénateur de Clermont, cité, VI, 97.

ARCHÉLAUS, fils d'Hérode, succède à son père, X, 190.

ARCHIMÈDE, cité sur la pesanteur spécifique des corps, XV, 242.

ARCHIPEL (description de l'). *Voir* Dapper, X, 1. — Ce qu'il doit aux congrégations religieuses, XVII, 46. — Visité par l'auteur, X, 1 et suiv.

ARCHITECTURE égyptienne. Son caractère imposant. — Grecque et romaine, IV, 340. — Lombarde ou du neuvième siècle, VI, 249. — Neo-grecque, 272, 274. — Chrétienne, *ibid.* — Dite du moyen-âge, 273. — A ogives ou gothique; ses merveilleux effets, 274, 277, 279. — Arabe. Son caractère, 274. — *Voir* Alhambra Mosquée d'Omar. — Ses trois chefs-d'œuvre modernes dus au Christianisme, XV, 222. — Hôtel des Invalides, 223. — École militaire, *ibid.* — Versailles, 225. — Églises gothiques, 226. — Ordre gothique, 228.

ARCHIVES de France. Ce que nous possédions avant 1791, IV, 17. — Détruites par Condorcet sur la place des Piques, 24.

ARCHONTAT d'Athènes. Sa fin, IX, *Préf.*; 89.

ARCULFE (saint). Sa description des lieux saints, IX, 137.

ARÈNES de Rome. Leur description, IV, 279.

ARÉOPAGE (l'). Recherches sur son emplacement, IX, 132.

ARGOS (la ville d') pillée par les Scythes, IV, 265. — Ses révolutions, I, 23. — Ravagée par les Hérules, IX, *Préf.*, 99. — Incendiée par les Goths, *Préf.*, 101. — Sa position, 92. — Ses ruines, 93.

ARGYROPHILE obtient de relever le tombeau de Jésus-Christ, X, 165.

ARKEMBALD. *Voy.* ARCHAMBAUD.

ARIAS-MONTANUS a écrit sur Jérusalem, X, 149.

ARIOSTE (l'). Son éloge, XV, 114.

ARISTIDE. Son apologie du christianisme, IV, 196; XIV, 2. — Extrait de sa lettre à Minutius Fondatus, *ibid.*

ARISTOBULE dispute la couronne de Judée à Hircan, X, 190. — Est empoisonné par les Pompéiens, *ibid.*

ARISTOCRATE. Mot devenu un signe de réprobation en 93 et le crime de ceux dont on voulait la vie et les biens. *Voir* Révolution française.

ARISTOTE. — Sa philosophie, III, 122. — Ses ouvrages ont reparu vers le douzième siècle, *ibid.* — Se lève contre la religion de son pays, 131. — Sa cosmogonie, XIV, 95. — Son opinion sur la matière, V, 223. — Le monde a été partagé entre son école et celle de Platon, *ibid.* — A émis l'opinion que la terre est sphérique, XII, *Préf.*, 5. — A imaginé le beau système de la chaîne des êtres, XIV, 95. — Ses catégories, 120. — Pense que la religion est la base de la société, XVII, 55. — Est aussi savant en idéologie que Bayle et Condillac, 191. — A dit que l'épopée peut être écrite en prose ou en vers, XIX, 13. — Sa doctrine renversée par Descartes. *V.* ce nom.

ARIUS, IV, 305. — Comparaît devant Athanase pour répondre de sa doctrine, 317. — Est condamné par le concile de Nicée, 318. — A présenté la religion catholique comme un tissu de subtilités, XIV, 25. — Sa mort, IV, 320.

ARMAGNAC a été plongé en naissant dans les eaux de la Garonne, XXII, 25.

ARMAGNAC (Bernard d') se met à la tête du parti d'Orléans sous Charles VI et lui donne son nom, VII, 134.

ARMAGNAC (Louis d'), duc de Nemours, descendait des ducs d'Aquitaine, VI, 115. — Est tué à la bataille de Cérignoles, *ibid.*

ARMAGNACS (faction des), VII, 134.

ARMÉNIE (l') a été soumise par Trajan, IV, 158.

ARMÉES romaines. Leur organisation et leur discipline, IV, 158, 161; XIX, 147. — Des Barbares, leur aspect, V, 80, 87, 91; XIX, 151. — Des Français au moyen-âge, VI, 218, 244. — Sa belle tenue à la bataille de Poitiers, VII, 77. — Armures les plus ordinaires, 246, 252. *Voir* Chevalerie, Félonie. — Des Francs, XIX, 150. — Des sauvages, XII, 191.

ARMOIRIES. Chez les anciens, XIX, 309. — Leur origine au moyen-âge, leur importance pour la noblesse, VI, 218. — Du prince Noir. *Voir* Galles.

ARMORIQUE (l') *Voir* BRETAGNE.

ARMURES. Noms des plus remarquables chez les Romains, XIX, 147. — Des Barbares, 149, 151. — Des Français, 152. — Des Francs au moyen-âge. *Voir* Chevalerie. — Des Français à la bataille de Poitiers, VII, 76, 77.

ARMURES de fer. Leur origine persane, VI, 248.

ARNAUD DE BRESCIA a déclamé le premier en Italie contre les vices du clergé et des grands, VI, 260.

ARNOBE a défendu le christianisme, IV, 292; XIV, 3.

ARNOUL, empereur d'Allemagne, VI, 122.

AROUN-AL-RASCHILD, contemporain et ami de Charlemagne, protecteur comme lui des sciences et des arts, VI, 146.

ARRAGON (Jean d'), engage les comtés de Cerdagne et de Roussillon, VII, 150.

ART CHRÉTIEN. Son histoire au moyen-âge a été écrite par M. Leroux d'Agincourt. *Voir* Agincourt. — Peintures qui en donnent une grande idée, X, 106.

ARTS ET MÉTIERS protégés par le clergé, XVII, 45. — Les découvertes des sciences appliquées aux arts mécaniques ne produisent presque jamais l'effet qu'on en attend, XV, 242.

ARTABAN, roi des Parthes, IV, 221.

ARTAGUETTE (le capitaine d'). Son caractère et son histoire, XXII, 25.

ARTAXERCES, roi de Perse. Son origine, IV, 222. — Fait prendre aux Parthes le nom de Perses, *ibid*.

ARTEVELLE (chute d'), VI, 334 et suiv.

ARTILLERIE en France. Sa belle tenue sous Charles VII. *Voir* Bureau (frères) et Charles VII.

ARTOIS (comte d'). *Voir* CHARLES-PHILIPPE.

ARTOIS (l') a été réuni à la couronne par Philippe-Auguste, VI, 172.

ARTS. Leur état chez les Grecs, XIX, 27. — *Voir* Jupiter, Minerve, Phidias, Peintres anciens et leurs tableaux, XV, 218, 337. — Note, 337, 340. — Chez les Romains, IV, 279. — Chez les Barbares. *Voir* Trésor des Goths. — En France sous l'influence du christianisme, XV, 214, 216, 219, 220, 225, 226. — *Voir* Eglises gothiques, Invalides, Versailles, ce qu'ils doivent de beautés réelles au christianisme, 207, 222. — *Voir* Chant Grégorien, Musique, etc. *Voir* aussi Architecture, Peinture et Sculpture. *Voir* Beaux-arts.

ARUNDEL (marbres d') ou d'Oxford, cités, XIV, 114.

ASCELIN, bourgeois de Caen, met haro sur le corps de Guillaume le conquérant, et refuse de livrer le terrain de sa sépulture avant d'en avoir reçu le prix, VII, 14.

ASIE (l') a fait partie de l'empire romain d'Orient, V, 72. — Est bouleversée et conquise par Gengis-Kan, XII, *Préf.*, 17.

ASIE (l') occidentale, est soumise aux Turcomans, XII, *Préf.*, 16.

ASIE-MINEURE (l'). *Voir* Grèce ancienne.

ASSAS (le chevalier d'). Sa mort, VII, 344.

ASSEMBLÉES NATIONALES. Comment envisagées, VI, 129, 182. — Leur fin, 157. — *Voir* États, Parlements, Tiers-états.

ASSISES de Jérusalem, citées, IV, 10.

ASTRONOMIE. Son origine, XIV, 124. — Ses premiers monuments, 125. — Systèmes d'astronomie les plus célèbres. *Voir* Callisthène, Hipparque.

ATLANTIDE. Ce qu'en pensait Platon, XII, *Préf.*, 4.

ATAKENSIE. Croyance des Canadiens à son sujet, XVIII, 28.

ATALA. Son histoire, XVIII, 1 et suiv. — Description poétique de son convoi, 82, 84.

ATAULPHE, beau-père d'Alaric. Son histoire, V, 183 et suiv.

ATHALIE. Tragédie de Racine;

examen du songe d'Athalie, XV, 147.

ATHANARIC, chef des Visigoths, cité, V, 84.

ATHANASE (saint). Sa vie, IV, 320 et suiv.

ATHÉE. Tableau de la mort de la femme athée, XIV, 229.

ATHÉISME. Vient après l'hérésie, XIV, 4. — Vanité de ce système, 237. — Son danger et son inutilité, 224; XVII, 66. — Mortel aux arts. Jugé par Voltaire, XIV, 331.

ATHÉNAGORE. Son apologie du christianisme, IV, 95.

ATHÈNES. Détails de son histoire, *Préf.*, IX, 87 et suiv. — Description de ses monuments, XVIII, 555.

ATHÉNIENS (les). Leur histoire, II, 40.

ATLANTIQUE (l') est traversée par l'auteur dans le but de découvrir le passage au N.-O. de l'Amérique, II, *Préf.*, 11.

ATTALE, roi de Pergame. Ses relations avec Rome, V, 582.

ATTICOTAS (les), peuples anthropophages, VI, 13.

ATTILA, roi des Huns. Histoire de ses conquêtes, V, 196 et suiv. — Son chant funèbre, VI, 15. — Sa mort, 50. *Voir* une note fin du t. V, 337.

ATTIQUE (l'). Son état, IX, 186.

AUBRY (le père). Son histoire. *Voir* Atala.

AUCH. Beauté du chœur de la cathédrale de cette ville, VI, 277.

AUGUSTE, empereur. Son élévation due à ses crimes, XVII, 70.

AUGUSTIN (saint). Ses opinions sur saint Ambroise, XVII, 169. — Son caractère, XIX, 98. — Ses confessions, XV, 305. — Son ouvrage *De la cité de Dieu*, V, 141. — Sa lettre à Marcellin, 269. — Sa correspondance, 242. — Ses épîtres et quelques traités, 306. — Meurt à Hippone, V, 270.

AULU-GELLE, cité sur les fiançailles, XIV, 65.

AUMALE (le duc d'). Nommé gouverneur de Paris par les ligueurs, VII, 255.

AURAI (ville d') est assiégée par Charles de Blois, VI, 318.

AURÉLIUS-VICTOR a conduit l'histoire jusqu'aux auteurs chrétiens, XV, 280.

AUSTREMOINE, premier apôtre de l'Auvergne, XIII, 103.

AUSONE, poète, cité, V, 97.

AUSTRASIE (l') était une des grandes divisions de la France au delà de la Loire, VI, 96.

AUTEL de la Victoire. Est célèbre à Rome. *Voir* Prudence, Symmaque, Victoire.

AUTELS CHRÉTIENS. Leur forme remarquable, VI, 277; XVI, 45.

AUTEURS de l'antiquité profane ou sacrée sont recueillis par les moines et les monastères au moyen-âge, VI, 143, 144. — *Voir* Manuscrits.

AUTUN. Esprit de son clergé, XXVIII, 74.

AUVERGNATS. Leurs excursions en Italie, XIII, 100. — Caractère des habitants, 119.

AUVERGNE (l') sous les rois de la première race, VI, 105. — Son histoire, 111. — Ce qu'elle doit aux Bénédictins, XVII, 38.

AVITUS, empereur. Ses principales actions, V, 210.

AZINCOURT (bataille d'), perdue par les Français sous Charles VI, VII, 134.

B

BABIN, savant jésuite. Sa relation sur la ville d'Athènes, IX, *Préf.*, 119.

BABYLONE (ville de). Corruption de ses habitants. Sa destruction, V, 292.

BABYLONIENS (les). Leur manière de compter les jours, XIV, 112.

BACON (Roger), philosophe, cité, VI, 257. — A été surnommé le *docteur admirable*, 258. — Passe pour avoir découvert la poudre, *ibid.* — On lui attribue l'invention du télescope, *ibid.*

BACON (François). Ses ouvrages et ses principes, XV, 253. — Doit son immortalité à son traité de *On the advancement of learning*, et à son *Novum organum scientiarum*, *ibid.*

BAILLY (M.). Son opinion sur la chronologie antédiluvienne, XIV, 129. — A quoi il réduit la chronologie si vantée des Brames, 130.

BAGOAS. *Voir* Alexandre le Grand.

BAJAZET. Ses conquêtes, VII, 126.

BALAMBER. *Voy.* BALAMIR.

BALAMIR commandait les Huns au passage des Palus-Méotides, V, 196.

BALLANCHE. Sa philosophie, IV, *Préf.*, 55. — Extrait de sa *Palingénésie sociale*, *ibid.*

BALTIMORE. Sa description, XII, 17.

BALTIQUE (la) était inconnue à Strabon, XII, *Préf.*, 7. — Description de cette mer par Wulfstan. *Voir* ce nom.

BAN et ARRIÈRE-BAN. Ce que c'était, VI, 228.

BAPTÊME. Comment administré dans la primitive église, XIV, 37. — Beautés poétiques de ce sacrement, 39. — *Voir* Sacrements.

BARANTE (M. de). Ses *Ducs de Bourgogne*, IV, *Préf.*, 65. — Analyse de cette histoire, VIII, 341, 353. — Son ouvrage sur la littérature du dix-huitième siècle, 279. — Son histoire du parlement vivement attendue, IV, 66.

BARBARES introduits dans les armées, IV, 176. — Tableau de leurs invasions en Italie (1re), 198, 250, 256. — Dans les Gaules. *Voir* ce nom. — En France. *Voir* Charles Martel, Sarrasins.

BARBARORUM LEGES. Leur collection est due à l'abbé Canciani. *Voir* ce nom.

BARBAZAN (le sire de), chambellan de Charles VII. Son tombeau retrouvé à Saint-Denis, XVI, 296.

BARBIÉ DU BOCAGE. Son mémoire sur Argos, IX, 95.

BARBINAIS (la). Ses voyages, XII, *Préf.*, 34.

BARCELONE (siège de). Épisode chevaleresque, VI, 247.

BARCHOUX (M.). Ce qu'il dit sur les écoles allemandes, IV, *Préf.*, 41.

BARDES. Leurs fonctions chez les Gaulois, VI, 45. — Leurs poésies, XXXIII, 61, 64, 73. — Note historique sur leurs fonctions, XX, 253.

BARDIT (le) des Barbares, chant guerrier, XIX, 153, 312.

BARITUS, cris de guerre des Romains, V, 89.

BARONIUS nomme le dixième siècle le siècle de fer, VI, 263. — Cité sur le vœu de célibat au sixième siècle, XIV, 49.

BARONS. Par qui jugés, VI, 236. — Description d'un repas de haut-baron, 289. — d'Angleterre; ce qui leur arrive sous Edouard II, *ibid.*

BARQUEVILLE (M.). Fragments d'un poème sur les ruines des cloîtres, cité, III, 261.

BARRÈRE abandonne Robespierre, III, 24.—Son rapport à la Convention sur la Vendée, XXV, 251.

BARRICADES (la journée des) jugée, IV, 109, 110.

BARRIÈRE a publié les mémoires de Lomélie, IV, *Préf.*, 64.

BARTHÉLEMI (saint) a propagé l'évangile de saint Mathieu dans les Indes, IV, 171.

BARTHÉLEMI (l'abbé) obtient de Danton de ne pas détruire les médailles, IV *Préf.*, 26. — Projet de son grand ouvrage sur la religion, fragment, XVII, 29.

BARTHÉLEMY (la journée dite de la Saint-), VII, 207, 209.

BARTHOLE, cité, VI, 257, 259.

BARTIENSTEIN (ville de) a été fondée par les chevaliers teutoniques, XVI, 229.

BASILE (saint) évêque de Césarée, V, 263. — Sa vie et ses ouvrages; son style, XV, 310. — Ce qu'il dit des arts, *ibid.*

BASILIQUES CHRÉTIENNES (1res), IV, 238, 311; VI, 272.

BASILIQUES (les). Corps de jurisprudence du bas-empire, cité, IV, 226.

BASTILLE (la). Prison célèbre à Paris, citée, VII, 147.

BATAILLES CÉLÈBRES. *Voir* Tolbiac, Bouvines, Poitiers.—Des Francs et des Gaulois; tableau héroïque, XIX 154 et suiv. — Des Romains et des Barbares, V, 92.— De Dreux perdue par les Huguenots, VII, 201. — Navale de l'Écluse, VI, 311.

BATARDS. Comment traités au moyen-âge, VI, 237.

BATAVES ou Hollandais, XV, 288. Leur caractère, *ibid.*

BATTEUX (l'abbé), cité, XXI, 180.

BAUDOUIN (comte d'Edesse), succède à Godefroi, X, 200. — Meurt au milieu de ses victoires, *ibid.*

BAUDOUIN DU BOURG, neveu du précédent, lui succède sous le nom de Baudouin II, X, 200.

BAUDOUIN III, roi de Jérusalem, X, 200.

BAUDOUIN IV, roi de Jérusalem, succède à Baudouin III, X, 200. — Meurt âgé de huit ans, 201.

BAURE (M. de). Examen de son ouvrage, VIII, 330.

BAVIÈRE (la). Ses quatre évêchés défrichés par les Bénédictins, XVI, 39.

BAYARD (le chevalier), XVI, 240. — A conféré la chevalerie à François Ier, VI, 251. — Ses exploits; sa mort, VI, 163; 169.

BAYLE. Ses écrits; refuté par Clarke et Leibnitz, XIV, 3 et suiv.; XII, 335.

BAZIN (le père), missionnaire. On lui doit des détails très curieux sur Thamlet-Couli-kan. *Voir* le dernier nom.

BEATIE (le docteur). Son *Minstrel*, XXI, 32. — Est jugé par l'auteur, 73.

BEAUX ARTS. Sujet du livre Ier de la troisième partie, XV, 207 et suiv. *Voir* Musique, Peinture, sculpture, architecture. Les beaux arts ont dégénéré dans les siècles philosophiques, 225. — Ont été protégés par l'église, 232.

BEAU IDÉAL. Il y en a deux sortes, XV, 49. — Sa définition, 51. — Le beau idéal du caractère guerrier est l'effet des vertus chrétiennes, 53.

BEAUGUSTEN a écrit sur Jérusalem, X, 149.

BEDE. Sa description des lieux saints, XII, *Préf.*, 13; X, 149. — A donné un extrait de la relation d'Adamannus, IX, *Préf.*, 137.

BEHRING a fixé au N.-O. les limites de l'Amérique septentrionale, XII, *Préf.*, 30.

BELGIQUES (provinces). Leur union, II, 12.

BELLAY. Colonie de Fontevrault, XIV, 38.

BELLEFOREST. Son histoire générale de France, citée, IV, *Préf.*, 16.

BELLOMER. Ce qu'il doit aux Bénédictins, XIV, 38.

BELON. Ses *Observations sur plusieurs singularités trouvées en Grèce*, X, 4.

BELTRAMI. Son voyage au nord de l'Amérique, XII, *Préf.*, 52.

BÉNÉDICTINS. Leur origine, XVII, 23. — Leur profond savoir, IV, 35; 57, XVII, 24. — Ce que la France et l'Europe leur doivent sous le rapport de l'agriculture et du commerce, 37, 39, 41; VIII, 123. — Règle de leur ordre, XVI, 141. — Services qu'ils ont rendus aux lettres, XVII, 22 et suiv.—Ont donné à Louis XIV l'idée d'un hôtel des Invalides, XVII, 124. *Voir* Auvergne.

BENOIT (saint), fondateur de l'ordre des Bénédictins, XIV, 40.

BENOIT (saint) d'Aniane. Ce qu'il fait pour les serfs, XVII, 55.

BENOIT - POLIRONNE (*Saint-*), monastère près de Mantoue, XIV, 38.

BENOIT, de l'église de Mayence, a augmenté la collection des Capitulaires de Charlemagne, VI, 129.

BENTIVOGLIO, historien, XV, 282.

BÉRENGER a fait revivre la doctrine d'Aristote, VI, 258.

BERGIER (l'abbé). Son grand savoir, IV, 25. — Son ouvrage sur les grands chemins de l'empire, cité, IX, 39.

BERNARD (saint). Ce que lui doit la Champagne, XVII, 37.

BERNARDIN DE SAINT-PIERRE. De son Paul et Virginie, XV, 83 et suiv.

BERNARD LEMOINE. Sa relation sur la Palestine est très détaillée, IX, *Préf.*, 138.

BERNELIN, chanoine de Sens. Sa table précieuse, VI, 145.

BERNIER. Ses voyages, XII, *Préf.*, 34.

BERNIS (le cardinal de). Ce qu'il dut à ses vers, VII, 340.

BERNUIN, chanoine de Sens. Architecte du huitième siècle, VI, 145.

BEROALD, bibliothécaire du Vatican. On lui doit une publication des Annales de Tacite, XVII, 29.

BERRY (le). Ce qu'il doit aux Bénédictins, XVII, 37.

BERRY (le duc de), oncle de Charles VI; s'empare avec son frère de l'administration du royaume pendant la folie de ce prince, VII, 129.

BERRY (duc de). Mémoires sur sa vie; sa mort, XXV, 7 et suiv.— Ses lettres, 183, 186, 187.

BERTHE (la reine), femme de Philippe Ier, répudiée à cause de sa parenté avec son époux, VI, 164.

BERTHER, dernier maire du palais, VI, 102.

BESANÇON (la ville de). Son église était une souveraineté, VI, 139. — Son vicomte était *homme-lige* de l'église. *Voir* Durnes (le seigneur de).

BÉTANCOURT (Pierre de) a été le fondateur de l'ordre des Bethléémites, XVII, 8.

BETHANIE (le village de). Ce qu'on y voit, X, 146.

BETHLEEM. Son histoire, X, 104. — Ses monuments, *ibid.* — Sa description, 105.

BÉTIQUE (la), II, 226.

BÈZE (Théodore de) au colloque de Poissy, VII, 199.

BEZIERS (ville de) a été détruite par Charles Martel, VI, 105. — Est emportée d'assaut, 175.

BIANCO (André). Sa carte géographique, XII, *Préf.*, 27.

BIBLE mise en parallèle avec

Homère, XIV, 246; XV, 170, 181, 189. — Avec des notes par Charlemagne, VIII, 217. — d'Ulphilas, citée. *Voir* ce nom. — En vers teutoniques, fragments, 341; VI, 27.—Du père Carrière, citée, VIII, 171. — Pourquoi si difficile à bien traduire, 176. — *Voir* Écriture sainte.

BIBLIOTHÈQUE HISTORIQUE de France. Ouvrage célèbre, IV, 19. — D'anciens couvents, citées, VI, 144.

BIBLIOTHÈQUE dite DU ROI. Ses richesses historiques, IV, 22.

BIBLIOTHÈQUE DES CROISADES. Mérite de ce recueil, IV, 58.

BIBLIOTHÈQUES. Noms des plus célèbres. *Voir* Alexandrie.— D'Égypte étaient nombreuses. *Voir* Égypte. — De Jérusalem, fondée par Adrien. *Voir* Adrien. — De Photius. *Voir* ce nom. — Leur état au moyen-âge en France, VI, 144. — Celles de Charles V, VI et VII, sont citées, VI, 26. — D'Athènes, comment sauvées, IX, *Préf.*, 89.

BIGNON. Sur la loi salique, IV, *Préf.*, 10.

BISON. Description de cet animal, XII, 108.

BLANCA (Dona). Son histoire, XVIII, 162 et suiv.

BLANCHE, fille cadette d'Othon. Comment fut réprimé le scandale de sa conduite, VI, 196.

BLANCHE (la rivière) abonde en crocodiles, XXII, 196.

BLASON. Son origine en France. *Voir* Armuirfe.

BLEMMYES (les), sauvages de l'Éthiopie, IV, 276.

BOCHARD a écrit sur Jérusalem, X, 149.

BODIN. Ses écrits sur la politique précèdent ceux de Mably et Rousseau, XV, 257, . — Est un des plus illustres publicistes de la France, *ibid.*

BOÈCE, ministre de Théodoric, XVII, 80. — Sa captivité et son ouvrage *De Consolatione philosophiæ*, V, 155.

BOETIQUE (la), province d'Espagne, tombe au pouvoir des Vandales, d'où vient son nom moderne *Andalousie* (*Wandalousie*), V, 182.

BOEMOND, prince français. Son portrait, XIX, 308.

BOGORIS, roi des Bulgares. Sa conversion, XV, 215.

BOIS (le lac des). Sa découverte a été le résultat des courses apostoliques des missionnaires, VIII, 77.

BOIS. Combien leur destruction est funeste à la France. *Voir* Colbert. — Opinion de l'auteur sur leur aliénation, XXX, 101 et suiv., 117 et suiv.

BOIS-ROBERT est tué dans la bataille entre les Français et les Natchez, XXII, 241.

BOISSY-D'ANGLAS (le comte de). Examen de son ouvrage intitulé : *Essai sur la vie, les écrits et les opinions de M. Malesherbes*, VIII, 289.

BOLINGBROKE était homme de lettres et homme d'état, VIII, 240. — Ses écrits sur la politique, XVI, 263.

BOLIVAR. Ses victoires ont émancipé la Colombie, XII, 293.

BOLIVIENNE (la république). Ce qu'en dit l'auteur, XII, 295.

BOLLANDISTES. Leurs vies des saints, citées, VI, 294.

BOLOGNE. Son académie. *Voir* ce mot.

BOMBES. Leur inventeur. *Voir* Galen, évêque de Munster.

BONALD (le vicomte de). Sa théorie du pouvoir civil et religieux, IV, *Préf.*, 55. — Examen de son écrit intitulé : *La Législation primitive*, VIII, 108. — Suite de l'examen, 122. — Fragment de sa dissertation intitulée : *Pouvoir politique et religieux*, 141. — Sa *préface* de la Vie de Jésus-Christ par le père de Ligny, 183. — A écrit dans le *Mercure*, 276. — Ses Mélanges philosophiques, politiques et littéraires, 328.

BONAPARTE (Napoléon). Comment parvient au trône, XXIX, 157. — Sa conduite à l'égard de la religion, 347. — Sa proscription contre les écrivains célèbres, en haine de la liberté de la presse, XXVIII, 42. — Comment a reconstruit la monarchie et la société en France, I, 248. — Ordonne l'examen du *Génie du christianisme*. *Voir* ce mot. — Comment a gouverné, XXVII, 5. — Ses banqueroutes, XXXI, 33. — Ses institutions, XXVIII, 157. — Sa politique extérieure, XXVI, 26. — Ses guerres, *ibid*. — Son génie militaire, 28. — Comparé à Washington, XII, 22.

BONAVENTURE (saint), cité, VI, 257. — A été surnommé le *docteur séraphique*, 258.

BONCHAMP. Son caractère, XXV, 256.

BONESLAS, roi de Pologne, a été déposé par Grégoire VII, VI, 162.

BONHEUR (le). L'homme qui veut le trouver sans la religion chrétienne, court après une chimère, XIV, 206.

BONIFACE III, pape. Ce qu'il a fait pour le Panthéon de Rome, V, 118.

BONIFACE (saint), évêque de Mayence, a été le négociateur de l'alliance entre le pape Zacharie et Pépin, VI, 114. — Était l'apôtre de l'Allemagne, XII, *Préf.*, 12. — Ses mémoires sur l'Esclavonie, *ibid*.

BONIFACE VIII, pape. Ce qu'il était avant de ceindre la tiare, VI, 114. — Ses opinions sur la déposition des rois, *ibid*. — Ses querelles avec Philippe-le-Bel, VI, 182. — Son procès, 188. — Sa mort, 190.

BONNANI. Ses recherches, XVII, 67.

BONOSE, cité, V, 282.

BORDEAUX (ville de). Comment son parlement rendait ses arrêts, VI, 222.

BORGIA (César), héros de Machiavel, régnait par ses talents à la cour d'Alexandre VI, VII, 161.

BORGIA (Lucrèce). Ses incestes, VII, 161.

BORNOU, royaume du nord de l'Afrique, XII, *Préf.*, 37.

BOSSUET, défenseur de la religion chrétienne, XIV, 4. — Son *Histoire des variations de l'église protestante*, *ibid*. — Son *Exposition de la doctrine catholique*, *ibid*. — Comme historien est le premier des historiens français, XV, 291 et suiv. — Comparé à Tacite, 297. — Bossuet, orateur, 317. — Comparé à Démosthène, 316. — A converti Turenne. *Voir* ce nom. — Ses vues en politique, XN, 260. — A fait de la vérité religieuse le fondement de tout, IV, 55. — Son *Histoire universelle*. Sa *Politique tirée de l'Écriture sainte*, XV, 267. — Sa lettre et ses dissertations sur le théâtre sont des chefs-d'œuvre, XXVII, 102. — Sa belle description de l'homme, XIV, 351. — Son passage sur le Messie et sur la Rédemption, X, 318. — Considéré comme historien, XVII, 282, 284. — Comme orateur, 315.

BOTTA. Son histoire des États-Unis d'Amérique, IV, *Préf.*, 54.

BOUBON, colonie de Fontevrault, XVII, 37.

BOUCHARDON. Son groupe des huit apôtres, XV, 220.

BOUCHER (le père). Son exaltation dans ses récits sur la Terre-Sainte, X, 150.

BOUCHET (le père). Sa lettre sur les missions du Levant, XVI, 170. — A envoyé en France les Tables des Brames, *ibid*.

BOUCICAUT. Ses prouesses et sa générosité, XVI, 240; XVII, 44.

BOUGAINVILLE. Ses voyages, XII, *Préf.*, 34.

BOUGEANT (le père), jésuite. Son éloge, XVII, 27.

BOUHOURS (le père), jésuite. Son éloge, XVII, 27.

BOULAINVILLIERS. Sur l'aristocratie, IV, *Préf.*, 37.

BOUQUET (Dom.), savant Bénédictin. Ses publications des chroniques de Saint-Denis, VIII, 341.

BOURBONS mis en parallèle avec Bonaparte, XXVI, 11 et suiv.

BOURBON (comté de). Est érigé en duché-pairie par Charles le Bel, XXV, 13.

BOURBON (Louis Ier, comte de), fils aîné de Robert, est fait duc et pair par Charles le Bel, XXV, 13.

BOURBON (Pierre de) périt à la journée de Poitiers, XXV, 14.

BOURBON (Louis de) est tué à la bataille d'Azincourt, XXV, 14.

BOURBON (François de) est tué à la bataille de Sainte-Brigide, XXV, 14.

BOURBON (Marguerite de), duchesse de Savoie, mère de François Ier, XXV, 14.

BOURBON (Jacques de) est battu à Brignois par les *tard-venus*, VII, 111.

BOURBON (le connétable de), persécuté par la duchesse d'Angoulême, VII, 168. — Passe au service de Charles-Quint, *ibid.*

BOURBON (Antoine de), roi de Navarre, avait épousé Jeanne d'Albret, VII, 193. — Est tué au siège de Rouen, 201.

BOURBON (le cardinal de) prend le titre de premier prince du sang, VII, 219. — Devient roi de la Ligue sous le nom de Charles X, 297. — Sa mort, *ibid.*

BOURBON (le duc de), premier ministre de Louis XV, après la mort du régent, VII, 338. — Marie Louis XV à la fille de Stanislas, roi déchu de Pologne, *ibid.*

BOURBON (le fleuve). Résultat de sa découverte, VIII, 77.

BOURCHIER (Élisabeth), épouse de Cromwell, citée, XIII, 202.

BOURDALOUE. Ses sermons, XV, 302. — Sa manière d'annoncer la mort d'un chrétien, XVI, 155. — A condamné le théâtre, XVII, 102. — Rappelle l'éloquence romaine, 27.

BOURGEOIS DE PARIS. Leurs privilèges, VI, 170. — Reçoivent des lettres de noblesse de Charles V, *ibid.* — Elles sont confirmées par Charles VI, Louis XI, François Ier et Henri II, 171.

BOURGOGNE (Histoire des ducs de) par M. de Barante. *Voir* Barante.

BOURGUIGNONS (les). Leur origine gothique, IV, 250.

BOUSSOLE. Époque présumée de son invention, VI, 192. Son auteur. *Voir* Gioia et Gira.

BOUVERIC. Son voyage en Grèce, pour recueillir des notes sur Homère, IX, *Préf.*, 123.

BOUVET (le père) a été envoyé aux Indes par Louis XIV, XVI, 162.

BOUVINES (bataille de). Fixe l'époque de la transformation complète des Francs en Français, VI, 173.

BRABANT (le), partie du duché de Bourgogne passée à la maison d'Autriche, II, 264.

BRAMA. Sa religion a arrêté les progrès de la civilisation, XVII, 28.

BRAMINS (les), prêtres de l'Inde, connaissent seuls leur langue, II, 17.

BRADAN. Sa curieuse légende, XXXIII, 79.

BRANTOME. Ses écrits sont pleins d'impiétés et de pages licencieuses, XXVIII, 52.

BREBOEUF (le père). A visité le désert des Hurons, VIII, 77.

BREDEVENT (le père), jésuite. Son manuscrit et sa description de l'Egypte ancienne et moderne, XVI, 162.

BREMEN (Adam de). Son *Histoire du Danemarck*, IV, *Préf.* 11.

BREQUIGNY. A donné un glossaire estimé, continué par Mouchet. *Voir* ce nom.

BRETAGNE (la). VI, 314 et suiv.

BRETAGNE (Grande-). *Voir* ANGLETERRE.

BRÉTIGNY. Résultat funeste du traité de ce nom pour la France, VII, 115, 116.

BRETONS (les). Leur caractère et leurs mœurs, VI, 314 et suiv.

BRETONS (île des). Ses côtes sont découvertes par César, XII, *Préf.*, 6.

BRIEDENBACH. Son voyage dans la Palestine, X, 149.

BRIGANDAGES des grands seigneurs au moyen-âge, VI, 269. — A Paris, VII, 108. — Dans les châteaux, 111.

BRIGNON (le père) a retouché la Vie de Jésus-Christ par le père Montreuil, VIII, 176.

BRILCHIOT. Donation de cette terre à Dieu et à un saint, VI, 227. — Cérémonie singulière de foi et hommage de cette donation, *ibid.*

BRINVILLIERS (la), célèbre par ses empoisonnements, XXVIII, 46.

BRITANNIÆ DESCRIPTIO. Ouvrage excellent, cité, IV, 15.

BROCARD. Son voyage en Palestine, X, 149.

BROWN. Ses notions sur le Saint-Sépulcre, X, 150.

BRUMBERG. Par qui fondé, X, 94.

BRUMOY (le père). Son Théatre des Grecs, XVII, 27.

BRUNEHAULT, reine de France, Son caractère, VI, 99.—Les crimes dont on l'accuse, sont faux, 100. — Son supplice, *ibid.*

BRUNEHILDE. *Voyez* BRUNEHAULT.

BRUTUS pratiquait les vertus de l'esprit philosophique, III; 185. —Ce qu'il avait promis à ses soldats, IX, *Préf.*, 98. — A eu des statues à Athènes, *ibid.* — Croyait aux puissances surnaturelles, XIV, 226.

BRUYÈRE. *Voy.* LABRUYÈRE.

BRUYÈRE (Haute-), était une colonie de Fontevrault, XVII, 37.

BSCHIEDER. A laissé dans ses écrits une lacune sur les Lieux Saints, X, 151.

BUCHANAN a composé des tragédies saintes, XVII, 172. — Ce que renferme son traité *De jure regni apud Scotos*, *ibid.*

BUCHON (M.) publie la *Chronique*, en grec barbare, *des guerres des Français en Romanie et en Morée*, IV, *Préf.*, 16.—A donné une édition de Froissard et une collection des chroniques en langues des treizième et quinzième siècles. VIII, 342.

BUCKINGHAM. Sa puissance, XXVII, 146. — Son caractère, XIII, 158. — Sa mort, 159.— La destinée de ses fils, *ibid.*

BUDDAS. Comment considéré des Indiens, II, 22.

BUDÉ, célèbre professeur à l'université de Paris, XVII, 23. — Est le véritable fondateur du collège royal de Paris, sous François Ier, VI, 256.

BUDINS (les). Leurs cruautés, VI, 14.

BUFFON. Son opinion sur les mathématiques, XV, 238. — Ses écrits, XVI, 8. — Manque de sensibilité, *ibid.*

BUONAPARTE. *Voyez* BONAPARTE.

BUREAU (les frères) ont fondé l'artillerie en France, VII, 143.

BURETTE (M.) a conservé à l'art lyrique quelques airs grecs, XV, 210.

BURGUNDES. *Voir* BOURGUIGNONS.

BURKE. Ce qu'il a fait pour la

liberté américaine, II, 156. —Détestait la révolution et aimait les Français, XVI, 8.

BYRON (lord). Son opinion sur les idées religieuses, IV, *Préf.*, 122. — Comment il a vu la Grèce, IX, 218. — Ses dernières paroles, 220.

BYZANCE. Nom de la capitale de l'empire depuis Constantin. Description de cette ville. *Voir* Constantinople. Ses savants fugitifs sont accueillis et logés par les papes, XVII, 29.

BYZANTINE (la). Nom d'une collection célèbre des auteurs grecs du bas empire, citée, IX, *Préf*, 87. — Le père Labbe a donné la liste de ses auteurs. *Voir* Labbe. — Fragments de cette histoire sur les ravages des Goths, VI, 63, 51. — A été traduite par le président Cousin, VIII, 341.

C

CABASILLAS. Sa lettre sur Athènes, IX, *Préf.*, 115.

CABOT (Jean et Sébastien). *Voir* Amérique septentrionale.

CABRIÈRES (ville de), détruite et pourquoi, VII, 173.

CABRILLO a remonté le long des côtes de la Nouvelle Californie, XII, *Préf.*, 30.

CACHEMIRE (vallée de), célébrée par les disciples de Mahomet, XII, *Préf.*, 16.

CACHERMOIS. Son style, X, 150.

CACHOD (le père Jacques). Sa lettre au père Tarillon sur les missions du Levant, XVI, 169.

CADMUS a introduit les lettres dans la Béotie, II, 22. — Ses institutions, XIV, 48.

CADOUIN, colonie de Fontevrault, XVII, 37.

CAEN (ville de), assiégée par Édouard III, VII, 10. — Prise et livrée au pillage, 11.

CAIRE (le). Ses belles mosquées, VIII, 262.

CALAIS (ville de), assiégée par Édouard III, VII, 50. — Tombe au pouvoir de ce prince, 57. — Est dépeuplée de Français *ibid.* — N'a été rendue à la France qu'en 1558, 59.

CALATRAVA (ordre de), conquête de ses chevaliers, XVI, 227. — Perd la bataille d'Alarcos, 228.

CALATRAVE (ville de), enlevée aux Maures par Alphonse le Batailleur, XVI, 227.

CALBIUM (ou le cap Finistère), XII, *Préf.*, 6.

CALCÉDOINE (ville de), pillée par les Scythes, IV, 256.

CALCUTA. Savante académie. Ce qu'elle pense de la Cosmogonie de Moïse, XIV, 98.

CALÉDONIE. V. ÉCOSSE. Ses tombeaux, XVI, 95.

CALENDRIER. Sa réforme par le pape Grégoire XIII. *Voir* ce nom. — Des sauvages, XVI, 205.

CALIFES. Fin de leur empire, XII, *Préf.*, 17.

CALIFORNIE. Son golfe connu de Cortès, XII, *Préf.*, 30.

CALIGULA succède à Tibère, IV, 168. —Effet de ses vices, III, 190.

CALLISTHÈNE, philosophe grec. Ce qu'il trouve à Babylone, II, 255.

CALMET, savant Bénédictin, cité, XVII, 24.

CALVAIRE (mont). Des diverses révolutions essuyées par ce célèbre pèlerinage de Paris, XXVIII, 285, 288, 291.

CALVIN. Ses doctrines se glissent en France sous la protection de Marguerite, reine de Navarre, II, 171.

CALYPSO (île de). Ce qu'en dit l'auteur, IX, 9.

CAMBRIDGE. Son université, XVI, 23.

CAMBYSE. Ce qu'il a fait pour les arts, II, 136.

CAMDEN. Sa *Britanniæ descriptio*, IV, *Préf.*, 15.

CAMOENS (le). Son poème, XIV, 262. — Sa mort, VII, 215.

CAMP DE VARUS, XIX, 324. — Des Romains et des Barbares, *ibid.*, 147, 149. — D'Arabes, X, 99.

CAMP DU DRAP D'OR. Entrevue dite de ce nom, VII, 168.

CAMPS dits DE CÉSAR. Note à ce sujet, XX, 246. — Noms de leurs portes, 247.

CAMPANELLA, philosophe italien. Sa vie et ses ouvrages, III, 138.

CAMUS (Pierre), évêque de Belley. Ses romans pieux, XVII, 166.

CANADA (le). *Voir* Jacques Cartier. — Ses lacs, XII, 48. — Ses forêts, par qui habitées; XVII, 205. — Causes qui l'ont enlevé aux Français, 207. — *Voir* France (nouvelle).

CANARDS SAUVAGES. Tableau de leurs migrations, XIV, 162.

CANCIANI (le père) a recueilli les *Barbarorum leges antiquæ*, IV, *Préf.*, 9.

CANDITH, voyageur sur mer, XII, *Préf.*, 34.

CANON. Premier usage de cette arme à la bataille de Crécy, VII, 73.

CANOPE (destruction de). Son temple, V, 121.

CANTIQUE DES CANTIQUES (le) est un modèle de poésie religieuse et passionnée, XX, 316.

CANSAS (les). Leur petite population, XII, 266.

CANTON (ville de). Les Arabes y commerçaient dès le neuvième siècle, XII, *Préf.*, 15. — Est visitée par les Portugais, 28.

CANTORBERY (l'archevêque de), conseiller de Charles Ier. Son caractère, XIII, 162.

CAPELL (lord) est décapité pour la cause de Charles Ier. Son courage, XXIII, 249 et suiv.

CAPELLIEN (gouverneur de la Numidie) reste fidèle à Maximin, IV, 234. — Bat Bordien, *ibid.*

CAPITOLE (l'ancien). Tableau, XX, 151. — Incendié et rebâti. *Voir* Domitien.

CAPITOLOTARIA. Ce que c'est, VI, 108.

CARACALLA (empereur). Sa vie, IV, 212 et suiv.

CAPITULAIRES (les) sont des monuments précieux de l'ancienne législation, VI, 126 et suiv. — Collections remarquables, *ibid.*, 129. — *Voir* encore Anségise, Benoît, Vitus. — Servent de lois aux Germains. *Voir* ce nom.

CAPTIFS. Le christianisme a seul eu la pensée de les racheter. Ordres institués à cet effet. *Voir* Esclaves, Rédemption.

CARACORUM, capitale de l'empire du Mogol, citée, XII, *Préf.* 17.

CARACTÈRES (parallèles des), tirés des auteurs païens et chrétiens, XV, 3, 5, 11, 20, 24, 28, 31, 35, 40, 53, 59, 123, 135.

CARAFFA (le capitaine), fondateur de l'ordre des ouvriers, XVII, 125.

CARAIBES. Leur caractère et leurs mœurs, XVII, 200.

CARAVANES. Leur origine, XX, 288. — Description de leur composition et de leur marche, X, 22, 25, 141. — Arrêtées par le vent du désert, XX, 56.

CARDAN (Jérôme). Sa méthode philosophique, IV, 137.

CARDINAUX. Protecteurs des sciences, XVII, 29, 32. — Origine de cette dignité, XVI, 121.

CARÊME. Ses prières, XVI, 54.

CARIBERT, roi de France.

Troubles causés par Frédégonde et Brunehault sous son règne, VI, 99.

CARLOMAN, fils de Charles Martel. Son règne. VI, 104.

CARLOS (don), frère de Blanca, XVIII, 163.—Ses aventures, *ibid.* et suiv.

CARMEL (mont). Ce qu'en dit l'auteur, X, 70.

CARON et sa barque. Ce qu'en disent les poètes grecs, XX, 277.

CARPOCRAS. Doctrine de ses disciples, V, 285.

CARREL (M.). Son *Histoire de la contre-révolution en Angleterre, sous Charles II et Jacques II*, IV, *Préf.*, 61.

CARRIÈRES (le père de). Son commentaire sur la Bible, VIII, 175.

CARTERET. Ses voyages, XII, *Préf.*, 35.

CARTES A JOUER. Leur origine en France, VII, 131.

CARTES ou ITINÉRAIRES ANCIENS, XII, *Préf.*, 8. — Du moyen-âge doivent être consultées, IV, 15; XII, 12. — De l'ancienne Rome gravées sur une roche, XIX, 97. — De l'ancienne Angleterre. *Voir* Doomsdayboock et Itinéraires.—De Peutinger. Sa description, XIX, 298.

CARTHAGE. Son histoire, XI, 55. — Son gouvernement, 56. — Sa description avant la conquête des Romains, 91-94. — Ses ruines, 97. — Dissertation au sujet des ports de cette ville, 99.

CARTHAGE EN FRANCE. Ce que c'est que ce lieu et ce qui s'y est passé de remarquable, VII, 98.

CARTHAGINOIS (les). Leurs rapports avec les nations modernes, II, 140.—Leur gouvernement et leur histoire, *ibid.* — Leurs guerres avec les Romains, désignées sous le nom de *guerres puniques*, II, 147.

CARTIER (Jacques) a colonisé le Canada, XII, *Préf.*, 29.

CASAUBON, savant professeur à l'université de Paris, XVII, 23.

CASAS. Son voyage pittoresque en Syrie, cité X, 233.

CASS (M.). Son voyage, XII, *Préf.*, 51.

CASSIA (voie), citée, XIX, 297.

CASSIN (mont). Saint Benoît y fonde un couvent, XVII, 38.— Son école célèbre dès le neuvième siècle, XVII, 22.

CASSIODORE. Sa grande histoire des Goths est perdue, IV, 249. — Fragments qui en restent. *Voir* Jornandès.

CASSIOPÉE. Ancien nom de Corcyre, IX, 11.

CASSITERIDES (les). Ce qu'en dit Strabon, XII, *Préf.*, 7.

CASTEL (le père). Son opinion sur les mathématiques, XV, 238.

CASTELLAN. Ses lettres sur la Morée, IX, *Préf.*, 126.

CASTOR (mœurs du), XII, 99.

CATACOMBES DE ROME, citées, III, 104; XIX, 135. — Servent de refuge au paganisme, V, 140. — D'Alexandrie, IX, 97.

CATÉGORIES (les), ouvrages d'Aristote. *Voir* son nom.

CATÉCHISME (le) des enfans renferme plus de philosophie que tous les livres de Platon, IV, 319.

CATHÉDRALES DU MOYEN-AGE. Leurs beautés, VI, 276, 277; XV, 226 et suiv. — *Voir* encore Auch, Notre-Dame-de-Paris, etc.; Description de celle de Clermont, XIII, 225.

CATHAI (le). Ce qu'il comprenait, XII, *Préf.*, 16.

CATHELINEAU. Ses faits d'armes, XV, 226 et suiv.

CATHERINE de Médicis. Son portrait, IV, *Préf.*, 111.—Son caractère, VII, 198.—Sa mort, 253.

CATHERINE, patronne du Canada. Son histoire, XXII, 80.

CATHERINE II, impératrice de Russie, fait soulever le Péloponèse, IX, *Préf.*, 111.

CATHOLICISME. Sa force civilisatrice. *Voir* Unité, Rome. — Ne prêche que liberté et bonheur. *Voir* Indiens du Nouveau-Monde, Culte, Missions, Irlande. — Attaqué par les réformateurs. *Voir* Luther et Calvin.

CATILINA. Ce qu'il exige de ses conjurés, XVII, 72.

CATINAT était conseiller au parlement de Paris, XXIX, 106. — A fait partie de la commission chargée de réformer la législation sous Louis XIV, *ibid*.

CATON croyait à l'immortalité de l'ame, XIV, 226.

CAVE (Guillaume), découvre un manuscrit de Bède, IX, *Préf.*, 180.

CAVERNES ROYALES. *Voir* Sépulcres ou tombeaux des rois.

CAVEYRAC. Ce qu'il pense de la Saint-Barthélemi, VIII, 290.

CAYENNE. Missions dans ce pays. *Voir* Creuilly.

CAZAUBON (Jourdain de Lille, seigneur de). Sa mort tragique, VI, 210.

CECROPS. Ses lois, II, 26.

CEFALONIE, ou CÉPHALONIE, ou ZANTE. Origine de ses habitants, IX, 14. Souvenirs historiques, 15.

CEILLIER. Ses ouvrages, IV, *Préf.*, 18.

CÉLIBAT du clergé, ordonné par les conciles, XIV, 49. — Sa nécessité dans les temps modernes, 50. — N'a pas nui à la population, 55. — Considéré sous ses rapports moraux, 57. — Sentiments de divers auteurs sur le célibat et la virginité, 58.

CELSE. Ses écrits, XIV, 25. — Ses aveux, XVI, 118.

CELTES (les). Leurs traditions sur le déluge, II, 18. — Leurs mœurs, *ibid*. — Leur gouvernement, *ibid*.

CELTIBÉRIENS (les) ont été les premières troupes salariées des légions romaines, IV, 159.

CELTIQUE (langue). Oraison Dominicale (en cette langue), VI, 343. — Dictionnaire de cette langue. *Voir* Rostrenen.

CELUTA. Son histoire, XXII, 13.

CENDRES des morts emportées par des exilés. *Voir* Parga.

CENDRES des rois et reines de France déposées à Saint-Denis, XVI, 281.

CENIS (le mont). Sa description, XIII, 23.

CÉNOBITES DU LIBAN. *Voir* Liban. — De la Thébaïde. *Voir* Paul, Thébaïde.

CENSURE (la). Discours et opinions sur son établissement, XXVIII, 95.

CENTURION ROMAIN. Ses fonctions et ses privilèges, XIX, 301.

CERAUNIA. Ancien nom de Corcyre, IX, 11.

CERCLES fortifiés des Huns. Ce que c'est, VI, 245.

CERCUEIL d'Alexandre. Sa description. *Voir* Alexandre, Quinte-Curce, Strabon, Diodore de Sicile. — De Charles Ier retrouvé, XIII, 243. — De Cromwell, 283 et suiv. — Du seigneur Gundold. *Voir* ce nom. — Promené autour de la table d'un festin, XX, 280. — Procès-verbal de ceux déterrés à Saint-Denis, XVI, 282.

CÉRÉMONIES du Christianisme. Sujet inépuisable de descriptions, XV, 42. — Cérémonie des fiançailles. *Voir* ce mot. — Du baptême dans les premiers siècles de l'Eglise, XIV, 37. — Au Paraguay, XVI, 192. — Du mariage, XIV, 66 et suiv. — De l'extrême-onction, 70. — Solennité du dimanche, XVI, 57. — De la messe, son explication, 60. — *Voir* encore Fête-Dieu, Processions, Rogations, Semaine sainte, Funérailles.

CÉRÈS. Ce que les poètes racontent de cette déesse, XIX, 242, 243.

4

CERF (mœurs du), XII, 107.

CÉRISOLES (bataille de), gagnée par les Français sous François Ier, VII, 173.

CERVANTES. Célébrité qu'il a imprimée à la chevalerie, VII, 196.

CERVOLLES (Arnaud de), dit l'Archi-prêtre, cité, VII, 111.

CÉSAR (Jules). Son génie, IV, 154. — Était corrompu comme son siècle, *ibid*. — Avait tous les genres de forces, *ibid*. — Ce qu'il pensait d'une autre vie, V, 325. — Prétendait descendre d'une race céleste, *ibid*. — Son génie littéraire, VIII, 240. — Grand capitaine, 244.

CÉSARS (les) de l'empereur Julien. Sentiment de l'auteur sur cet ouvrage, V, 9.

CHABERT a déterminé la longitude et la latitude du temple de Minerve, IX, *Préf.*, 125.

CHACTAS, fils d'Outalissi. Histoire de ce sauvage. *Voir* Atala.

CHAISE-DIEU (ville de la). Origine de son nom, XVII, 40.

CHALDÉENS (les). Leur philosophie, II, 230.

CHAM est la tige des peuples commerçants, XII, *Préf.*, 3.

CHAMBÉRY, sa situation, XIII, 7.

CHAMEAUX des Caravanes, X, 141.

CHAMFORT. Son portrait par l'auteur et Guinguené, II, 116 et les notes.

CHAMP de bataille (tableau d'un). *Voir* Batailles.

CHAMPELAIN (Samuel de) a fondé les colonies françaises du Canada et Québec, VIII, 77.

CHAMPOLLION-FIGEAC. Sa note importante sur les collections de nos monuments historiques et leur destruction par Condorcet, IV, 20.

CHANDLER. Son voyage en Grèce est le plus complet de tous, IX, *Préf.*, 124.

CHANOINES. Leurs fonctions et leur origine, XVI, 123.

CHANSONS de guerre des Barbares, XIX, 153, 312. — Celles des Germains sont recueillies par ordre de Charlemagne. *Voir* Charlemagne. — Des sauvages, XVIII, 20. — De guerre, 30. — Des Maures, 196.

CHANT funèbre d'Attila. *Voir* ce nom. — De Probus, XIX, 153.

CHANT GUERRIER. Modèle de ce genre de poésie, VI, 17, 18. — Teutonique, 341.

CHANT GRÉGORIEN, XV, 120.

CHANTAL (madame de). Ses fondations pieuses, XVII, 19.

CHANTERAC (l'abbé de). Sa lettre au cardinal Gabrielli sur Fénelon, XIX, *Préf.*, 15.

CHAPELET à têtes de mort, VII, 274.

CHAPERONS BLANCS (faction des), VII, 134.

CHARBONNIERS (confrérie des), aux funérailles du duc de Berry, XXV, 159.

CHARDIN. Ses voyages, XII, *Préf.*, 34.

CHARETTE, généralissime dans la Vendée. Ses faits d'armes, XXV, 226. — Sa mort, 248.

CHARGES judiciaires. Origine de leur vénalité, XXIII, 48.

CHARITÉ, vertu théologale, XIV, 78. — Son portrait de saint Paul, 80. — Charité des missionnaires, XVI, 157. — De l'acte de charité, 53.

CHARLEMAGNE. Ses exploits, VI, 116 et suiv. — Ses capitulaires, XIV, 79. — Donne les noms aux vents et aux douze mois suivant les chroniques de saint Denis, VI, 225. — Fait recueillir les anciennes chansons des Germains, 24. — Ses notes sur la Bible, VIII, 217.

CHARLES Ier, roi d'Angleterre, XIII, 157 et suiv.

CHARLES II, roi d'Angleterre.

XIII, 295.—Sa mort, 304.—Son caractère, *ibid*.

CHARLES-EDOUARD, fils de Jacques III, XIII, 155 et suiv.

CHARLES-QUINT, roi d'Espagne et empereur, VII, 166 et suiv.

CHARLES LE MAUVAIS, roi de Navarre, VII, 63 et suiv.

CHARLES II, dit le Chauve, roi de France, VI, 119.—Sa mort, XVI, 292.

CHARLES LECOINTE, auteur des *Annales ecclesiastici Francorum*, IV, Préf., 19.

CHARLES LE GROS, fils de Louis le Germanique, VI, 121 et suiv.

CHARLES III, dit le Simple, VI, 122.

CHARLES LE BEL, roi de France, VI, 209 et suiv.— Son tombeau et celui de sa femme à Saint-Denis, XVI, 280.—Ce qu'on y trouve en 1793, 297, 298.

CHARLES V, dit le Sage, roi de France, VII, 118.—Ouverture de son tombeau et ce qu'on y trouve, XVI, 289.

CHARLES VI, roi de France, VII, 122 et suiv.—Son tombeau et celui de sa femme à Saint-Denis, XVI, 280.—Les belles statues de ce prince et de sa femme sont brisées, 289.— Le reste est pillé, *ibid*.

CHARLES VII, roi de France, VII, 135.— Son tombeau et celui de sa femme à Saint-Denis, XVI, 288.— Sont pillés, ce qu'on y trouve, 289. — Particularité sur le corps de ce prince, *ibid*.

CHARLES VIII, roi de France, VII, 157.— Fait faire un recueil des coutumes, XXVI, 125.— Son tombeau détruit à Saint-Denis, XVI, 287.

CHARLES IX, roi de France. Ses poésies; sa mort, VII, 198.

CHARLES-PHILIPPE de France, père du duc de Berry. *Voir* Charles X.

CHARLES-MARTEL est méconnu par son père. Pourquoi? VI, 103.—Son tombeau à Saint-Denis, XVI, 278.

CHARLES DE BLOIS, duc de Bretagne, VI, 317.

CHARLES ETIENNE vivait sous François II et Charles IX, VII, 196.

CHARLES X. Ce qu'il a fait à son arrivée au trône, XIII, 317. — Sa déchéance en 1830.— Son caractère, XXVI, 51.—Son éloge, XXV, 213.

CHARLEVOIX. Son voyage en Chine, XVI, 160.—Son histoire de la Nouvelle-France, 164. — Extraits de ses voyages, XXIII, 245.

CHARME (le). Ce qu'il doit aux Bénédictins, XVII, 38.

CHARRON vivait au XVIe siècle, VII, 196.

CHARTE (la grande) d'Angleterre, VI, 173, 212. — De Louis XVIII. *Voir* ce nom.—D'Aalon, citée, XIII, 182.

CHARTES DE FRANCE. Historique de cette précieuse collection, IV, 23, 27.— Trésor des chartes. *Voir* Du Tillet.

CHARTRES. La cathédrale de cette ville a servi au sacre d'Henri IV. *Voir* ce nom.

CHARTREUSE (la grande). Ses ruines, visitées par l'auteur, I, 263.

CHARTREUSE DE PARIS (la), poëme par M. de Fontanes, XVI, 18.

CHARTREUX. *Voir* Moines.

CHASSE (de la) chez les nations sauvages, XII, 177.

CHATEAUBRIAND (vicomte de). Ses premières études, I, 68.— Essai sur ses ouvrages, I.—Sa vie comme soldat, 187, 189. — A réalisé une grande révolution politique et religieuse, 210, 224, 227, 232, 240.— Secrétaire d'ambassade à Rome, 261. — *Voir* aussi Mémoires, Voyages, Essais,

Etudes, Poésies. — A remplacé Chénier à l'Académie. Détails curieux à ce sujet, 291. — L'empereur ne peut réussir à le faire embrasser sa cause, 289. — Son *Génie du Christianisme* et son *Itinéraire* sont remarqués par Napoléon, 291. — Fragments de son discours de réception, 294. — Mis en parallèle avec Talleyrand, 343. — Et avec Milton, 317; 323. — Ce qui lui arrive de remarquable à la révolution de 1830, 315, 316, 326. — Proteste contre l'assassinat du duc d'Enghien, 273. — Part pour son voyage à Jérusalem. *Voir* Itinéraire. *Voir* la Table sommaire du tome I.

CHATEAUX. Tableau de la vie des anciens châteaux, XVI, 232, 233. — Episode de la famille de l'auteur, I, 56, 60, 62.

CHATEAUX. Tableau intéressant de l'hospitalité qu'on y recevait au nom de la religion, XVI, 153. — Vie ordinaire des anciens manoirs. *Voir* ce mot.

CHATELETS (les deux), cités par les anciens annalistes, XX, 235.

CHAULIEU. Ses poésies, VIII, 27.

CHEMINS (grands), dus au christianisme, XVII, 42.

CHEMINS DE L'EMPIRE, XX, 255. — Titre d'un ouvrage de Bergier. *Voir* ce nom.

CHEMINS DE VILLES. Règlements à ce sujet, VI, 292.

CHEMIN DES ANGES dans la Thébaïde. Ce que c'est, XX, 283.

CHÊNEDOLLÉ. Son portrait de Bossuet en vers, XV, 344.

CHÉNIER (André), XV, 83. — Fragments de ses ouvrages, 325.

CHÉPAR. Son histoire, XXII, 21.

CHÉROQUOIS (les). Leur physionomie et leur costume, XXIII, 104.

CHEVAL. Comment décrit par Job. *Voir* Job. — Beauté et éducation des chevaux arabes, X, 142; XX, 211.

CHEVALERIE. Son origine remonte au huitième siècle et aux Maures, IV, 98. — Ses bons et ses mauvais résultats, VI, 242, 253; XVI, 220. — Fragments de M. Michaud, *ibid.* 332.

CHEVALIERS. Leurs mœurs, prouesses, exercices, faits d'armes, XVI, 238 et suiv.

CHEVALIERS ROMAINS. Leurs armures, XIX, 148.

CHEVEUX. Ce qu'ils désignaient au moyen-âge, VI, 107, 110. — Des Goths, 108. — Serment sur les cheveux, *ibid.*

CHICASSAIS. *Voir* CHICASSAWS.

CHICASSAWS (les). Leur origine, XII, 235.

CHIEN. Socrate jurait par le chien. *Voir* Socrate.

CHIENS (les), en honneur chez les Gaulois. *Voir* Gaulois.

CHIERAMO, fontaine de Parori. Ses ruines, IX, 59.

CHILDEBERT, fils de Clovis et de Clothilde, VI, 96, 97.

CHILDEBERT II. Son règne, VI, 99.

CHILDEBERT III. Son règne, VI, 102.

CHILDÉRIC Ier, roi de France. Son règne, VI, 91.

CHILDÉRIC II. Son histoire, VI, 103.

CHILDÉRIC III, roi de France, VI, 104.

CHILPÉRIC Ier, roi de France, VI, 99.

CHILPÉRIC III. *Voir* Daniel.

CHIMIE, XV, 246.

CHINE (la). Son histoire sur un calcul d'éclipse, II, 16. — Ses tombeaux, XVI, 94. — Services qu'y ont rendus les missionnaires, XVI, 164. — Ses missions, 171.

CHINOIS (les). Leurs traditions sur le déluge, II, 18.

CHOEUR de la cathédrale

d'Auch. Ses sculptures en bois. *Voir* Auch.

CHOISEUL-GOUFFIER. Son voyage en Grèce, IX, *Préf.*, 125. Mérite de son ouvrage, XIX, 281.

CHOISEUL (le duc de). Son caractère, VII, 340.

CHRÉTIENS. Tableaux de leurs mœurs dans la primitive église, V, 225, 226, 239. — Tableau de leurs assemblées, XX, 118, 125. — Leurs vêtements distinctifs, XIX, 245. — Leur nourriture, 54, 253.

CHRISTBOURG (la ville de). Par qui fondée, XIX, 94.

CHRISTIANISME. Comment envisagé par l'auteur, IV, 139. — Sa naissance, 136. — Beauté de sa morale, 139, 145, 152. — Son histoire, 140, 150, 169, 175, 198. — Comment il a changé la société, 654. — Est la base fondamentale de l'histoire du genre humain, XIV, 99; IV, 89. — Est loin d'être l'ennemi des arts et des sciences, XIV, 243; XV, 207, 226. — Il est la vraie philosophie, 239. — S'il est vrai qu'il soit mort, IV, 121.—*Voir* Pères de l'Église, Persécutions, Hérésies, Éducation, Bible, Culte, Écriture-Sainte, Éloquence chrétienne, Fêtes, Églises, Monuments chrétiens, Prières, Sacrements, Tombeaux. —Tableaux de ses immenses bienfaits, XVII, 1 à 70. — L'Europe lui doit les bonnes lois qu'elle possède, XIV, 62. — Sa moralité, 72. — Ses lois morales, 81. — Son influence sur les caractères. *Voir* ce mot. — Sur les passions. *Voir* Passions. — Services qu'il a rendus à la société, XVII, 41. —*Voir* Hôpitaux, Instruction publique. — Peut seul sauver encore la Société après l'avoir régénérée, V, 161; XVII, 81, 85, 88, 90. — Son histoire exposée à Eudore par Paul, ermite. *Voir* Paul. — A aboli l'esclavage, V, 296.

CHRISTIANISME DÉVOILÉ. Mauvais ouvrage jugé par Voltaire, XIV, 330.

CHRISTO REGNANTE. Légende ou souscription des actes publics en Aquitaine, VI, 114.

CHRONIQUES. Importance de leur étude, IV, 8; VIII, 342, 347. — Noms des plus célèbres, d'Alexandrie, de Ditman, d'Eusèbe, de Froissard, de Grégoire de Tours, d'Idoce. *Voir* ces noms et Bouquet pour celles de Saint-Denis. *Voir* Petitot, Buchon.

CHRONOLOGIE. Suivant l'Écriture-Sainte. Sa supériorité sur toutes les autres, XIV, 110. — De Moïse; sa vérité crue par les plus grands génies, *ibid*. — N'est pas détruite par l'astronomie, 128. — Ni par l'histoire naturelle, 132. — Ni par la jeunesse et la vieillesse de la terre, 136. — De divers peuples, 113. — Sentiment de Voltaire sur la chronologie égyptienne, 298. — De Plutarque sur le même sujet, 115. — Absurdités de celle des Égyptiens, *ibid*. 302. — La véritable chronologie du genre humain renouvelé commence à l'ère de Jésus-Christ, IV, 165.

CHRYSOSTOME. *Voy.* SAINT-JEAN-CHRYSOSTOME.

CHUTE ORIGINELLE. Sans ce dogme, il est impossible de rien comprendre à l'histoire du genre humain, XIV, 98, 104; IV, 136, 139.

CICÉRON, le plus grand homme d'état de l'antiquité, VIII, 238. — Sa description du corps de l'homme, XIV, 193. — Ruines de sa maison et de ses jardins, XIX, 291.

CIEL. Beaux effets de la lumière et des ombres dans un ciel de l'Amérique, XII, 90. — Par un orage dans le désert, XVIII, 42, 43. — Au lever de l'aurore, 56.

CIMETIÈRES des Juifs à Jérusalem, X, 179. — Des Maures à

Grenade, XVIII, 191. — De campagne, XVI, 102. — *Voir* Fontanes, Gray. — Des sauvages, XVIII, 82.

CINCINNATUS. Sa piété, XIV, 226.

CIRCONCELLIONS (les). Leurs brigandages, V, 286.

CIRQUE (jeux du) à Rome. Leur barbarie, V, 298; XVII, 75.

CITADELLE (la) d'Athènes. Sa description, IX, 120, 137.

CITÉ SAINTE (tableau de son aspect), XIX, 67. *Voir* aussi Jérusalem.

CITÉ DE DIEU. Célèbre ouvrage de saint Augustin. Fragments sur la chute de l'empire romain et la fin du monde, V, 141, 145. — Tableau de ses merveilles d'après les livres saints, XIX, 67. — Justification des textes, 256 à 270.

CIVILISATION. Sa marche dans la suite des âges, IV, 130. — Le christianisme peut seul la maintenir après l'avoir perfectionnée, XVII, 35, 81, 84, 93.

CLAMEUR DE HARO. Ce que c'est. *Voir* Guillaume le Conquérant et Ascelin.

CLAPPERTON, voyageur cité, XII, *Préf.*, 37.

CLAUSEL DE COUSSERGUES (M.). Son ouvrage sur le *Sacre des rois de France*, IV, *Préf.*, 58.

CLAVIJO. Sa description de l'Asie, XII, *Préf.*, 19.

CLÉANTHE DE SAMOS. Son opinion sur la terre, XV, 234.

CLÉMENCET. Son éloge comme érudit, IV, *Préf.*, 18.

CLÉMENT VII, pape, est élu comme successeur de Grégoire XI, et reconnu par la France, VII, 120.

CLÉMENT, d'Alexandrie. Ses stromates, V, 260.

CLÉODÈME chasse les Goths d'Athènes, IX, *Préf.*, 99.

CLERGÉ (le haut). On lui doit la civilisation de nos ancêtres. *Voir* Bénédictins. *Voir* Évêques, Conciles. — Vue générale sur le clergé, XVI, 133. — Son état au moyen-âge, VI, 263, 266; 281. — On lui doit l'érection de toutes ces belles églises qui couvraient autrefois l'Europe. *Voir* Églises, Collèges, Cathédrales. — Suivait les armées, pour empêcher la destruction et les crimes, VII, 14. — Clergé séculier, XIV, 121. — Sa hiérarchie, *ibid*. *Voir* aussi Papes, Cardinaux, Évêques. — Bas clergé, XVII, 131. — Clergé régulier. Origine de la vie monastique, XVI, 133. — Constitutions monastiques, *ibid*.; 139. — Services rendus par le clergé à la société, XVII, 1. *Voir* Moines.

CLERMONT. Recherches sur l'origine de cette ville et son premier nom, XIII, 99. — Ses anciens habitants, 100. — Ses écoles célèbres, 102. — Son premier apôtre et ses évêques, 103. — Ses anciens seigneurs, 104. — Ses anciennes familles, 110. — Ses savants, 113. — Ses grands hommes, 114. — Sa cathédrale, 115.

CLEFS d'une forteresse déposées sur un cercueil. *Voir* Château-Neuf-Randon.

CLOCHES. Leur but moral dans le christianisme, XVI, 41. — Leur origine, XIX, 249.

CLOCHERS. Leur nombre au moyen-âge dans l'ancienne France, VI, 279.

CLODION, roi de France, VI, 90.

CLOITRES (ruines des). Fragment d'un poème cité par l'auteur, XVI, 260, 261. — Les cloîtres ont servi d'abris aux sciences et aux arts, 136.

CLODOMIR, fils de Clovis et de Clothilde, VI, 96. — Roi d'Orléans, 97. — Sa mort, *ibid*.

CLOTAIRE Ier, roi de France, VI, 96 et suiv.

CLOTAIRE II, roi de France, VI, 99 et suiv.

CLOTHILDE, reine de France, VI, 93.

CLOVIS Ier, roi de France, VI, 134, 139. — Sa mort, *ibid.* — Son tombeau dans l'ancienne église Sainte-Geneviève, *ibid.*

CLOVIS II, roi de Neustrie et de Bourgogne, VI, 102. — Son tombeau, XVI, 278.

CLOVIS III, VI, 102.

CLUBS RÉVOLUTIONNAIRES. Scènes pittoresques et féroces de celui des Cordeliers, XXXIV, 163.

CLUNY. Célèbre abbaye, consacrée à l'éducation du moyen-âge, VI, 143.

COALITION contre la France. Tableau synoptique, II, 276 et suiv. — Marche et progrès des alliés, 278. — Echec terrible à Maubeuge, 286. — A Fleurus. *Voir* ce nom. — Suite de ses opérations. *Voir* Bonaparte.

COBOURG, général. Son caractère, ses talents, II, 288.

COCONNAS. Ses atrocités à la Saint-Barthélemy, XXVIII, 37.

CODE JUSTINIEN, retrouvé sous le roi Charles VII, VI, 255. — Papinien est le plus ancien monument de la jurisprudence romaine, IV, 224. — De Théodose; ses éléments, V, 199. — Ecclésiastique. Les empereurs et les rois les plus sages l'ont accueilli dans le Code civil, XIV, 64.

COEFFETEAU (Guillaume). Son commentaire sur les psaumes de David, XXVIII, 283.

COEUR-DOUX (le). Ses renseignements sur les teintures et les indiennes, XVI, 162.

COFFIN. Ses poésies sacrées, XVI, 50.

COLAPISSAS (les), nation éteinte, XII, 264.

COLARDEAU. Jugement sur son imitation des nuits d'Young, VIII, 35. — Son *Épître* d'Héloïse et d'Abeilard, trad. de Pope, XV, 76. — Observations critiques sur cet ouvrage, 79.

COLBERT a fait continuer la collection des historiens de France de Duchesne, IV, *Préf.*, 29. — A fondé presque toutes les missions, XIV, 6. — Ce qu'il pensait de la destruction des bois, XXIII, 234.

COLIGNY (l'amiral de), VII, 204 et suiv.

COLINANCE. Ce qu'il doit aux Bénédictins, XVII, 38.

COLISÉE de Rome, XIII, 79, 80. — Nommé aussi amphithéâtre de Vespasien. *Voir* la Table sommaire des *Martyrs*.

COLLÈGES SACERDOTAUX des Indes, V, 323. — Des Chaldéens. *Voir* ce nom. — De l'ordre de Saint-Basile. *Voir* ce nom. — D'Éton. Ce qu'en dit Gray. *Voir* ce nom. *Voir* aussi Instruction.

COLLÈGES en France. Noms des plus célèbres et leur origine, VI, 256. — Regrets sur les anciens collèges, VIII, 200.

COLOGNE (ville de), ravagée par les Germains, V, 33.

COLOMB (Christophe) découvre l'Amérique, VII, 158. — Résultat de ses découvertes, XII, *Préf.*, 42.

COLOMBIA (le fleuve de), découvert par le capitaine Robert Gray, XII, *Préf.*, 50.

COLONNE de Dioclétien, prise pour celle de Pompée, est reconnue par l'auteur, VIII, 269; XX, 49, 272.

COLONNES de l'Athènes d'Adrien, IX, 152.

COLZIM. Montagne de la Thébaïde. Beau tableau qu'on y découvre, XX, 65.

COLUMELLE. Caractère de ses écrits, XV, 106.

COMBAT singulier de deux chefs franc et gaulois. Récit homérique, XIX, 159. — De chevaliers, XVIII, 187. — De l'Écluse, VI, 311. — *Voir* aussi Batailles, Crécy, Azincourt, etc.

COMÉDIE. Son origine, VII,

143. — Chez les modernes. *Voir* Suzarion.

COMÉDIENS à Rome, privés du nom de citoyens, XXVII, 99. — Comment envisagés dans le christianisme, *ibid.*

COMMERCE protégé par le clergé, XVII, 45. — Les missions ont tourné à son profit, *ibid.*

COMMINES (Philippe de), conseiller de Louis XI, VII, 156. — Ses mémoires, *ibid.*

COMMISSION D'ÉGYPTE (ouvrage de la), a dénaturé un récit de la Bible, VIII, 215. — Éloge donné à un de ses rédacteurs, 316.

COMMODE, empereur, IV, 204.

COMMUNAUTÉS RELIGIEUSES. Ce qui en résulte pour les sciences et les grandes entreprises, IV, 142, 143.

COMMUNES. Recherches sur l'époque et la cause de leur affranchissement, V, 168. — Appelées au parlement d'Angleterre. *Voir* Leicester.

COMPIÈGNE. Ce qui s'y passe en 1814, VI, 69. — Beauté de sa forêt, XX, 246.

COMPAGNIES (les). Leurs brigandages en France, VII, 111. — Leur départ, 118.

COMNÈNE (Anne). Son opinion sur les Francs, XXVI, 160. — Son portrait de Boëmond. *Voir* ce nom.

CONCILES. Leur étude est indispensable pour connaître l'histoire du moyen-âge, ses mœurs et sa civilisation, IV, 21 ; VI, 126, 133. — Ont été la seule base de la législation pendant plusieurs siècles, *ibid.* — Influence immense de celui de Nicée, 314, 315. — Cités sur l'obligation du célibat pour le clergé dès le sixième siècle, XIV, 49. — Grandeur et vénération du premier concile, XVI, 126. — Ce qui se fit au premier concile de l'Église des Gaules, IV, 95.

CONCESSION de terrains faite à des monastères. Chartes citées à ce sujet, VI, 62.

CONSCIENCE de l'homme. Est un tribunal infaillible et merveilleux, XIV, 211.

CONDAMINE (la). Rapport sur son voyage, XII, *Préf.*, 34.

CONDAMNÉS. Ordonnance qui leur donne un confesseur, VII, 131.

CONDÉ (le prince de), VII, 197 et suiv.

CONDÉ (le prince de). Son refus de faire assassiner Buonaparte, XXV, 81.

CONDORCET. Son discours pour demander l'anéantissement des pièces historiques déposées aux archives, IV, *Préf.*, 24.

CONFESSEURS donnés aux condamnés. *Voir* Condamnés.

CONFESSIONS. *Voir* Sacrements.

CONFESSIONS de saint Augustin, de Montagne, de Rousseau. *Voir* ces noms.

CONFIRMATION. *Voir* Sacrements.

CONFUCIUS. Ce qu'a produit sa religion, XVII, 29.

CONGRÉGATIONS RELIGIEUSES. Méritaient d'être conservées pour la plupart. *Voir* Bénédictins, Oratoires, Saint-Maur, Sainte-Vannes. — Leur destruction a laissé un vide immense dans la société, IV, 18. — Elles seules pouvaient entreprendre les grandes collections, IV, 18 et suiv. — *Voir* Bollandistes, Art de vérifier les dates, Gallia Christiana.

CONGRÈS DE VIENNE. Ses assertions sur l'empire Ottoman et les Grecs, discutées, IX, 50. — Note sur la Grèce.

CONJURATIONS CÉLÈBRES. *Voir* Amboise, Saint-Barthélemy, de Thou, Saint-Marc.

CONQUÉRANTS (les) naissent pour châtier l'espèce humaine, XXVI, 40, 41.

CONRADIN, roi légitime de Sicile, a été décapité par Charles d'Anjou, VI, 181. — Suites de sa mort, XV, 287.

CONSCIENCE. Preuve de son existence, XIV, 212. — Est une preuve de l'immortalité de l'ame, 211.

CONSEIL D'ÉTAT. Son origine, VII, 143. *Voir* Charles VII.

CONSEIL DES FRANCS. Tableau de mœurs, XIX, 188.

CONSTANCE, empereur romain, IV, 325 et suiv.

CONSTANCE CHLORE, empereur, IV, 236.—Son caractère, 296.

CONSTANCE, général de l'empereur Honorius, V, 183 et suiv.

CONSTANCE DE CASTILLE, deuxième femme de Louis VII. Son tombeau à Saint-Denis, XVI, 279.

CONSTANT, fils de Constantin, V, 173.

CONSTANT, empereur romain, IV, 325.

CONSTANT (Benjamin). Extrait de ses Mélanges de littérature et de politique, IV, *Préf.*, 87. — Passage de sa lettre sur son ouvrage *De la Religion*, 123. — Son ouvrage sur le polythéisme. *Voir* ce mot.

CONSTANTIN LE GRAND, empereur, fils de Constance, IV, 296 et suiv.

CONSTANTIN II, empereur romain, IV, 825.

CONSTANTIN. Fragments d'un poème de ce nom par un religieux, le texte latin et la traduction, XXI, 329.

CONSTANTIN (le grand-duc). Éloge de ce prince, IX, 23.

CONSTANTIN-PORPHYROGÉNÈTE. Ouvrage et loi cités sous ce nom, XIX, 300.

CONSTANTINOPLE (ville de), fondée par Constantin, IV, 301. — Son concile général, XVI, 231. — Son aspect vu de la mer, X, 44. — Sa description par M. de Forbin, VIII, 309.

CONSTITUTIONS MONASTIQUES. Leur beauté, XVI, 139.

CONVENTION (la). Célèbre assemblée de la France en révolution. Ce qu'en dit l'auteur, IV, *Préf.*, 77. — Fait procéder aux exhumations des princes à Saint-Denis, XVI, 277 et suiv. — Fait enlever le trésor de l'abbaye de Saint-Denis, 298, 299.

CONVERSION DE ROME. Racontée par le poète Prudence, V, 114.

CONVOIS du riche et du pauvre. Tableaux, XVI, 78, 81, 83.

CONSULTATION de Pépin le Bref adressée au pape Zacharie pour légitimer son usurpation, VI, 113.

COOK (le capitaine). Extrait de la relation de son voyage, II, 169. — Son éloge, *ibid.*

COOPER (M.) est le peintre des antiquités de l'Amérique, IV, *Préf.*, 64.

COPERNIC a rétabli le vrai système de l'univers, III, 442.

CORAN (le), esprit de ce livre, IX, 193.

CORAS. Son poème de *David*, XIV, 260.

CORBEIL (la ville de). Son école célèbre au neuvième siècle, XVII, 22.

CORCYRE (la ville de). Ses anciens noms, IX, 11.—Ses beaux souvenirs historiques, 12.—*Voir* aussi Argos, Cassiopée, Ceraunia, Drepanum, Éphise, Macria, Schérie.

CORDELIERS (Église des). Tableau des clubs qui s'y tinrent. *Voir* Clubs.

CORDEMOY (Louis de) a achevé et publié l'histoire de France de son père, IV, *Préf.*, 33.

CORDOUE. Sa belle mosquée est le type de toute l'architecture sarrasine, VI, 249.

CORFOU (île de). Ses noms antiques, IX, 11.

CORINTHE (ville de), ravagée par les Scythes, IV, 265. — Décrite par tous les voyageurs, IX, 99. — Ses ruines, 102. — Ses souvenirs, *ibid.* — On y fabrique encore des vases, 103. — Est évangélisée par saint Paul, IX, *ibid.*

CORNEILLE. Son *Polyeucte*, XV, 94.

CORNÉLIUS-NÉPOS a conduit l'histoire jusqu'aux auteurs chrétiens, XV, 281.

CORON (ville de). Dissertation sur son origine, IX, 28. — Son histoire, *ibid.* — Sa description, *ibid.*

CORONÉE (ville de). Est-elle la même que Coron? IX, 28.

CORONELLI. Sa description de la Morée reconquise par les Vénitiens, IX, *Préf.*, 121.

CORPS HUMAIN. Beautés et merveilles de son organisation, par l'auteur et Bossuet, XIV, 351.

CORRESPONDANCE de Voltaire à ses intimes sur l'athéisme, l'incrédulité, le gouvernement populaire, les philosophes, XIV, 328 à 332.

CORTEZ. Renverse l'empire du Mexique, XII, *Préf.*, 28. — Ses lettres à Charles-Quint, *Préf.*, 33.

COSMOGONIES PAÏENNES. Combien sont absurdes auprès de celle de Moïse, XIV, 93. — Egyptiennes, 94.—De Thalès, 95.—De Platon, *ibid.* — D'Aristote, 96.— De Zénon, d'Épicure, *ibid.* — Mythologiques, 97. — De divers peuples, *ibid.*

COSTUMES du culte catholique favorables à la peinture, XV, 317. — Vêtements des prêtres et ornements de l'Eglise, XVI, 45.

COTONS de l'Olympe et du Pélion renommés en Europe, IX, *Préf.*, 30.

COUCY (châtelain de). Son histoire, publiée par Crapelet. *Voir* ce nom.

COUDÉE hébraïque, IX, 201. 204. — Noire, 206.

COULEURS NATIONALES. Étaient rouges en 1346, VII, 6.

COUPE DE BRONZE. Citée XIX, 40.

COUR D'AMOUR. Ce que c'était au moyen-âge, VII, 127.

COUR DE ROME. Les vices de quelques papes ne prouvent rien contre elle et surtout contre le christianisme, XVII, 34. — *Voir* Cardinaux, Papes, Rome, Christianisme.

COURONNE des vierges martyres, XIX, 86, 273.

COURTRAY (bataille de). Les chevaliers français y sont battus par les paysans de la Flandre, VI, 191.

COUSTOU. Son groupe du *vœu de Louis XIII* et son *Saint Denis*, XV, 220.

COUTUMES des Barbares, VI, 10.

COUTUMES françaises en latin et en gaulois. Importance de leur étude, IV, 20.

COUTUMES de France recueillies par ordre de Charles VIII. *Voir* son nom.

COUVENTS. Leur utilité pour les sciences, VI, 143. — *Voir* Communautés, Congrégations. — Sont nécessaires à la Société pour servir d'asile aux hommes las du monde, XVI, 137. — *Voir* Monuments.

COVENTRY, garde-des-sceaux de Charles Ier. Son caractère, XIII, 160.

CRAPELET (M.) a publié l'histoire du châtelain de Coucy, IV, *Préf.*, 64.

CRÉATION (la). Tradition de Moïse à ce sujet supérieure à tous les systèmes, XIV, 93.

CREDO (le) de Pierre le Laboureur. *Voir* ce nom.

CRÉCY (bataille de), VII, 20.

CREEKS (pays des). Sa description, XII, 96.

CREEKS (les). Leur gouvernement, XII, 240. — Leur caractère, ibid.—Leurs villages, 244.— Leur portrait, 247. — Leur costume, XXIII, 104.

CREUILLI (le père) a fondé les missions de Cayenne, XVI, 197.

CREVIER doit être consulté par les écrivains, XXI, 95.

CRIOBOLE (cérémonie du), V, 24.

CRIS de guerre de divers peuples. Voir Baritus, Goths. — D'armes, cités, VII, 77.

CRITIAS, auteur ancien cité comme très curieux, XIV, 264.

CRITIAS, l'un des trente tyrans d'Athènes. Ses principes, III, 16.

CROCODILES d'Amérique, XII, 93.

CROCODILES (rivière dite des). Voir Blanche.

CROISADES (les). Sont un des caractères distinctifs du moyen-âge, VI, 165, 174. — Noms des plus célèbres. Voir Godefroy de Bouillon, Constantinople, Jérusalem.— Jugées dans leurs résultats, X, 196; XVII, 47.— Ce qu'en dit un auteur anglais, 48. — Histoire des croisades par M. Michaud. Mérite de cet ouvrage, VIII, 367. — Souvenirs, X, 79. — Tableau de l'arrivée des croisés à Jérusalem, XX, 337. — Beau sujet de poème épique, XIV, 247. — Leur justice, XVI, 230.

CROIX (la vraie), retrouvée par sainte Hélène. Voir ce nom. — Enlevée de Jérusalem par Cosroès, IX, *Préf.* — Devient l'ornement des enseignes romaines et des faisceaux, XVI, 46.— Voir Constantin, Labarum.

CROIX blanche qui apparaît dans le ciel et ce qui en résulte, VII, 185.

CROMWELL (Olivier). Sa naissance, XIII, 201. — Son génie, deviné par Hampden, 188. — Ses excès, 189. — Son portrait, *ibid.*
— Son gouvernement, 270. — Son administration, *ibid.* — Sa politique, 272. — Sa mort, 280. — Ses funérailles, 282.

CROYLAND, célèbre abbaye, citée, XXXIII, 96.

CRUSIUS (Martin). Son recueil de lettres sur la Grèce, IX, *Préf.*, 113.

CUJAS vivait sous François II, Charles IX, VII, 196.

CULTE. Absurdités des cérémonies païennes. Voir Paganisme, Mystères, Taurobole, Sacrifices. — Grandeur et beautés de celui de l'Église chrétienne dans ses ornements, dans ses chants, dans ses cérémonies, dans ses monuments, XV, 355 ; XVI, 41 et suiv. —Voir aussi Hiérarchie, Clergé, Sacrements, Funérailles, Églises, Prières, etc.

CURÉS DE CAMPAGNE. Étymologie de ce mot, XVI, 124. — Tableau de leur dévoûment, VIII, 154; XVI, 71, 83. — Ce qu'en dit La Harpe, XV, 41.

CUSCOWILA, village siminole. Sa situation, XII, 97.

CYBELE. Ce qu'en disent les poètes grecs, XIX, 231.

CYCLE chrétien de saint Hippolyte, IV, 228.

CYCLOPE (le) et Galathée, idylle de Théocrite, XV, 80.

CYCLOPÉENNE (architecture). Ce que c'est, IX, 97.

CYMODOCÉE. Voir les Martyrs (table sommaire).

CYPRE (île de). Les filles, avant de se marier, s'y prostituaient pour gagner leur dot, V, 292.

CYPRIEN (saint). Son éloquence au concile de Carthage, IV, 241. — Sa défense du christianisme, XIV, 3. — A réfuté l'écrit de Julien contre la religion, *ibid.* — Son martyre à Carthage, X, 195.

CYRILLE (saint), d'Alexandrie, réfute l'écrit de Julien contre les Galiléens, XIV, 2.—Son style, 3.

D

DACIER (M. et mad.), cités, XV, 9.

DACTYLES (les). Ce que c'est dans la mythologie grecque, XIX, 217.

DAGOBERT Ier, roi de France, VI, 100. — Ses mœurs dissolues, 101. — Ses trésors, *ibid.* — A jeté les fondements de la célèbre abbaye de Saint-Denis, *ibid.*

DAGOBERT II. Son précepteur. *Voir* Sandreghesibe. — Bas-relief de son tombeau à Saint-Denis, XVI, 278, 294. — Son histoire, VI, 102.

DAGOBERT III, VI, 102.

DALEN. Son histoire de Suède, IV, *Préf.*, 12.

DALMATIE (la). Ses historiens, VIII, 254.

DALMATIUS, frère de Constantin, V, 24.

DAMASCIUS de Syrie. Son histoire, V, 153.

DAMASCIUS d'Athènes. Son fragment sur une bataille livrée par Attila sous les murs de Rome, VI, 169. — Légende qui en est résultée, *ibid.*

DAMPIER. Ses voyages, XII, *Préf.*, 35.

DANES ou DANOIS (les). Ont découvert l'Amérique, VI, 25.

DANIEL, fils de Chilpéric II, VI, 102.

DANIEL (le père). Son histoire de France, IV, *Préf.*, 32.

DANOIS (les). Leur langue a quelque analogie avec celle des Perses, VI, 26. — Leurs poésies merveilleuses. *Voir* Anglo-Saxons, Trouvères, Romans, Chansons guerrières. *Voir* Danes.

DANTE. Ses premières années, VIII, 245; IX, 199. — Est le génie du moyen-âge, VI, 209. — Comment il représente Satan, XV, 135. — Analyses critiques de ses poèmes, 153, 155, 157, 159. — Pourquoi il fait intervenir Virgile comme son introducteur aux enfers, XXXIII, 83. — Parallèle de diverses parties de son enfer avec celui du livre des martyrs, XIX, 343, 344, 345, 348. — *Voir* Enfer. — Son purgatoire jugé, XV, 330. — Son épisode de Françoise Arimino, XV, 157. — d'Ugolin, 158.

DANTON accorde la conservation des médailles du cabinet du roi. *Voir* Barthélemy.

DAPHNÉ. Son monastère et son église cités, IX, 119, 120.

DAPHNIS et CHLOÉ, XV, 84, à la note.

DAPPER. Sa description exacte des îles de l'Archipel, X, 2.

DARGO. Poème de l'auteur, XVIII, 213.

DARIUS, fils d'Hystapes, II, 258.

DARU (le comte). Examen de son histoire de Venise, VIII, 320.

DATES (l'art de vérifier les). Célèbre ouvrage cité, IV, 25.

DAUNOU (M.). Est un des plus savants continuateurs de l'histoire littéraire de la France, IV, *Préf.*, 55.

DAVID, poème de Coras, XIV, 259. — Fragments de ce poème, *ibid.*

DAVILA, historien, XV, 282.

DEAN soutient l'honneur du pavillon anglais contre les Hollandais, dans onze combats, XIII, 256.

DÉBATS (journal des). Sa création et son influence sur l'époque, I, 241.

DÉCADENCE. Cause de celle des Grecs, IX, 187 et suiv.

DÉCALOGUE (texte du), XIV, 81. — *Voir* Lois morales.

DÉCONFÈS. Ce que c'est et ce qui les concerne, VI, 238.

DÉCOUVERTES. *Voir* Inventions.

DÉGRADATION du chevalier félon. Cérémonie en usage, V, 252.

DELILLE a excellé dans la poésie descriptive, XV, 116.

DELPHES. (Ville célèbre.) Son oracle cité, XIX, 245.

DÉLUGE, XIV, 132.—Recherches à ce sujet, 18, 19, 22.

DÉMÉTRIUS CANTEMIR, historien, XI, *Préf.*, 105.

DÉMOCRITE s'enfermait dans un sépulcre, III, 164; — Son opinion sur la résurrection, XVII, 35.

DÉMODOCUS. *Voir* les Martyrs (table sommaire).

DENDÉRA. Célèbre ville d'Égypte. *Voir* Tintyra.

DENIS (saint), fondateur de l'église de Paris, IV, 253. — Son martyre à Lutèce, 282.

DENIS (SAINT-), ville de France. Ses tombeaux des rois de France, XVI, 108. — Possédait, dès le neuvième siècle, une école célèbre, XVII, 22. — Est le lieu d'une foire connue sous le nom de *landit*, 46. — Chroniques dites de Saint-Denis, citées, VI, 104. — Fragment curieux de ces chroniques au sujet de Charlemagne, auteur des noms des vents et des douze mois, 125. — Procès-verbal de la violation des tombes royales, XVI, 276. — Trésor de cette abbaye détruit et enlevé, 299. — Ses caveaux restaurés par Bonaparte, VI, 101.

DENNIS. Son opinion sur Shakespeare n'est pas citée; pourquoi, VIII, 40.

DENTHAM, voyageur, a visité le nord de l'Afrique, XII, *Préf.*, 37.

DENYS LE JEUNE, roi de Syracuse, III, 4. — Son caractère, 39.

DER NIBELUNGE NOT, poëme épique germanique. *Voir* la note, V, 338.

DÉPARTEMENT de Paris ou la Convention. *Voir* Convention.

DÉPOT national de la législation française. Note sur cet établissement, IV, 21. — *Voir* aussi Archives.

DESCARTES. Sa doctrine, III, 139. — Son opinion sur les mathématiques, XV, 237.

DESCRIPTIF (genre). Si les anciens l'ont connu, XV, 327.

DÉSERT Saint-Antoine. Sa description, XX, 56. — Par un missionnaire, 282. — De Séété, 283.

DESHAYES. Fragment de son voyage à Athènes, IX, *Préf.*, 116. — Sa description du Saint-Sépulcre, X, 152. — Sa relation des Saints Lieux, *ibid.*

DESMAREST (Jean). Sa condamnation injuste et sa grandeur d'ame à la mort, XXVIII, 123.

DESPINA (le moine) est l'inventeur des lunettes, XVII, 32.

DÉVOTIONS populaires. Leurs charmes, VIII, 173; XVI, 33.

DIACRE (Paul). Son opinion sur l'origine des Francs, VI, 91.

DIACRES. Leur nomination au moment des persécutions, XX, 208, 348.

DIANE LIMNATIDE. Ce qu'en disent les Grecs, XIX, 229.

DIAZ (Barthélemi) a découvert le cap de Bonne-Espérance en 1486, XII, *Préf.*, 20.

DICÉ est une des Heures des anciens, XIX, 39.

DICÉARQUE. Sa description de la Grèce, XII, *Préf.*, 4.

DIALECTES étrangers dont on trouve des spécimens indiqués par l'auteur. Anglo-Saxon et Breton. *Voir* Henri, Robert, Erse, Goth, Sanscrit, etc.

DIDEROT, cité, III, 144. — Sa correspondance, *ibid.* — A travaillé à l'Encyclopédie, *ibid.*

DIDIUS-JULIANUS, empereur, succède à Pertinax, IV, 97.

DIDON a fondé Carthage. *Voir* Carthage. — Examen de son caractère, XV, 63.

DIDYME, bibliothécaire d'Alexandrie, XX, 50. — Note sur les deux savants de ce nom, XX, 272.

DIEU. Preuve métaphysique de son existence et de son éternité, XIV, 303. — Sa grandeur prouvée par la création, XIV, 141. — Sa bonté prouvée par la Rédemption, 23; XV, 305. — Sa justice, prouvée par le purgatoire et l'enfer. *Voir* Enfer, Purgatoire, Christianisme.. — Vers de l'auteur, XXIV, 83.

DIEUX (faux), peints par Euphranor. *Voir* ce nom et Apothéose, Mystères, Mythologie, Paganisme, Polythéisme, Sacrifices humains, Idolâtrie, Taurobole. — Des Barbares, VI, 30. — Comment placés aux enfers, XIX, 203, 346.

DIGNITÉS DES GAULES (notice des) par le père Sirmond. *Voir* ce nom.

DIGNITÉS ECCLÉSIASTIQUES. Leur origine, XVI, 122. — *Voir* Hiérarchie. — Sous Charlemagne, VI, 125.

DIJON (ville de). Son clergé, XXVII, 45.

DIMANCHE. Sa sanctification établie légalement, IV, 312. — Son institution d'accord avec les besoins de l'homme, XVI, 57.

DIOCLÉTIEN, empereur, IV, 281. — Ses talents, 287. — Ses victoires, 299. — Son caractère, XIX, 101. — Sa mort, IV, 294.

DIODORE LE GÉOGRAPHE. Ce qu'il dit du tombeau de Thémistocle, IX, 156.

DIODORE PÉRIÉGÈTE, cité sur le tombeau du même, IX, 157.

DIOGÈNE, de Phénicie. Son histoire, V, 154.

DIPLOMES (collection française des), due aux rois de France, IV, 28. — Règles pour en reconnaître la valeur historique, 27. — Collection latine par M. Laporte du Theil, citée. *Voir* Laporte du Theil. — Ce que prouvent pour la poésie ceux des huitième et neuvième siècles, VI, 24.

DISCIPLINE ECCLÉSIASTIQUE. Son origine, XVI, 121. — Est attaquée. *Voir* Bonosc.

DISCIPLINE MILITAIRE. Réglée par les capitulaires, VI, 126.

DITMAR. Sa chronique, XII, *Préf.*, 12.

DIX-HUITIÈME SIÈCLE. Son portrait hideux, XIV, 343.

DIVINATIONS. Cérémonie ridicule chez les païens. Étaient en faveur auprès de Julien. *Voir* ce nom.

DIVORCE (traité du) par M. de Bonald. Son mérite, VIII, 199. — Inconnu dans l'église, XIV, 67. — Ne peut rendre heureux, *ibid.*

DLUGOSH, évêque polonais. A compilé les annales de son pays, IV, *Préf.*, 8.

DOCITES. Leur doctrine, V, 285.

DOCTRINES. *Voir* Dogmes.

DOGMES. Beautés de ceux de la religion chrétienne, XIV, 1 à 70.

DOMAINE de la couronne. Rendu inaliénable, VI, 207.

DOMINE SALVUM. Antiquité de ce chant, XXXIV, 188.

DOMITIEN, IV, 77. — A rebâti le Capitole incendié, *ibid.*

DOMSDEYBOOK ou le recueil des vues des anciennes villes et abbayes d'Angleterre, cité, IV, 15.

DONATION de Constantin. Ce qu'en pense l'auteur, IV, 311. — Singulière d'une terre à Dieu et à un saint. *Voir* Brilchiot et Main.

DONDIS (Jean de). A composé une sphère nouvelle, VI, 257.

DON QUICHOTTE de la Manche. Ce qu'en pense l'auteur. *Voir* Quixote.

DORAT a fait revivre le genre descriptif italien, XV, 116.

DORIA (galerie). Ses tableaux, XVII, 17.

DORMAN (le cardinal Jean de). Fondateur du collège de Beauvais à Paris, XVII, 23.

DOROTHÉE. *Voir* les Martyrs (table sommaire).

DOULEUR (la). Combien le livre de Job s'est élevé au sublime à ce sujet, XV, 190.

DREUX. Célèbre bataille près cette ville. Ses résultats, VII, 201.

DREPANUM. Un des anciens noms de Corcyre, IX, 11.

DROITS SEIGNEURIAUX (les). Leur origine, VI, 232. — Honorifiques, 233.

DROIT des gens et droit politique. Fondés par le christianisme, suivant Montesquieu, XVII, 63.

DROIT ROMAIN, IV, 224, 226. — Son histoire. *Voir* Justinien. — Celle de M. de Savigny. *Voir* ce nom.

DRUIDES. Note historique sur ces prêtres gaulois, XX, 252. — Leurs sacrifices humains, 257. — Sont exterminés, 258. — Leurs lois, XIV, 85.

DUBARRY (madame). Son caractère, VII, 341.

DUBOIS (le cardinal), ministre de Philippe d'Orléans, régent, VII, 337.

DUBOIS. Son opinion sur la manière de prouver les vérités de la religion, XVII, 168.

DUBOS (l'abbé). Son *Histoire de l'établissement de la monarchie dans les Gaules*, IV, *Préf.*, 36.

DUCANGE, cité sur l'étymologie du nom des Saliens. *Voir* ce mot. — Sur l'origine de la loi salique, XIX, 330.

DUCERCEAU (le père). Son éloge, XVII, 27.

DUCHESNE (André). Sa collection des historiens de France, IV, *Préf.*, 29.

DUCHESNE (François), fils du précédent.— A continué l'ouvrage de son père, IV, *Préf.*, 29.

DUGALD-SWART. Ses *Esquisses de philosophie morale*, traduites par M. Jouffroy, IV, *Préf.*, 53.

DUGUESCLIN, connétable de France, VI, 316. — Ses jeux pendant son enfance, XVI, 232. — Sa mort, VII, 120. — Son éloge, 102.—Son caractère, XIII, 109.— Son tombeau à Saint-Denis détruit, XVI, 281. — On sauve son effigie, *ibid.* — Autres particularités sur ses restes, 291.

DUHALDE, savant jésuite cité, XVII, 27.

DULAURE (M.). Opinion sur ses ouvrages, IV, *Préf.*, 55.

DUMOULIN (Charles). Vivait sous François II et Charles IX, VII, 196.

DUMOURIEZ. Son portrait, II, 271.

DUPERRÉ. Ses voyages, XII, *Préf.*, 34.

DUPIN (Charles). Ses calculs sur la population, depuis la républicaine française jusqu'au règne de Charles X, XXVI, 121.

DUPINET. Son jugement sur Athènes, IX, *Préf.*, 112.

DUPLEIX. Son histoire générale de France, IV, *Préf.*, 32.

DUPLESSIS (Dom). Annales de Paris, citées souvent, XX, 233, 235, 238.

DURANTY (Guillaume). Savant du moyen-âge, cité, VI, 257. — Était de son temps la lumière du droit, 259.

DURNES. Le seigneur de cette ville était *homme lige* de l'église de Besançon, VI, 139.

DUROSOY, première victime de la révolution, XXIX, 56.

DUSSAULT. Examen de ses annales littéraires, VIII, 276.

DUTERTRE. Son voyage en Chine, XVI, 160. — Son histoire des Antilles estimée, *ibid.*

DUTHONA (la baie de), lieu où se passe l'action du poème de ce nom, XVIII, 231.

DUTILLET, savant le plus versé dans les antiquités de France, IV, *Préf.*, 28.

DYNASTIES ÉGYPTIENNES. Pourquoi exagérées, XIV, 115.

E.

EAU. Comment regardée par les Égyptiens, V, 233, 321.

ECHELLES du Levant. Répression du trafic des esclaves, IX, 67. — De l'opinion sur ce projet de loi.

ÉCHIQUIER (cour de l'), VII, 161.

ECHO. Phénomène singulier à ce sujet, XII, 63, 210.

ECLAIRAGE des rues. *Voir* Lumières de nuit.

ÉCLIPSE (époque de la première observation d'une), II, 16, note 3.

ÉCOLES historiques modernes. Leurs défauts, IV, 38, 41. — d'Alexandrie, de Pergame. *Voir* ces noms. — D'Aniane. — Du mont Cassin. — De Corbeil. — D'Antioche. — De l'Abbaye de Saint-Denis. — De Saint-Germain-d'Auxerre au neuvième siècle. — De Paris. — De l'abbaye de Fontenelle. — De Ferrière. *Voir* tous ces noms. — Célèbres dans les Gaules, citées, XX, 243.

ÉCOLE des chartes, citée, IV, *Préf.*, 30.

ÉCOLE militaire. *Voir* Architecture.

ÉCOSSE (l'). Ses universités avant le quinzième siècle, VI, 255. — Ruines de ses monuments chrétiens, XVI, 30. — Ses tombeaux antiques, 95. — Résultats funestes de la révolution d'Angleterre pour ce pays, XIII, 353.

ÉCOSSAIS (les). *Voir* Calédonie.

ECOUEN. Son château, cité, VII, 177.

ÉCRITURE SAINTE. Sa vérité, XIV, 93. — *Voir* Tradition de Moïse, *ibid.* Son excellence, XV, 168. — Ses trois styles principaux, 170. — Évangélistes, 176. — Parallèle de la Bible et des œuvres d'Homère, 181. — Termes de comparaison, 183. — Simplicité, 184. — Antiquité des mœurs, *ibid.* — Narrations, 187. — Descriptions, *ibid.* — Comparaisons, 188. — Sublimité, *ibid.* — Exemples, 189.

ÉCROUELLES. Touchées par les rois de France et citées, VII, 295.

EDDA. Célèbre poème scandinave. Détails et Fragments, VI, 18, 342. *Voir* l'Edda.

ÉDIMBOURG. Célèbre par son université, XVII, 23.

ÉDIT de Nantes. Ce qu'en pense l'auteur, VIII, 290. — De Romorantin, VII, 197.

ÉDIT de persécution des empereurs. Exemple, XX, 207, 347.

ÉDOUARD II, roi d'Angleterre, VI, 211.

ÉDOUARD III, roi d'Angleterre, VI, 211.

ÉDOUARD, prince de Galles, VII, 73. — Gagne la bataille de Poitiers, *ibid.*

EDUCATION ancienne. Réponse à ses défauts prétendus, VIII, 194.

EDUCATION de la noblesse dans l'ancienne France, VI, 251, 254.

EDUCATION publique et privée. Examinée par M. de Bonald, VIII, 127, 128. — Moderne, ses défauts, *ibid.*, 194. — Celle des Jésuites est irréparable, XVII, 26.

EGINARD. Sa science, VI, 143.

EGLISE. Tableau de son état au quatrième siècle, XX, 5, 50, 237, 273.

EGLISE chrétienne. Son influence sur la civilisation, XVII, 28. — Son portrait par Bossuet, VIII, 184. — Ses richesses. *Voir* Anastase le bibliothécaire.—Abus et règlements à ce sujet, IV, 312. — Pourquoi elle a le droit de refuser ses portes aux excommuniés, XXVIII, 106 et suiv. — Les coupables et les malheureux trouvaient un asile sacré à l'abri de ses autels, XV, 349, 350.

EGLISE romaine. Justifiée d'une fausse accusation par Roberston. *Voir* ce nom et Papes.

ÉGLISES. Leur forme primitive, VI, 272. — Noms de quelques-unes et de leurs constructeurs. *Voir* Saint-Denis. — *Voir* aussi Notre-Dame, Pise, et autres nommées, VI, 273. — Tableau de leur dévastation et de leur profanation en 93, I, 225. — *Voir* Architecture.

EGYPTE (l'). Tableau politique de ce pays célèbre, II, 132. — Son commerce, 133. — Ses prêtres et ses rois, *ibid.*, et la note. — Ses progrès dans les sciences et ses bibliothèques, 135. — Ses hiéroglyphes, 136, et la note. — Ses conquêtes et sa fin, *ibid.* — Conquise par les Grecs, 140. — Prise par les Romains, IV, 161. — Prise par Zénobie, 270.—Et reprise par les Romains, —Ses superstitions, V, 291.—Ses systèmes philosophiques sur le monde, 133. — *Voir* Eau. — Ses collèges sacerdotaux. *Voir* Collèges. — Reçoit le christianisme, IV, 144, 209. — Ses historiens modernes, XI, 12. — Caractères particuliers de ses ruines, II, 138; XVI, 27. — Ses tombeaux célèbres, 91 ; XI, 21. — *Voir* Pyramides et Tombeaux. — Ses belles caravanes. *Voir* ce mot. — Chronologie exagérée de l'Égypte et de ses dynasties, XIX, 115. — Ses solitudes peuplées de chrétiens, V, 262, 272; XVI, 145,

et le livre XI des martyrs. — Ses villes nombreuses, XX, 54, 278, 279. — Regardée comme la mère des dieux par les poètes, XIX, 240. — Et de toutes les superstitions, XX, 65, 289, 281. — Fragments inédits sur ses monuments, XXXI, 258. — Manuscrit sur ce pays. *Voir* Bredevent. — Ses monuments remarquables. *Voir* Pyramides. —*Description de l'Égypte ancienne et moderne*, manuscrit du père Sicard, pris à la maison des Jésuites, XVI, 162.

EGYPTIENS (les). Leurs traditions à l'égard du déluge, II, 18.— Leur religion et leur philosophie, 133. — Leur croyance sur l'âme, 134; XX, 277.—Leurs lois morales, XIV, 83. — Leur chronologie, discutée par Plutarque, Hérodote et autres, 114.—Leurs tombeaux. *Voir* ce mot.

ELAGABALE, empereur, IV, 217 et suiv.

ELAIUS (mont). Ce que les poètes racontent à son sujet, XIX, 143.

EL-BAKOUI. Ses descriptions sur sa patrie et sur les pays conquis par les Arabes, XII, *Préf.*, 16.

ÉLÉONORE d'Aquitaine, répudiée. Pourquoi? VI, 171.

ÉLÉPHANT. Remarques sur les mœurs et les formes de cet animal, XIV, 176.

ELEUSIS. Ses mystères célèbres sont défendus par Alaric, IX, 117.

ÉLISA TRISELL. Vers de l'auteur sur la mort de cette jeune fille, XXXIV, 187.

ÉLOQUENCE antique. *Voir* Démosthène.

ÉLOQUENCE sacrée. Son origine, IV, 211, 227, 241. — Morale, inconnue avant l'Évangile, XV, 300. — Les pères de l'Église, saint Ambroise, 304. — Saint Augustin, *ibid* et suiv.—Saint Jérôme, 307.— Tertullien, *ibid.* —

Lactance, 310. — Cyprien, *ibid.* — Saint Chrysostôme, *ibid.* Saint Basile, *ibid.* — Saint Grégoire de Nazianze, *ibid.* — Saint Bernard, 311. — *Voir* Bossuet, Massillon, etc.

ÉLYSÉE des anciens, XIV, 233. — Comparé au paradis chrétien, XV, 162. — De Mahomet, XIV, 234. — Des Scandinaves, *ibid.* — Des chrétiens. *Voir* Paradis. — La peinture de l'Élysée antique, par Fénélon, est celle du paradis chrétien, 240.

ÉMILE (l') de J.-J. Rousseau. Jugé par M. de Bonald, VIII, 126.

ÉMIGRÉS. Leur position en France, XXVI, 109, 115. — Guerre dite des émigrés, II, 52. — *Voir* aussi Vendée.

EMPIRE Ottoman. Tableau de cette puissance. *Voir* Turcs.

EMPIRE romain. Histoire de sa puissance, IV, 154 et suiv. — Ses limites, 157; XXXI, 255. — Son siège hors de Rome. *Voir* Siège. — Recherches sur les causes de sa chute, XV, 15, 45, 134.

EMPIRES d'Orient et d'Occident, V, 70, 164.

ENCYCLOPÉDISTES. Esprit de cette société et de ses œuvres, XIV, 273. — Peints par Frédéric, roi de Prusse, XXXI, 287.

ÉNÉIDE. *Voir* Virgile.

ENFANTS exposés sur les flots sur un bouclier, auteurs cités, XIX, 326. — Des Goths : ne devaient pas savoir lire. Pourquoi ? 338. — Enfants placés sous l'échafaud de leur père, XIII, 111. *Voir* Nemours.

ENFER des anciens, XIV, 212, 233. — Des chrétiens, *ibid.* — Parallèle de l'enfer et du Tartare, XV, 154. — Description de l'enfer par l'auteur, XIX, 198. — Fragment, visions de l'enfer. *Voir* Visions.

ENFER de Dante, poëme. *Voir* Dante.

ENGHIEN (le duc d'). Sa bravoure est incontestable, XXVI, 9. — Vengé par l'auteur, I, 273.

ENTERREMENT de village. Tableau chrétien. *Voir* Cimetière.

ENTRECASTEAUX. Ses voyages, XII, *Préf.*, 34.

ÉOLIDE. Beauté de ce pays et sa position géographique, XIX, 281.

ÉPAMINONDAS. Lieu remarquable où il fut tué, XX, 90, 302.

EPENITAS. Un des premiers chrétiens de Rome, IV, 171.

ÉPERNON (le duc d'). Son caractère, VII, 323. — N'est pas tout-à-fait étranger à l'assassinat d'Henri IV, *ibid.*

ÉPHÈSE. Description de ses ruines par M. de Forbin, VIII, 310.

ÉPHISE. Ancien nom de Corcyre, IX, 11.

ÉPITAPHES remarquables, XIII, 95.

ÉPICERIES (îles des) ont été reconnues par les Portugais, XII, *Préf.*, 28.

ÉPICTÈTE. Son manuel a été adopté comme règle par des ordres religieux, XVI, 140.

ÉPICURE. Sa philosophie, III, 124, 181. — Son système sur le monde, XIV, 95.

ÉPINOMIS, ouvrage de Platon. Extrait cité sur le Juste ou le Messie, XVI, 299.

ÉPITADES. Sa loi sur l'hérédité, III, 82.

ÉPOPÉE est la première des compositions poétiques, XIV, 243. *Voir* Dante, *Araucana*, *David de Coras*, *Jérusalem délivrée*, *Paradis perdu*, *Saint Louis*, *Pucelle* de Chapelain, *Moïse sauvé* de Saint-Amand, *Lusiade*, *Messie*, *Henriade*. Ce qu'en pense Aristote, XIV, 244; XIX, 13.

ÉPOUX dans l'antiquité païenne et du christianisme. Caractères comparés, XV, 5, 11.

ÉRASME. Son éloge de la Folie

est plein d'esprit et d'élégance, III, 137. — Est le plus ancien écrivain qui ait parlé des Anglais, VIII, 5. — Sa défense du christianisme, XIV, 3.

ÉRATOSTHÈNES. Son système complet de géographie, XII, *Préf.*, 5.

ERCILLA. Son poème de l'*Araucana* est mesuré en octaves, XIV, 261.

ÈRES ou périodes. Noms des plus célèbres, XIV, 114.

ÉRIC, d'Auxerre. Sa science, VI, 143.

ÉRIÉ (le lac d'). Sa longueur, XII, 48. — Sa description, 55.

ERMIAS de Phœnicie. Son histoire, V, 154.

ERMOLD NIGEL. Son poème sur Louis le Débonnaire, VI, 247.

ESCLAVAGE. Sa dureté chez les Romains et les Grecs, comment envisagée, V, 295. — Des vaincus, IX, 194 (note). — Des Grecs, IX, *Préf.*, 46, 49. — Aboli par la religion, XVII, 59, 63, 86.

ERSE (langue). Oraison Dominicale, VI, 343.

ESCLAVES. Doivent leur liberté au christianisme, V, 290, 294; XVII, 9, 64, 70. — Preuves historiques, célèbre passage d'un protestant à ce sujet, 97 et suiv. — Bulle d'un pape, citée, 117. — Ordres institués pour leur rachat. *Voir* Benoît d'Aniane, Rédemption.

ESCURIAL (l'). Contient la sépulture des rois d'Espagne, VIII, 268.

ÉSOPE. La fable naît de son temps, I, 84. — Récite aux Athéniens l'apologue des grenouilles qui demandent un roi, 93.

ESPAGNE (l'). Histoire de sa conquête par les Maures ou les Sarrasins. *Voir* ces noms. — Ses monuments sont merveilleux. *Voir* Alhembra, Généralife, Grenade. — Sentiment de l'auteur sur le voyage en Espagne par M. de Laborde, VIII, 251. — Ce que ses vins doivent aux congrégations religieuses, XVII, 46. — Avait des universités avant le quinzième siècle, VI, 255.

ESPAGNE (Louis d'), VII, 22 et suiv.

ESPAGNOLS. Leur caractère, XV, 288. — Leurs sentiments religieux, XVI, 312.

ESPÉRANCE. Vertu théologale, XIV, 78. — Beauté de la loi qui la commande, 79.

ESPRITS-FORTS et leurs ouvrages, jugés par Voltaire, XIV, 330 et suiv.

ESQUIMAUX (les). Leurs mœurs, XIV, 199. — Leur costume, *ibid.*

ESSAIS de morale et de politique. Analyse critique de cet ouvrage, XXXI, 294.

ESSAIS sur les révolutions. Examen de cet ouvrage, I, 195. — Recherché par la police, 200, 207. — Amendement de l'auteur sur quelques passages, 203, 207.

ESSAIS sur la littérature anglaise, tomes XXXIII et XXXIV.

ESSÉNIENS (les). Ce que c'est que cette secte juive, V, 222.

ESSEX (le comte d'). Son caractère, XIII, 187.

ESTRAPADE ou baptême de feu. Ce que c'était, VII, 194.

ETABLISSEMENTS de Saint-Louis, VI, 179, 198. — De Simon de Montfort, VI, 222.

ETAT des personnes au moyen-âge, résumé historique, VI, 214, 261; XXVI, 171. — *Voir* Gourcy, Monteil; Propriétés.

ETATS chrétiens d'Orient, IX, *Préf.*; 104, 200 et suiv. — Leur fin, 204. *Voir* aussi Jérusalem, Constantinople, Croisades.

ETATS généraux. Considérations historiques sur leur origine et leurs résultats, VII, 66; XXXIII, 112. — Cessent d'être convoqués, 143.

ETENDARTS romains, IV, 337.

ÉTERNITÉ (l') n'appartient qu'à Dieu. Preuves métaphysiques, XIX, 303, et suiv.

ÉTIENNE DE BYZANCE, cité sur la mer Morte, X, 129.

ÉTHIOPIENS (les). Leur philosophie, II, 231.

ETUDES anciennes comparées aux modernes, VIII, 198.

ETUDES conservées par les monastères, VI, 143.

EU (le comte d'), VII, 10. — Est accusé de couardise et se rend, 12. — Est mis à mort sous le roi Jean, ibid.

EUBAGES (les). Ce qu'ils étaient, XX, 250.

EUCHARISTIE. Beauté, grandeur de ce sacrement, XIV, 41. — Son institution, 43. — Comment portée aux chrétiens en prison, V, 232. — Voir Sacrements.

EUDES, comte de Paris, VI, 253. — Défend Paris contre les Normands, 121. — Son tombeau à Saint-Denis, XVI, 279.

EUDOCIE a mis en vers plusieurs livres de la Bible, V, 179.

EUDORE, héros des Martyrs. Voir la Table sommaire.

EUDOXE. Son itinéraire universel, VII, *Préf.*, 5.

EUDOXE de Gnide. Ce qu'il pensait du monde, XII, *Préf.*, 8.

EUDOXIE. Célèbre par ses démêlés avec saint Jean Chrysostôme, V, 176. — Sa mort, ibid.

EUGÈNE, professeur de rhétorique latine et secrétaire d'Arbogaste, empereur à Vienne, V, 105.

EUGÉSIPPE. Son itinéraire de Jérusalem, IX, *Préf.*, 138.

EULIANIUS de Phrygie. Son histoire, V, 154.

EURIC, roi des Visigoths, V, 213.

EURIPIDE. Trait singulier rapporté par l'auteur, V, 310. — Son Iphigénie, XV, 35. — Sa Phèdre, 69.

EUROPE (l') doit sa civilisation au saint siège, XVII, 359. — Doit au clergé la plus grande partie de ses monuments et de ses fondations utiles, 41.

EURYNOME. Temple et statue de cette déesse : ce qu'elle avait de particulier, XIX, 243.

EUSÈBE. Était avocat quand il combattit les Nestoriens, XVII, 151. — Sa description des Saints-Lieux dans plusieurs de ses ouvrages, IX, *Préf.*, 132. — Extrait de son histoire des persécutions, XX, 350; IV, 290. — Voir Théognis.

EUSTACHE, célèbre commentateur d'Homère, IX, *Préf.*, 31.

EUTICHES. Sa doctrine, V, 282.

EUTROPE a conduit l'histoire jusqu'aux auteurs chrétiens, XV, 281.

EUTROPE. Son avidité pour les richesses, V, 175. — Ses lois, ibid. — Comment défendu par saint Chrysostôme dont il était l'ennemi, XV, 347.

EUTYCHES. Ses erreurs, V, 285.

ÉVANGÉLISTES. Caractères distinctifs de leurs styles, VIII, 179. — Saint Mathieu, XV, 176. — Saint Marc, ibid. — Saint Luc, 177. — Saint Jean, ibid.

ÉVANGILE. Son apparition et sa publication est un des plus grands phénomènes du monde, IV, 154, 167; VI, 77. — Dans les Gaules. Voir Clovis, Gaules, Écriture Sainte, et Évangélistes.

ÉVANGILE Teutonique. Fragment, V, 341.

ÈVE. Histoire de sa naissance racontée par Adam, XV, 11 et suiv., 22 et suiv. — Sa chute, XIV, 99.

ÉVÉMÈRE, bibliothécaire de Julien, V, 23.

ÉVÊQUES. Leur succession

connue, IV, 191. — Canon du concile de Sardaigne, relatif à leur médiation en matière criminelle, XVI, 127. — Leurs fonctions, 128. — Leurs qualités, *ibid*. — Leur beau caractère, XVI, 128. Leur influence sur la civilisation au moyen-âge, VI, 134, 135. — Ils étaient protecteurs du peuple, XIV, 11, 18.

EVOCATIONS. *Voir* Iamblique.

EVOCATIONS des démons. Étaient pratiquées par les idolâtres, V, 22, 25. — Scène d'évocation, XX, 222, 356.

ÉVREUX (le comte d') commandait la ville de Rouen lors de l'invasion d'Édouard III, VII, 15.

EXCOMMUNICATION (tableau d'une) dans la primitive église, XIX, 110.

EXÉCUTION de Charles Ier; détails intéressants à ce sujet, XIII, 230, 235.

EXHUMATIONS des restes de la famille des Bourbons. Détails à ce sujet, XVI, 277.

EXPIATIONS par le sang. Origine antique de ce dogme, V, 28.

EZÉCHIEL. Sa célèbre prophétie contre Tyr est un modèle parfait de sublime et de douleur, XV, 194.

F

FABIEN, pape, succède à Anteros, IV, 239. — Son martyre, 252.

FABIOLE. Comment fonde le premier hôpital à Rome, V, 245.

FABRICIUS. Sa bibliothèque, citée pour un fragment important, IV, 343.

FAINÉANTS (rois). Leur époque, VI, 102.

FAIRFAX (lady). Son courage dans le procès de Charles Ier, XIII, 221.

FALKLAND. Son talent et son caractère, XIII, 198.

FANATISME (le) est né du protestantisme et de l'idolâtrie, IV, 105.

FANELLI. Son histoire d'Athènes, IX, *Préf.*, 121.

FANO (île de), présumée l'île de Calypso, IX, 9.

FARCY (madame de), sœur de l'auteur, lui annonce la mort de leur mère, II, *Préf.*, 16.

FASTES consulaires. *Voir* Pagi.

FATALISME. Jugement porté sur ce système de l'école historique moderne, IV, *Préf.*, 86.

FATIMITES (royaume des) a été formé en Égypte des débris de l'empire des Califes, XII, *Préf.*, 17.

FAUCHER vivait sous François II, Charles IX, VIII, 196.

FAUR (Louis), accusé d'être fauteur d'hérésie, VII, 194. — Reproche à Henri II ses adultères, *ibid*. — Attaque les vices de Rome, *ibid*. — Sa condamnation, *ibid*.

FAURIEL (M.). Sa traduction des chants populaires de la Grèce, IV, *Préf.*, 9. — Ouvrages qu'on attend de lui, *ibid*.

FAUSTA, seconde femme de Constantin, est étouffée dans un bain chaud par ordre de son époux, IV, 322.

FAUVEL (M.). Prétend avoir découvert le tombeau de Thémistocles, IX, 156. — Sa lettre à l'auteur, 179.

FAVERA (la ville de) a été conquise par les chevaliers de Calatrava, XVI, 228.

FAY (Godemar du), écuyer de Tournaisis ou gentilhomme de Bourgogne, VI, 313. — Commandait l'avant-garde française au gué de la Blanche-Tacque, *ibid*. — Est accusé de s'être retiré devant les Anglais sans avoir combattu, *ibid.*

FAYDIT a contesté au Télémaque le titre de poëme, XIX, *Préf.*, 15. — Prétend qu'on déposait les évêques qui écrivaient des romans, XXI, 178.—Reproche à Fénélon la peinture des amours d'Eucharis. *Voir* Fénélon.

FÉES GAULOISES. Preuves de leur existence, XX, 259, 261.

FELETZ (M. de) a écrit dans le *Journal des Débats*, VIII, 336.

FÉLONIE (la). Comment punie, VI, 252.

FEMME (la). Sa création. Sa chute, XIV, 107.

FEMME CHRÉTIENNE et FEMME ATHÉE. Parallèle, XIV, 228, 229. — Le Christianisme lui rend sa dignité, IV, 145.

FEMMES proscrites du théâtre. *Voir* Innocent XI. — Part qu'elles prennent au Christianisme, V, 240, 241. — Leur influence chez les Gaulois, XX, 248. — Leurs mœurs, 249. — Leur courage féroce, XIX, 320.

FÉNÉLON. Son penchant pour les jésuites, VIII, 124.—A été blâmé pour avoir placé dans Télémaque l'épisode d'Eucharis, XVII, 167. —Examen de cet ouvrage, III, 150. — Peintures admirables des lieux dont il parle, IX, 198.

FEODALITÉ. Ce que c'est, VI, 221.

FER. Prohibé dans les temples grecs, XIX, 45, 214.

FERALIA (les). Chez les Romains, ce que c'était que cette fête et sa pompe, XVI, 270.

FÉRIES ou ROMANS chevaleresques des Arabes et des Maures, VI, 243, 245.

FERRIER (Vincent). Savant distingué, VI, 257.

FERRÉ (le Grand-) est un des héros de la Jacquerie, VII, 112.

FERRIÈRE a eu une école renommée dès le neuvième siècle, XVII, 22.

FESTINS des Francs, XIX, 188. — Des Romains; leur luxe effréné, V, 301.—Détails curieux à ce sujet, XXI, 152.

FÊTE-DIEU. Solennité de cette fête chrétienne, XVI, 67. — A Lyon, VIII, 185. — Dans un hameau, 263. *Voir* Procession.

FÊTES DES ROGATIONS. *Voir* Rogations.

FÊTES d'une famille chrétienne, XIX, 53.

FÊTE des morts chez les Romains, XVI, 270. — Chez les chrétiens, 78, 81. — Poëme du jour des morts, par Fontanes, 271.

FÊTES CHRÉTIENNES. Leur beauté, XVI, 45, 57, 67, 71, 73 et suiv.

FÊTES RÉVOLUTIONNAIRES. Leur aspect dégoûtant, XXVIII, 29.

FÊTES ROMAINES. *Voir* Cicéron, Florus.

FÊTES RÉPUBLICAINES, II, 67.

FETTON, assassin de Buckingham, XIII, 83.

FEUDATAIRE. A quoi était obligé, VI, 231.

FEVRET DE FONTENELLE a corrigé et augmenté la bibliothèque historique de la France, IV, *Préf.*, 19.

FEZ (le despotat de) s'est formé des débris de l'empire des califes, XII, *Préf.*, 17.

FIANÇAILLES (les) étaient connues des anciens. *Voir* Aulu-Gelle. — L'intention de leur coutume, XIV, 65. — Au moyen-âge, *ibid.* — Leur célébration, *ibid.*

FIEFS. Leur origine chez les Barbares, suivant Salvien, V, 320. —Recherchés à ce sujet, VI, 221, 226.

FIÉVÉE (M.), proscrit comme homme de lettres en 1793, XXVIII, 44. — A écrit dans le *Journal des Débats*, VIII, 276.

FILS et FILLE. Parallèle de ces deux caractères pris dans l'antiquité païenne et le christianisme, XV, 34, 35.

FINLANDE (la). Origine de ses peuples, selon Hérodote, VI, 29.

FLAMANDS (les). Leur caractère, II, 264.—Sont comparés aux Grecs asiatiques, *ibid*.

FLAMEL (Nicolas). Savant distingué, VI, 257.

FLANDRE (la) a été conquise par Louis XIV, VII, 325. — Ce qu'elle doit aux congrégations religieuses, XVII, 46.

FLÉCHIER. Opinion de Rollin à son sujet, VIII, 110.

FLEURS. Merveilles de leur organisation, XIV, 185. — Leurs migrations, *ibid*.

FLEURS DE LIS (seigneur des). Nom donné aux princes du sang, VII, 74.

FLEURUS (bataille de) est gagnée par les Français, III, 295.

FLEURY (l'abbé). Ce qu'il dit de la magnificence de la religion, XVII, 172. — Son opinion sur le commerce des Francs avec l'Orient, 46. — Son traité célèbre des mœurs des chrétiens, souvent cité comme autorité dans les notes des Martyrs, sur la fertilité de la Judée, XX, 327. — Sur l'accusation faite aux chrétiens dans leurs assemblées, 328.

FLEURY (le cardinal de), un des plus grands ministres de l'Europe moderne, XVII, 33. — Avait été précepteur du roi, VII, 338. — Meurt, *ibid*.

FLEUVE détourné de son cours pour y creuser un tombeau. *Voir* Alaric., Bucentum.

FLEUVES. Leur utilité providentielle, XIII, 12.

FLODOARD, moine errant et historien, XII, *Préf.*, 12.

FLORA. Son nom se trouve mêlé aux plus graves souvenirs de l'histoire, V, 311.

FLORENCE (ville de) a dû ses richesses aux croisades, XVII, 46. — Son église des apôtres a été fondée par Charlemagne, XV, 216.

FLORIDES (les) ont été colonisées par Jacques Cartier, etc., XII, *Préf.*, 29. —. Description de quelques sites de l'intérieur, 84.

FLORUS a écrit l'abrégé philosophique de l'histoire, XV, 281. — Peut être consulté pour la description des fêtes romaines, XIX, *Préf.*, 10.

FLOTTE des Francs, XX, 36.

FOI, vertu théologale, XIV, 75. — Effets de la foi chez les anciens, *ibid*. — Chez les modernes, 76. — Est la source des vertus. *Voir* Incrédulité.

FOI et HOMMAGE (prestation de). A quoi engageait le vassal et le souverain, VI, 225. — Cérémonial, 226. — *Voir* aussi Serment et Prestation, Fiefs.

FONTAINEBLEAU (ville de). Ce qu'elle doit au pinceau du Primatice, VII, 177. — Sa forêt égale les plus belles d'Amérique, XX, 246.

FONTANES (M. de) a été proscrit comme homme de lettres en 1793, XXVIII, 44. — Ses vers sur la Chartreuse de Paris, XVI, 18. — Ses vers sur l'Eucharistie, 66. — Sa traduction du songe d'Énée, XV, 143. — Fragment du jour des morts dans une campagne, XVI, 66. — A donné à la poésie descriptive une beauté qu'elle n'avait point encore eue, VIII, 167. — Son discours aux funérailles de La Harpe, XXV, 299. — Sa critique du Génie du Christianisme, XVII, 215, 226.

FONTE (l'amiral de). Son voyage chimérique, XII, *Préf.*, 36.

FONTENAI (bataille de) a été livrée entre Charles le Chauve, Louis, roi de Bavière, et Lothaire, empereur, VI, 120. — Est désignée par M. Thierry comme fixant le commencement de la transformation des Francs en nation française, *ibid.* — A été chantée par Angelbert, 24.

FONTENELLE (ville de) a possédé, dès le neuvième siècle, une école célèbre, XVII, 22.

FONTEVRAULT, abbaye célèbre, était une colonie établie par Robert d'Arbrissel, XVII, 37. — Son abbesse a traduit le Banquet de Platon, XXI, 152.

FORBIN (le comte de). Examen de son voyage au Levant, VIII, 30. — Visite Ascalon, Césarée et Thèbes, 314. — Sa belle description des ruines du temple de Diane à Éphèse, 310. — Ses compagnons de voyage, *ibid.*

FORÊTS de France, admirées par un roi d'Angleterre. *Voir* Édouard III. — Ce que Colbert pensait de leur destruction. *Voir* Bois, Colbert, Compiègne et Fontainebleau.

FORÊTS VIERGES de l'Amérique. Tableaux, XII, 54, 58, 60, 61; XVIII, 4, 5 et suiv., 34, 41. — *Voir* Paysages. — Notes sur les anciennes forêts des Gaules, XX, 245.

FORMULES de Marculfe. *Voir* ce nom. — De Cassiodore. *Voir* Cassiodore.

FORTIA (le marquis de) a donné le texte des Annales du Hainaut, par Jacques de Guise, IV, *Préf.*, 68.

FORTUNAT est un des écrivains qui ont illustré la monarchie mérovingienne, VI, 107.

FORTUNE. Ses caprices et ses revers ne nous étonnent plus. Résumé de l'auteur, V, 198.

FORUM de Trajan. Son imposante beauté, IV, 340.

FOSSILES (les). Ce qu'ils prouvent, II, 18.

FOUCHEROT. Ses recherches sur la Grèce, IX, *Préf.*, 125.

FOUILLES de Pompéi et d'Herculanum, XIII, 143, 151.

FOUINE. Mœurs de cet animal, XII, 110.

FOULCHER DE CHARTRES. Son voyage en Palestine, XII, *Préf.* 18.

FOULQUES D'ANJOU, roi de Jérusalem par sa femme, X, 200.

FOULQUES. Sa lettre à Abailard, VI, 259.

FOURCHETTES. Origine de leur usage, XXXIII, 43.

FOURMONT (l'abbé) a été chargé par Louis XIV de chercher des inscriptions et des manuscrits dans le Levant, IX, *Préf.*, 123. — A visité les ruines de Messine, 32.

FOY (le général) a très bien établi le droit de pétition, XXIX, 81. — Ses funérailles, XXVIII, 147.

FRANÇAIS. *Voir* FRANÇOIS (les).

FRANC-ALEU. Ce que c'est. *Voir* Aleu, Fiefs, Féodalité.

FRANCE (la) a été originairement une contrée sauvage ignorée, couverte de forêts, et commençant au delà du Rhin, XIX, 9. — Sa description sous Dioclétien, 143. — Caractère des peuples qui l'habitaient, *ibid.* — Époque des premières invasions, 144. — Histoire de son gouvernement, XXVI, 160. — Sa monarchie a commencé par des états-généraux, XVII, 44; XXVI, 160. — A été, pendant la féodalité, une république aristocratique fédérative, 171. — Description pittoresque de ses églises gothiques, de tous ses clochers, des abbayes, des châteaux avec leurs créneaux, leurs fortifications, pont-levis et girouettes armoriées, etc., VI, 278. — Sa rivalité avec l'Angleterre, VII, 25. — Son clergé possédait la moitié des biens de son territoire, VI, 147. — L'aristocratie y a disparu, pourquoi? 157. — A fait des représentations à l'Angleterre sur la condamnation de Charles Ier, XIII, 227. — Sa guerre contre l'Es pagne est la première qu'elle ait faite sous le régime constitutionnel, XXIX, 109.— Tableau résumé de l'état de ce royaume, sous les rois Jean, Charles V, VI, VII, et Louis XI; et jusqu'à la révolution, VIII, 353 à 365.

FRANCE (Nouvelle-). Son étendue, XII, 276.—Ses missions, XVI, 205.

FRANCHE-COMTÉ (la), conquise par Louis XV, VII, 325.

FRANCISQUE. Surnom de l'empereur Probus. *Voir* Probus.

FRANÇOIS (les). Epoque où ce nom commence à être en usage. *Voir* Bouvine, Francs. — Leur caractère, XV, 289.—Parallèle établi entre eux et les Athéniens, II, 72; XV, 289. — Comparés aux sauvages de l'Amérique, VIII, 95.—Pourquoi n'ont que des mémoires, XVI, 283.

FRANÇOIS Ier, roi de France. Son origine, VII, 165. — Ses amours avec la sœur de Lautrec, VIII, 226. — Est armé chevalier par Bayard, VI, 251.— Est fait prisonnier à Pavie, VII, 170. — Etablit l'infanterie française, 171. — Ordonne la rédaction des actes publics en français, 172.— Fonde le Collège de France, VI, 256.— Aimait les lettres, VIII, 217.— Regardait les artistes comme ses amis, VII, 294.— A reçu dans ses palais le Primatice, Benvenuto et Léonard de Vinci, 177.—Sa mort, 178. — Son tombeau à Saint-Denis, retrouvé en 1793, et description de ce qu'il renfermait, XVI, 295.

FRANÇOIS, dauphin, fils aîné de François Ier, meurt empoisonné, VII, 170.

FRANÇOIS II. N'est célèbre que par la beauté et les malheurs de sa veuve, Marie Stuart, VII, 195. — Meurt, 197.

FRANCONIE (la) faisait partie du pays habité par les Francs, VI, 89.

FRANCS ou GERMAINS (les). Leur origine, IV, 142; VI, 91; XIX, 150.— Etymologie de leur nom, VI, 88.— Ont habité l'autre côté du Rhin, 89.— Leur caractère, XXVI, 160.—Leurs mœurs, VI, 87.—Leur physionomie, XIX, 149.—Leur costume, 150.— Leur équipement militaire, *ibid.*—Leur ordre de bataille, 151. — Leur hospitalité, 167.— Leurs festins, 189.—Leur gouvernement, XXVI, 161. — Leurs lois sur les personnes, les propriétés et les servitudes, VI, 106. — *Voir* Gaules.— Prennent le nom de Français à la bataille de Bouvine. *Voir* Bouvine.

FRANKS. *Voyez* FRANCS.

FRA-PAOLO, historien; XV, 282.

FRÉDÉGAIRE fait remonter l'origine des Francs à la chute de Troie, VI, 91.

FRÉDÉGHER. *Voyez* FRÉDÉGAIRE.

FRÉDÉRIC-LE-GRAND, roi de Prusse, sa correspondance, III, 214.— Est le roi-auteur par excellence, VIII, 217.

FRESUEDA (ville de) tombe au pouvoir des chevaliers de Calatrava, XVI, 228.

FREYCINET, célèbre voyageur sur mer, XII, *Préf.*, 30.

FRIGDORA (les), ou séquences de la messe. Ce que c'est, VI, 145.

FROISSARD. Sa description d'un repas d'un haut baron de son siècle, VI, 289.— Sa chronique, publiée par M. Buchon, VIII, 342. —Ses voyages estimés par l'auteur, XII, *Préf.*, 14.

FRUMENTAIRES (les). Ce que c'était à Rome, XX, 346.

FUCA (Juan de). Son voyage chimérique, XII, *Préf.*, 30.

FULBERT. Sa science, VI, 143.

FULDE jouissait d'une école savante dès le neuvième siècle, XVII, 22. — Ses Bénédictins comptaient dans leurs propriétés dix-huit mille métairies, 38. —

A eu pour fondateurs des ordres religieux et militaires, ibid.

FULGENT (Bataille de *Saint-*): Les Vendéens y sont vainqueurs, XXV, 235.

FUNÉRAILLES remarquables. (*Voir* l'article Cérémonie.) *Voir* Alaric. — Des rois de France. *Voir* Saint Louis, Philippe III. — Du duc de Berry, de Cromwell. *Voir* tous ces noms. — De Guillaume le Conquérant. Ce qui s'y passe de remarquable. *Voir* Clameur de haro. — D'Atala, XVIII, 83. — Des Sauvages, XII, 131. — De Phocion et de Philopœmen, XIX, 277, 278. — Des grands, XVI, 78. — Des guerriers, 81. — Des pauvres ou des campagnes, 83.

FURERI a écrit sur Jérusalem, X, 149.

FURY et de l'*HECLA* (détroit de) a été découvert par le capitaine Parry, XII, *Préf.*, 48.

G

GAILLARD (le château) a été bâti par Richard-Cœur-de-Lion, VI, 196. — Ce qui s'y passe de funeste, ibid.

GALATA. Son aspect, X, 44.

GALBA, empereur, IV, 178 et suiv.

GALEN, évêque de Munster, est l'inventeur des bombes, XVII, 32.

GALÉRIUS, empereur, IV, 283. — *Voir* la table sommaire des martyrs.

GALILÉE passe pour l'inventeur du télescope, III, 142. — A découvert les satellites de Jupiter et l'anneau de Saturne, ibid.

GALL (Saint-) possédait une école célèbre dès le neuvième siècle, XVII, 22.

GALLES (pays de). Ses poèmes erses ou galliques, XVI, 209. — Description de ce pays. *Voir* Giraud-Barry.

GALLES (prince de). *Voyez* ÉDOUARD.

GALLERIE DORIA. Sa beauté, VI, 197.

GALLIA CHRISTIANA (la), savant et volumineux ouvrage, souvent cité. Donne l'histoire des abbayes au moyen-âge et leur désignation, VI, 278. — Fragments de cet ouvrage, ibid., 74, note 2.

GALLIEN, empereur. Son caractère, IV, 262.

GALLIEN. Son admiration en analysant un corps humain, XIV, 196.

GALLOIS et GALLOISES. Ce que c'était, VI, 295.

GALLUS, empereur, IV, 254.

GALLUS (Martin) est l'annaliste de la Pologne, IV, *Préf.*, 11.

GALUPPI a été protégé par les souverains pontifes, XV, 212.

GAND (ville de). Pendant l'exil de Louis XVIII dans cette ville, l'auteur réclame la liberté de la presse, XXVI, *Préf.*, 4. — Rapport sur l'état de la France, 193. — Ce qui s'y passa en 1815, 267.

GANDIE (ville de). Célèbre par son université, XVII, 23.

GANGE (le) est le point oriental du monde, selon Pline, XII, *Préf.*, 8. — Ses bouches bornaient à l'est les continents, *Préf.*, 9. — Sa source est encore l'objet des recherches, *Préf.*, 35.

GARDAVIKE est le nom donné à la Russie dans les Sagas, XII, *Préf.*, 12.

GARDES PRÉTORIENNES. Leur création, IV, 156.

GARNIER est le continuateur de l'histoire de France de Velly, IV, *Préf.*, 33.

GASCOGNE (la). Ce qu'elle

doit aux Bénédictins, XVII, 38.

GASSENDI est le rénovateur de la secte d'Épicure, III, 137.—S'est rendu célèbre par son génie astronomique, XV, 234. — A triomphé d'Aristote, VI, 259.

GATIEN (saint) fondateur de l'église de Tours, IV, 253.

GAUDEN est reconnu pour l'auteur d'*Eikon Basilikè*, XIII, 246.

GAUL. Poème de ce nom, XVI, 247. *Voir* la Table sommaire.

GAULES (les). Leur géographie a été éclaircie par César, XII, *Préf.*, 6. — Sont aussi appelées Celtique, *Préf.*, 7.—Leur description et leur état social au quatrième siècle, XX, 28. — Leurs limites, XX, 233. — Leur population lors de la conquête des Francs, VI, 214. — Premières églises et leurs fondateurs, IV, 253.

GAULOIS (les), Ce que signifie leur nom, VIII, 228. — N'ont été vaincus par César qu'à cause de leurs divisions, 229.—Leurs lois, XIV, 85. — Vainqueurs à la bataille d'Actium, VIII, 227.—Leur religion, VI, 30. — Leur gouvernement, 33. — Étendaient le droit paternel jusque sur la vie de l'enfant, 37. — Leur esprit guerrier, XIX, 149. — Leur physionomie et leur costume, 150. — Leurs brayes étaient devenues d'un usage commun sous des derniers Césars, 141.

GAZETTE DE FRANCE. Son auteur. *Voir* Renaudot.

GIBELINS (les). Faction célèbre citée, VI, 296.

GÉLONS (les). Leurs cruautés envers les vaincus, VI, 14. — Leur costume, *ibid.*

GEMELLI CARRERI. Ses voyages, XII, *Préf.*, 34.

GÉNÉRALIFE (le). Description de ce palais, XVIII, 155.

GÊNES (ville de) a dû ses richesses aux croisades, XVII, 48.

GÊNES, acteur célèbre, XIX, 116.

GÉNÉRATION MODERNE. Son triste avenir, pourquoi? VIII, 196.

GENEVIÈVE de Nanterre (sainte) a sauvé Paris de la fureur d'Attila, V, 204; VI, 73.

GENÈSE (la) est le seul livre où se trouve la vraie histoire du genre humain, XIV, 97.—Ce qu'en disent les savants de Calcutta, 98. — Témoignages des savants du premier ordre, 110.

GÉNIE DU CHRISTIANISME. Son apparition, I, 248. — Son influence, 250. — L'empereur ordonne un rapport sur cet ouvrage, 252. — Ce qu'en dit l'empereur après sa chute, *ibid.* — Examen critique et littéraire de cet ouvrage, par M. de Fontanes, XVII, 216.

GÉNIE DE L'EMPIRE qui apparaît à Julien, V, 57.

GÉNIES évoqués par Iamblique. *Voir* Iamblique. — Théorie des génies, V, 325.

GENGIS-KAN. Ses conquêtes, XII, *Préf.*, 17.

GÉNOIS (les) ont établi le commerce de la Chine et de l'Inde par caravanes, XII, *Préf.*, 19.

GENSÉRIC, roi des Vandales. Son caractère, VI, 46.

GÉOMÈTRES (les) sont condamnés presque tous à l'obscurité, XV, 243.—*Voir* Mathématiciens.

GEORGES Ier, électeur de Hanovre, II, 150.

GEORGES (le prince) de Danemarck, gendre de Jacques II, abandonne son beau-père, XIII, 310.

GEORGES, évêque arien d'Alexandrie, a persécuté les païens et les catholiques, et désolé l'Égypte par ses cruautés et ses rapines, V, 82.

GÉPIDES (les) étaient d'origine gothique, IV, 250. — Étaient alliés d'Attila, V, 205.

GÉRARD DUBOIS a continué les *Annales ecclesiastici Francorum*, IV, *Préf.*, 19.

GERBEL (Nicolas). Son voyage en Grèce, IX, *Préf.*, 112.
GERMAIN D'AUXERRE (*Saint*) a eu dès le neuvième siècle une école célèbre, XVII, 22. — *Voir* Eldric.
GERMAIN DES PRÉS (*Saint-*), abbaye célèbre. Sa prison citée, IV, 79.
GERMAIN L'AUXERROIS (église de *Saint-*). Lettre sur sa démolition, XXXI, 316.
GERMAINS (les) ou FRANCS. Leur caractère, XV, 288. — Leur costume guerrier, XIX, 150. — Leurs mœurs, VI, 32 et suiv. — Observaient les Capitulaires de Charlemagne jusqu'au règne des Othons, 128. — Comment ils cachaient leur blé en temps de guerre, XIX, 321.
GERSON (Jean), célèbre chancelier de France dont le savoir égalait la modestie, adresse une lettre à Antoine, solitaire du mont Valérien, XXVIII, 283.
GESSNER. Son poème de la Mort d'Abel est plein de majesté, mais est gâté par la teinte doucereuse qui y domine, XIV, 264.
GESTA DEI PER FRANCOS, célèbre chronique d'un anonyme, citée, X, 280. — Citée sur la généalogie des rois francs, XIX, 328.
GEYER. Son Recueil d'ouvrages sur la Suède, IV, *Préf.*, 12.
GHERBERT. *Voir* SYLVESTRE II, pape.
GHERBERT. Sa science, VI, 143.
GIAMBETTI (Francisco) a dessiné quelques monuments d'Athènes, IX, *Préf.*, 111.
GIBBON affirme l'authenticité des traditions religieuses en Palestine, IX, *Préf.*, 112. — Son opinion sur les sciences exactes, XV, 237. — Pâlit quand il ne copie plus Tillemont, IV, *Préf.*, 37.
GIBET de Montfaucon. Ce qui s'y passe, VI, 197.

GILBERT DE LA PORÉE a fait revivre la doctrine d'Aristote, VI, 258.
GILBERT, poète. Ses ouvrages, XXXI, 275. — Ses malheurs, *ibid.*
GILDAS (les trois). Indiqués comme source historique, IV, *Préf.*, 14.
GILLES, VI, 257. — Est surnommé le docteur *très fondé*, 258.
GIOIA (le diacre Flavio), Napolitain, passe pour avoir découvert la boussole, XVII, 32.
GIRARDON a sculpté le tombeau de Richelieu, XV, 220.
GIRAUD-BARRY. Son tableau descriptif du pays de Galles et de l'Irlande, XII, *Préf.*, 15.
GLABER, moine errant et historien, XII, *Préf.*, 14.
GLADIATEURS à Rome, ce que prouvent leurs jeux, V, 298. — Sont abolis, 170. — Leurs fonctions aux jeux, XXI, 169.
GLADIATRICES, citées, V, 298.
GLAIVE D'ATTILA. Son origine singulière, VI, 48.
GLASCOW (ville de), célèbre par son université, XVII, 23.
GLOCESTER (le duc de), seul prince de la famille royale d'Angleterre resté auprès de Charles Ier, III, 96. — Est destiné par Cromwell à devenir un marchand de boutons, XIII, 228.
GLOSSAIRE de Sainte-Palaye et du sieur de Bréquigny. *Voir* ces deux noms.
GNOSTIQUES. Leur doctrine, V, 287.
GODEFROY de Bouillon, X, 199. — Sa mort, 200. — Son tombeau, 243.
GOETHE, IV, *Préf.*, 132.
GOETIE (la) ou l'art d'évoquer les génies, citée, V, 325.
GOG, château fantastique que les Arabes croient être au fond de l'Asie, XII, *Préf.*, 15.
GOGGON, premier maire du palais, VI, 84.

GOLGOTHA (le). Sa situation, IX, *Préf.*, 3.

GOLIUS. Notes savantes sur l'académie d'Alfergone, XI, 188.

GOMELES (les) étaient originaires du royaume de Fez, et s'y sont établis après l'expulsion des Maures de Grenade, XVIII, 149.

GOMME DU CESTE. Comment recueillie par les chèvres, XIX, 253. — De Thessalie, renommée, IX, *Préf.*, 30.

GONDAMOND, roi des Vandales, succède à Honoric, et règne treize années, XI, 88.

GONDEBALD. *Voyez* GONDEBAUD.

GONDEBAUD, roi de Bourgogne, n'ose refuser à Clovis la main de Clothilde, VI, 93.

GONDEMAR, roi de Bourgogne, fait la guerre aux enfants de Clovis, VI, 97.

GONDERIC était roi des Vandales, lors de leur invasion en Espagne, sous l'empereur Honorius, V, 182.

GONDIVAR, neveu de Ricimer, est fait patrice par Olybre, V, 214. — Fait Glicerius empereur, *ibid.*

GONZALVE de Cordoue, tue le duc de Nemours à la bataille de Cérignole, VII, 162.

GORDIEN I, dit *le Vieux*, proclamé empereur en Afrique, pendant la vie de Maximin, IV, 233. — Son origine, *ibid.* — Sous son règne, les Francs attaquent pour la première fois l'empire romain, XIX, 144.

GORDIEN II, dit *le Jeune*, empereur, IV, 234. — Est tué dans la bataille qu'il livre à Capellien, 235.

GORDIEN III, empereur, fils ou neveu de Gordien le Jeune, IV, 235.

GOTHIE (la). Ses peuples ont, selon Hérodote, une origine asiatique, VI, 29.

GOTHIQUE. Nom d'une architecture célèbre, VI, 274. — Ses effets merveilleux, 275; XV, 226; XVI, 105. — Ses immenses monuments, VI, 276. — Ses formes reproduites dans les détails du culte, *ibid.* — Tombeaux de cette forme, 277. — Ses vitraux, *ibid.* — Châteaux pittoresques, *ibid.* — *Voir* aussi Églises, Saint-Denis, etc.

GOTHIQUE. Nom d'un idiome, VI, 18, 28. — Manuscrit le plus ancien connu dans cette langue, 18.

GOTHS (les). Leur origine, IV, 249. — Leurs premières conquêtes, 250. — Leur cri de guerre, VI, 12. — Leurs mœurs, *ibid.* et suiv.

GOUJON (Jean). Beautés de ses cariatides, XIII, 51.

GOURCY (l'abbé de). Sa dissertation sur l'état des personnes en France, sous la première et la seconde race, IV, *Préf.*, 37.

GOURGAUD (le général). Ce qu'il dit de la Vendée, XXV, 345. — Doit être cru, quand il parle du prisonnier de Sainte-Hélène, IV, *Préf.*, 61.

GOUVERNEMENTS des Barbares. Ce qu'ils étaient, VI, 33 et suiv.

GOUVERNEMENT féodal. Ce qu'il était, VI, 220.

GOZZE était un habile architecte du dixième siècle, VI, 145.

GRACIOSA (île de), l'époque de sa découverte est ignorée, XII, 11.

GRAND-LIÈVRE, dieu suprême des Canadiens, VII, 39.

GRANIQUE (le). Ce fleuve est aussi appelé le Sousonghirli, IX, *Préf.*, 91 et suiv.

GRATA était fille de l'empereur Valentinien, V, 76.

GRATIEN, fils de Valentinien, empereur, V, 76.

GRAY. Ce qu'il dit sur le collège d'Éton, VIII, 38. — *Voir* Cimetière de campagne.

GRAY (le capitaine Robert) a découvert le fleuve Colombia, XII, *Préf.*, 50.

GREC. Epoque à laquelle cette langue a été enseignée à l'université de Paris. *Voir* Université.

GRÈCE (la). Etablissement de ses républiques, II, 22. — Est subjuguée par Philippe et Alexandre, *ibid*. — Ses républiques, premiers gouvernements populaires, 23. — Considérations sur ses âges, 26. — Soulevée, au nom de la liberté, 265. — Effets de sa révolution, 299. — Ses ruines, XVI, 187. — Sa situation actuelle, IX, *Préf.*, 39. — Réclamation de l'auteur en faveur de sa délivrance, IX, *Préf.*, 7.

GRECS (les). Bases de leur constitution populaire, II, 28. — Comment comptaient les premiers mois de l'année, XII, 112. — Leurs tombeaux, XVI, 94. — Leur caractère, IX, 192. — Leurs chants ont le caractère de la poésie héroïque primitive, *ibid*. — Note en faveur de leur liberté, IX, *Préf.*, 39 et suiv. — Considérations historiques sur les causes de leur décadence, 187.

GRÉGOIRE (saint), IX, *Préf.*, 100. — Son éloge de la peinture, XV, 214.

GRÉGOIRE de Nysse (saint), IX, *Préf.*, 134.

GRÉGOIRE (saint), pape, XVI, 129.

GRÉGOIRE VII, pape, était un moine obscur nommé Hildebrand, VI, 148. — Met en pratique la doctrine de la souveraineté pontificale, *ibid.* — Dépose Boneslas, roi de Pologne, 162.

GRÉGOIRE XI, pape. Sa mort a fait éclater un schisme dans l'Église, VII, 120.

GRÉGOIRE XIII, pape, a travaillé lui-même au rétablissement de l'art musical, XV, 213. — Est le réformateur du calendrier qui a pris son nom, XIV, 271; XV, 234.

GRÉGOIRE (saint) de Nazianze. Son portrait de l'empereur Julien, V, 3. — A blâmé le luxe des évêques de son temps, 137. — Ses satires contre les sophistes, XVII, 171. — Ses poèmes sur les mystères du christianisme, XV, 310. — Autres sur divers sujets, V, 46.

GRÉGOIRE de Tours. Ce qu'il a fait pour la monarchie mérovingienne, VI, 107. — A décrit les antiquités des Gaules, VII, 32. — L'auteur l'a consulté pour la peinture des mœurs des Francs et des Gaulois, XIX, 10. — Sur les rois Chevelus, XIX, 313. — Sur les boucliers servant de nacelles, 321. — Sur les assemblées nationales des Francs, 330.

GÉGOIRE de Pons, IV, 239. — Ses paroles en marchant au martyre, 232.

GRENADE (ville de) a été conquise par les Espagnols sous le règne de Charles VIII, roi de France, VII, 158. — Son palais de l'Alhambra, aussi remarquable que les temples de la Grèce, XI, 118.

GRENADE (vallée de), XII, *Préf.*, 16.

GRENAN, célèbre professeur à l'université de Paris, XVII, 23.

GRENOBLE (ville de). Son parlement rendait ses arrêts d'après le droit écrit, VI, 222. — Admettait le *franc-aleu* dans quelques unes de ses dépendances, *ibid.*

GRENVILLE, commissaire de Charles II, XIII, 292.

GRESSET a marché sur les traces de Molière, XVII, 27.

GREY (lord). Sa conspiration mal conçue, XIII, 303.

GRILLES magnifiques de l'église Saint-Denis, citées, XVI, 282. — Où placées, *ibid.*

GRIS-DUVAL (l'abbé le) avait voulu accompagner Louis XVI à l'échafaud, XXVIII, 247. — Son caractère et ses talents, *ibid.*

GROTIUS a vivifié un des premiers la politique de l'Europe, III, 141. — Est réclamé par l'Eglise comme l'un de ses soutiens, XV, 253. — A écrit sur la politique avant Mably et Rousseau, 257.

GROTTE DE BETHLEEM. Célèbre par la naissance du Sauveur du monde, IV, 164. — A servi de retraite à saint Jérôme, qui y reçut les grands personnages fuyant de Rome, X, 111. — Son premier nom, X, 104. — Son nom moderne, 115. — Etat actuel de ce lieu, 105.

GUALLEVE (le comte). Ce qui se passe à son tombeau, XXXIII, 96.

GUATIMALA. Sa constitution par qui faite, XII, 295.

GUÉ, petite rivière de la Savoie, XIII, 6.

GUENÉE (l'abbé). Sa description du royaume de Jérusalem, X, 321. — Ce qu'il dit de la fertilité de la Judée, 205, 210. — Ses lettres de quelques juifs portugais, XIV, 3.

GUERRES étrangères en France. Singulier paradoxe de l'auteur à ce sujet, VII, 330.

GUERRIER antique et chrétien. Parallèle de ces deux caractères, XV, 49, 53. — Voir Bayard, Godefroy, Turenne, Saint-Louis.

GUERRIERS BARBARES. Leur aspect, VI, 1 et suiv. — Du moyen-âge, leur force, VI, 246. — Leurs mœurs, 214, 261. — Sauvages de l'Amérique. Voir Indiens, Sauvages.

GUESCLIN. Voir Duguesclin.

GUEUDEVILLE a contesté au Télémaque le titre de poème épique, XIX, Préf., 15. — Reproche à Fénelon la peinture des amours d'Eucharis, XVII, 167.

GUI des druides (An-Gui-l'An-Neuf). Note sur ce cri, XX, 250.

GUICCIARDINI. Caractère de ses ouvrages, XV, 282.

GUILLAUME DE TYR a passé sa vie à parcourir l'Europe et l'Asie, XII, Préf., 14. — Sa description de la mosquée de la Roche à Jérusalem, X, 333.

GUILLAUME LE BATARD ou LE CONQUÉRANT, duc de Normandie, s'empare de l'Angleterre et en devient roi sous le règne de Philippe Ier, roi de France, VI, 161. — Ce qui arrive de remarquable lors de ses funérailles. Voir Ascelin et Clameur de haro. — Son tombeau à Caen. Voir Tombeaux.

GUILLAUME, prince d'Orange, XIII, 313.

GUILLAUME LE GRAND, duc d'Aquitaine, ne reconnaissait point Hugues Capet comme roi, et n'accorda ce titre qu'à Robert, fils de ce monarque, VI, 114.

GUILLAUME (comte de Poitiers) fonde à Niort une maison de débauche réglée comme un monastère, VI, 268.

GUILLEBAUD (saint). Sa relation de son voyage à Jérusalem, XII, Préf., 13; IX, Préf., 137.

GUILLET. Son ouvrage sur Athènes ancienne et moderne, IX, Préf., 120. — Jugement sur cette production, ibid. — Son ouvrage sur Lacédémone ancienne et moderne, ibid.

GUINGAMP (le châtelain de) au siège de Hennebon, VI, 317.

GUIRAUD, consul de France à Athènes, sa description de la Morée, IX, Préf., 121.

GUISE (François, duc de) force l'ennemi à lever le siège de Metz qu'il défendait, VII, 193. — Prend Thionville et Calais, ibid. — Gouverne l'état sous François II, 195. — Est assassiné par Poltrot, 201.

GUISE (le cardinal de) est mis à mort par ordre de Henri III, VII, 252.

GUISE (Henri, duc de), déclaré chef de la ligue, VII, 219. — Convoite la couronne de France et n'ose s'en emparer, *ibid.* — Est assassiné à Blois, 249.

GUISE (la duchesse de). Ses galanteries, VII, 282.

GUISE (Jacques de), moine, auteur de l'*Histoire du Hainaut*, traduite par M. de Fortia d'Urban. *Voir* ce nom.

GUIZOT (M.). Son opinion sur les expéditions militaires de Charlemagne, VI, 116. — Est un des réformateurs de notre histoire générale, IV, *Préf.*, 66. — Son cours d'histoire en ce qui concerne la seconde race est d'un haut mérite, *Préf., ibid.* — A publié la *Collection des mémoires relatifs à l'histoire de France, depuis la fondation de la monarchie jusqu'au treizième siècle*, *Préf.*, 63.

GUNDOLI, chevalier qui fait porter sa bière après lui à un tournoi, VI, 294.

GUYENNE (la) était une province romaine sous la première race, VI, 105. — État de cette province sous la deuxième et la troisième race, XIII, 112. — A conservé les traces des travaux agricoles des Bénédictins, XVII, 37.

GUYOT (François), poète. Il a décrit la boussole sous le nom de *marinetta*, VI, 192.

GYMNASES DE SPARTE, imités en France par les Jacobins, II, 68.

GYR, fleuve indiqué par Ptolomée, XII, *Préf.*, 8.

H.

HABILLEMENTS remarquables du moyen-âge. Leur importance historique. *Voir* Costumes, VI, 282.

HACHE (ordre de la) cité. *Voir* Renaud, Roger, etc.

HADLEY (ville d') est assiégée par les Indiens, XII, 262.

HAGIOGRAPHES. La collection en est due aux jésuites, IV, *Préf.*, 19.

HAILLAN (du) a écrit un des premiers l'histoire générale de France, IV *Préf.*, 31. — Son style, *ibid.* — Vivait sous François II, Charles IX, VII, 196.

HAINAUT (province du). Son histoire. *Voir* Guise et Fortia d'Urban.

HALDE (du). Son voyage en Chine est estimé, XVII, 160.

HALE placé à la tête de la magistrature par Cromwell, malgré ses sentiments royalistes, XIII, 271. — Seul membre du parlement qui dit rappelé Charles II, et réclamé les libertés constitutionnelles, 293.

HALLAM a mieux réussi dans son *Histoire constitutionnelle* que dans son *Europe au moyen-âge*, IV, *Préf.*, 54.

HALLAYS (Alexandre de), VI, 257. — Est surnommé le *Docteur irréfragable*, 258.

HAMMOND, créature de Cromwell, XIII, 215.

HAMNER (M.). Son admiration pour Shakespeare, VIII, 41.

HAMPDEN. Son portrait de Cromwell, III, 116. — Sa supériorité sur Mirabeau, *ibid.* — Son caractère et ses projets politiques, XIII, 188. — Son talent comme orateur, *ibid.*

HANNON, voyageur carthaginois; plan de son ouvrage, II, 165. — Extrait de sa relation, 166. — A accompli son *Périple* vers l'époque où Hérodote écrivait, XII, *Préf.*, 4.

HARANGUES remarquables pour et contre le Christianisme. *V.* Symmaque, XX, 157, 163, 170.

HARCOURT (Geoffroy d') soulève la Normandie contre le roi

Jean, VII, 71. — Conseille à Édouard III de pénétrer en France par cette province, 5.

HARCOURT (d'), frère du précédent, commandait à Rouen lors de l'invasion d'Édouard III, VII, 15.

HARDOUIN expliquait l'antiquité du temps de Fénelon, VIII, 125.

HARLAY (les). Leur éloge, VIII, 193.

HARLAY (Achille de), premier président du parlement de Paris; sa réponse au duc de Guise, VII, 292. — Était incorruptible comme la religion, sévère comme la liberté, probe comme l'honneur, XXVII, 277.

HARMONIES de la religion chrétienne avec les scènes de la nature et les passions du cœur humain. Sujet du livre cinquième de la troisième partie, XVI, 13. — Leurs divisions, ibid. — Harmonies physiques, 14. — Harmonies morales, 33. — Réunion des Harmonies physiques et morales. Voir Dévotions populaires et Ruines.

HARO (clameur de). Exemple de cet usage aux funérailles de Guillaume le Conquérant. Voir Ascelin.

HAROLD. Voir ZACHARIE.

HAROUN-AL-RASCHID cède à Charlemagne la propriété du Saint-Sépulcre, IX, Préf., 137.

HARPE (de La). Voir LA-HARPE.

HARRISSON. Voulait sauver Charles Ier, XIII, 227. — Croyait que Cromwell préparait le règne du Christ, 258. — Prête la main aux violences du protecteur, 263. — Est condamné à mort comme régicide, XXVI, 94.

HART (la). Ce que c'est. Voir Henri III.

HASARD. Si c'est quelque chose et s'il peut produire quelque chose, XIV, 310, 315 et suiv.

HASTINGS (la bataille d'). Ses résultats, VI, 161.

HAVRE-DE-GRACE repris sur les Anglais sous Charles IX, VII, 202.

HAWKINS. Son voyage en Grèce pour visiter la patrie d'Homère, IX, Préf., 123.

HEARNE visite la mer du Sud, à l'embouchure de la rivière des Mines, XII, Préf., 42; VIII, 105.

HÉBREU. Beautés poétiques de cette langue, XV, 182.

HÉBREUX (les). Caractères particuliers de leurs lois, VI, 40. — Leur histoire est digne de la plus grande attention, XX, 172. — Voir aussi Moïse, Sinaï, Horeb, Mer-Rouge. — Sous les Romains. Voir Juifs.

HÉBRIDES (les) ont été conquises par les pirates normands, XII, Préf., 17.

HEGEL (M.), chef de l'école philosophique historique, IV, Préf., 42.

HELDRIC, abbé de Saint-Germain-d'Auxerre, au huitième ou au neuvième siècle, était peintre, VI, 145.

HÉLÈNE (sainte), mère de Constantin, XIX, 99. — Fait rechercher le Saint-Sépulcre, IX, Préf., 132. — Découvre trois croix, ibid. — Fait bâtir des églises à Bethléem et sur la montagne des Oliviers, ibid.

HÉLIODORE, évêque de Trica, auteur de Théagène et Chariclée, XVII, 166.

HÉLIOGABALE. Voir ÉLAGABALE.

HÉLOISE et ABEILARD, XV, 74.

HÉLOISE (nouvelle). Voir Julie d'Estanges.

HELVETIUS. Ses livres puérils, III, 145. — Était honnête homme, 273. — Sa conduite comme époux, 166.

HELVIDIUS a attaqué, au quatrième siècle, la discipline de l'Église et le culte de la vierge, V, 282.

HELYOT (frère) assure qu'il y a eu trente ordres religieux, XVI, 221. — Son opinion sur les religieuses de l'Hôtel-Dieu de Paris, XVII, 12. — N'a mis aucun ordre dans ses recherches, 67.

HÉNAUT (le président). Ce que pense l'auteur de son abrégé chronologique, IV, 33.

HENRIADE. Examen de quelques parties de ce poème, XIV, 265. — Fragments inédits, XXXI, 238.

HENRI IV, empereur d'Allemagne, est déposé par Grégoire VII, et obligé de s'humilier à ses pieds, VI, 163.

HENRI V, roi d'Angleterre, s'empare de Rouen et prend le titre de roi de France, VII, 135. — Épouse Catherine, fille de Charles VI, ibid. — Est reconnu pour héritier de ce prince, ibid. — Meurt, ibid.

HENRI VI, roi d'Angleterre, est détrôné et rétabli, puis encore renversé du trône, III, 64. — Rendait hommage, comme roi de France, aux bourgeois de Paris, VI, 225.

HENRI VII, roi d'Angleterre, défait et tue Richard III, VII, 158. — Épouse Élisabeth d'York, ibid. — Entre dans la ligue formée contre Charles VII, 169. — Meurt et est remplacé par Henri VIII, 163.

HENRI VIII, roi d'Angleterre, épouse Anne de Boulen, VII, 171. — Fonde l'église anglicane, ibid. — Était écrivain, VIII, 217. — Meurt, VII, 172.

HENRI Ier, roi de France. Son caractère, VI, 160. — Son tombeau à Saint-Denis, XVI, 279.

HENRI II, roi de France, II, 193. — Principaux événements de son règne, ibid. — Consacre la vénalité des charges judiciaires par son ordonnance de 1554, XXIX, 315.

— Confirme les lettres de noblesse des bourgeois de Paris, VI, 170. — Ordonne d'ouvrir le trésor des Chartes à Jean du Tillet, IV, Préf., 28. — Sa mort, VIII, 194. — Magnifique tombeau de ce prince et de sa femme à Saint-Denis, XVI, 281. — Ce qu'on a trouvé dans le caveau de ce tombeau, 290.

HENRI III, roi de France, VII, 212. — Chef de la ligue, 215. — Institue l'ordre du Saint-Esprit, 217. — Est chassé de Paris par les ligueurs, 227. — Fait assassiner le duc de Guise, 249. — Défend d'écrire à peine de la hart, afin de cacher ses dissolutions, XXVIII, 52. — Ses mœurs, VII, 279. — Ses regrets de la mort de ses mignons, 216. — Est assassiné par Jacques Clément, 366. — Ses dernières paroles, ibid. — Après lui, la question d'hérédité se représente et est décidée, XXVI, 54. — A sa mort le régicide est considéré comme légitime, 95.

HENRI IV, roi de France, étant prince de Béarn, est déclaré chef des Huguenots, après la bataille de Jarnac, VII, 205. — Épouse Marguerite de Valois, 206. — Excommunié par Sixte-Quint, 220. — Gagne la bataille de Coutras, 221. — S'unit à Henri III, 254. — Succède à ce prince, 295. — Son dénûment, ibid. — Ses paroles à Arques, à Cahors, à Coutras, ibid. — Harangue son armée avant la bataille d'Ivry, 297. — Assiège Paris, ibid. — Lève le siège de cette ville, 302. — Abjure le protestantisme à Saint-Denis, 303. — Se fait sacrer à Chartres, ibid. — Entre dans Paris, 305. — Est blessé par Jean Chatel, ibid. — Combat à Fontaine-Française, ibid. — Est absous par le pape, ibid. — Épouse Marie de Médicis, ibid. — Rend héréditaires les charges de judicature, XXIX, 315. — Mœurs des juges de son temps, 324. — Est assassiné par Ravaillac, fanatique imbu des principes de la ligue, VII, 307. — Son caractère, 309. — Était bon administrateur, 310.

HENRI, second fils de Cromwell, avait une partie des talents et des opinions de son père, XIII, 276.

HENRI-BENOIT, second fils de Jacques III, a été cardinal sous le nom de *York*, XIII, 321.

HENRI d'OYSSEL vivait sous François II et Charles IX, VII, 19.

HENRI DE GAND, cité, VI, 257. — Est surnommé le *Docteur solennel*, 258.

HENRI DE SUZE, cité, VI, 257. — Est surnommé la *Splendeur du droit*, 258.

HENRI (Robert) a enrichi son histoire d'Angleterre de *specimen* des dialectes bretons et anglo-saxons, VI, 29.

HENRIETTE-MARIE DE FRANCE, femme de Charles Ier, XIII, 167. — Son portrait, 171. — Sa misère à Paris, 176. — A porté le deuil toute sa vie, 181. — Sa mort, 183. — Immortalisée par Bossuet, VII, 326.

HEQUEM ou HAKEM, successeur d'Aziz, kalife d'Egypte, détruit le tombeau de Jésus-Christ, X, 165. Persécute les chrétiens, 195.

HÉRACLÉE. Ses tables législatives sont expliquées par Mazzochi, XVII, 32.

HÉRACLÉON est un des plus célèbres hérétiques du deuxième siècle, V, 278.

HÉRACLIEN, favori d'Honorius, V, 471.

HÉRACLITE D'ÉPHÈSE, II, 117 et suiv.

HERCULANUM (ville) est enfouie sous des laves, XIII, 65, 151. — Manuscrits trouvés dans ses ruines, XVII, 32.

HERCULE est un des premiers voyageurs de l'antiquité, VIII, 72.

HERDER. Ses *Idées sur la philosophie de l'histoire de l'humanité* sont célèbres, IV, Préf., 43.

HÉRÉDITÉ de la couronne. Son origine, IV, 97. — Preuves historiques, VI, 155.

HÉRÉSIES. Leur apparition, V, 276. — Noms des plus célèbres hérésiarques. *Voir* Arius, Manes, Montanus, Luther, Calvin, Praxeas, Marcion, Hermias, Héracléon, Valentin, Sévère, Talien, Saturnin. — Leur but providentiel, 289. — Leurs caractères distincts, présentés chronologiquement, IV, 167, 173, 196 et suiv. — Condamnées en concile, 314.

HERFORD, évêque, est interrogé sur la question de savoir si l'on pouvait tuer un roi, VI, 213. — Sa réponse ambiguë, *ibid.*

HÉRICOURT (d'). Citation de ses écrits, XVII, 129.

HERMANN. Citation de ses ouvrages, XVII, 38.

HERMANRIC, roi des Ostrogoths. Sa puissance, V, 79. — Sa mort, 82. — Son nom est cité dans un manuscrit teutonique, conservé à l'abbaye de Fulde, VI, 16.

HERMENTRUDE, femme de Charles le Chauve. Son tombeau à Saint-Denis, XVI, 278.

HERMES (les). L'un est inventeur et l'autre restaurateur des arts, II, 135.

HERMEUM (les). Ce que c'était chez les Grecs, XX, 309.

HERMIAS est un des plus célèbres hérétiques du deuxième siècle, V, 278.

HERMUS (fleuve) visité par l'auteur, X, 23.

HÉRODE LE GRAND s'empare du trône de Judée, X, 190. — Enrichit Jérusalem de superbes monuments, *ibid.*

HÉRODE ANTIPAS, fils d'Hérode le Grand, reçoit en partage la tétrarchie de la Galilée et de la Pérée, X, 191. — Fait mourir saint Jean-Baptiste, *ibid.*

HÉRODE, roi de Chalcide et frère d'Agrippa, avait un pouvoir absolu sur le temple, le trésor et la grande sacrificature, X, 191.

HÉRODOTE était voyageur, XII, *Préf.*, 4. — Ne distingue que deux parties de la terre, *Préf., ibid.* — Croyait que le monde était une plaine sans limites, *Préf.*, 8. — Historien, XVI, 279, 280. — Ce qui lui arrive aux jeux olympiques, XIX, 327.

HÉRON (vœu du), VI, 306. — Ce qu'en pense Sainte-Palaye, 308. — Serment du roi d'Angleterre sur cet oiseau, 309.

HERTA (déesse) chez les Germains. Son séjour, XIX, 188, 334.

HÉRULES (les) étaient d'origine gothique, IV, 250. — Pillent Sparte, IX, *Préf.*, 99. — Sont conquis par Hermanric, roi des Ostrogoths, V, 79.

HERVEY. Caractère de sa sensibilité comparée à celle de Young, VIII, 26.

HÉSIODE. Ses ouvrages sont pleins d'excellentes maximes, II, 80. — Son influence sur son siècle, V, 17. — Professe la même cosmogonie qu'Homère, XII, *Préf.*, 4.

HÉSUS (dieu). Son temple à Paris, cité, XX, 234.

HEURES. Hésiode n'en compte que trois, XIX, 328. *Voir* Eunomie, Dicé, Irène.

HEXAMILLA, lieu où une muraille fermait l'isthme de Corinthe, IX, 105.

HEYTER. Son voyage dans la Palestine, IX, *Préf.*, 39.

HIÉRARCHIE CHRÉTIENNE (tableau de l'), XX, 118, 312. *Voir* Ordre. — Recherches sur l'origine des dignités ecclésiastiques, XVI, 121 et suiv. — Livre de Clément d'Alexandrie sur la hiérarchie. *Voir* ce nom.

HIÉROCLÈS était un des mignons d'Élagabale, V, 304. — Son mariage avec ce prince, *ibid.*

HIÉROCLÈS, proconsul d'Achaïe, favori de Galérius. *Voir* la table sommaire des martyrs.

HIÉROGLYPHE de la triade égyptienne, V, 28.

HILAIRE (saint) de Poitiers, V, 51.

HILDEBRAND. Son nom est cité dans un manuscrit teutonique conservé à l'abbaye de Fulde, VI, 18. — Son combat contre son père. Fragment de l'Edda, 20.

HILDIBRAND. *Voir* GRÉGOIRE VII.

HINCMAR. Sa science, VI, 143.

HIPPOLYTE (saint), inventeur d'un cycle célèbre. *Voir* Cycle.

HIRCAN dispute la couronne à Aristobule, X, 190. — Est protégé par César, *ibid.*

HISTOIRE du genre humain. *Voir* Bossuet, Moïse, Bible. — De l'humanité. Ouvrage d'Herder. *Voir* ce nom et Vico.

HISTOIRE des nations antiques, IV, 6. *Voir* Égyptiens, Grecs, Romains. — Des nations barbares. *Voir* Edda, Scandinaves. — En Allemagne, IV, *Préf.*, 41. — Écrite par l'école descriptive, IV, *Préf.*, 38. — Des nations sous l'influence de la philosophie moderne, 86. — Examen critique des histoires des divers peuples, IV, 249; note. — Sous l'influence du Christianisme, XV, 272. — Du Christianisme dans la manière d'écrire l'histoire, 273. — Causes qui ont empêché les modernes de réussir dans l'histoire, première cause, beautés antiques 275. — Deuxième cause, les anciens ont épuisé tous les genres d'histoire, hors le genre chrétien, 279. — Pourquoi les Français n'ont que des mémoires, 283. — Beau côté de l'histoire moderne, 287.

HISTOIRE NATURELLE, étudiée à l'aide de la religion chrétienne, XIV, 132, 355.

HISTORIENS ANCIENS. *Voir* Hérodote, Thucydide, Xénophon,

Tite-Live, Tacite. — Tacite comparé à Bossuet, XV, 295. *Voir* Polybe, Salluste, Suétone, Plutarque, Velleius Paterculus, Florus, Diodore de Sicile, Trogue Pompée, Denis d'Harlicarnasse, Cornélius-Népos, Quinte-Curce, Aurélius Victor, Amien Marcellin, Justin, Eutrope.

HISTORIENS MODERNES. *Voir* Bentivoglio, Davila, Guicciardini, Fra-Paolo, Mariana, Hume, Robertson, Gibbon, Machiavel, Montesquieu, Voltaire, Philippe de Commines, Rollin, Bossuet. — Tous ces historiens examinés, IV, *Préf.*, 31 et suiv. — *Voir* aussi Annales, Annalistes et Mémoires. — Collection des historiens de France, Notice sur cette vaste entreprise, IV, *Préf.*, 21.

HISTORIENS ECCLÉSIASTIQUES. Leur époque, V, 199.

HOBART, capitale de l'île Van-Diémen, XII, *Préf.*, 38.

HOBBES. Ses traités sur l'incertitude de la science, XV, 235. — A dans sa *Cité chrétienne* expliqué le verbe comme M. de Bonald, VIII, 117.

HOLLANDE (la) est la seule république qui se soit formée par le protestantisme, VII, 190. — Conquise par Louis XIV, 326. — Est comparée à la Phénicie, II, 228. — Produit un grand nombre de savants, *ibid*.

HOLLANDE (*Nouvelle-*). Ses côtes ont été reconnues par les Portugais, XII, *Préf.*, 28. — A d'abord été appelée *Terre de Diémen*, *Préf.*, 30. — Reçoit son nom de Tasman, *ibid*. — Sa population, *Préf.*, 31. — Ses revenus, *ibid*. — Son état social, *ibid*. — Ses fruits et ses moutons, *ibid*.

HOLLANDAIS (les) ont dépassé les limites de Thulé, XII, *Préf.*, 39. — Ont découvert une cinquième partie du monde, *Préf.*, 30. — Ont succédé aux Portugais dans la possession des Moluques, *ibid*. *Voir* Bataves.

HOMÈRE est un des premiers voyageurs de l'antiquité, VIII, 72. — Lycurgue a apporté ses poèmes à Sparte, II, 79. — Solon a fait des lois en sa faveur, 80. — Son Iliade mise en parallèle avec la Jérusalem délivrée, le Paradis perdu. *Voir* Iliade, Odyssée. Manuscrit de ses œuvres sur une peau de dragon, XV, 215. — Croyait que le monde était une île, XII, *Préf.*, 8. — Ses écrits comparés à la Bible. *Voir* Ecriture-Sainte.

HOMMAGE (foi et). Ce que c'est. *Voir* Foi et hommage.

HOMME (l'). Étymologie de ce nom, XIV, 103. — Homme physique, preuve de l'existence de Dieu, 193. — Sa description par Cicéron. *Voir* Cicéron. — Son désir du bonheur, preuve de son immortalité, 206. *Voir* Ame. — Dans l'état de nature. *Voir* ce nom. — Son origine et ses fins ne sont bien connues que par le christianisme, IV, 136 et suiv.

HONORIA, sœur de Valentinien III, a voulu donner l'empire d'Occident à Attila, V, 200. — Envoie son anneau à ce conquérant, 202. — Avait été aimée d'Eugène, *ibid*.

HONORIUS III, empereur d'Occident. Son caractère, V, 123. — A aboli les combats de gladiateurs, 171.

HONTAN (le baron de la). Son voyage en Chine a été préféré à ceux de Dutertre et de Charlevoix, XVI, 160.

HÔPITAUX. Les différentes associations qui les desservent, XVII, 3 et suiv. — Tableau de ceux fondés ou desservis par le clergé, 128 et suiv. — De Ronceaux, XVI, 135.

HOREB (montagne célèbre), citée, XX, 64.

HORLOGE à roues. *Voir* Pacificus et Sylvestre II, pape.

HORN (le cap) borne l'Amérique, XII, *Préf.*, 30.

HORNEMAN. Ses voyages, XII, *Préf.*, 34.

HORN-TOOKE. Son caractère, VIII, 5. — Motifs de son opposition au gouvernement, *ibid.*

HOSPITAL. *Voir* L'HOSPITAL.

HOSPITALIERS (ordres), XVI, 220, 222.

HOSPITALITÉ. Beau tableau de cette vertu au moyen-âge, XVI, 153. — Dans les temps antiques, XIX, 52.

HOSTILIEN, empereur, second fils de Dèce, IV, 254.

HOTEL-DIEU. *Voir* HOPITAUX.

HOTEL DES INVALIDES. *Voir* ARCHITECTURE.

HOWELL a laissé le portrait d'Henriette, femme de Charles 1er, XIII, 171.

HUDSON (la baie d') a été remarquée par Cortéréal, XII, *Préf.*, 29. — A d'abord été appelée baie d'*Anian*, *ibid.*

HUGO (Victor). Son Richelieu, IV, *Préf.*, 64.

HUGUENOTS. Fureurs de cette secte et son origine, VII, 201. — (Guerre des). *Voir* Ligue, Protestantisme, Saint-Barthélemy.

HUGUES LE GRAND, comte de Paris au dixième siècle, et père de Hugues Capet, cité, XVI, 292. — Ouverture de son tombeau à Saint-Denis, *ibid.*

HUGUES CAPET, roi de France, VI, 155. — Sa monarchie était féodale, 153. — Apporte aux Français la ville de Paris, son héritage paternel, XXVI, 53. — Sa mort, VI, 160.

HUGUES, dit le *Grand*, l'*Abbé*, le *Blanc*, refuse deux fois la couronne de France qui lui était offerte, VI, 123. — Meurt en 956, *ibid.*

HUGUES, bâtard de Charlemagne, a été chanté par Angelbert, V, 24.

HUILES de l'Attique, renommées, IX, *Préf.*, 30.

HULET (le capitaine). Son trouble lorsque Smith lui demanda s'il était le bourreau du roi Charles 1er, XIII, 245. — Reçut 100 livres sterling pour cette exécution, *ibid.* — Condamné à mort à la restauration de Charles II, 297.

HUMBOLDT (le baron de). Son voyage aux régions équinoxiales du nouveau continent, de 1799 à 1804, est un des plus importants, VIII, 335.

HUME a perdu le génie de la langue anglaise, VIII, 16. — Est lourd et immoral, *ibid.* — A gardé quelque mesure dans son admiration pour Shakespeare, 41. — Est l'historien le plus remarquable de l'Angleterre, 61. — Comparé à Bossuet, XVII, 207.

HUNS (les). Leur invasion est annoncée dans l'empire romain par un tremblement de terre, V, 80. — Leur origine, *ibid.* — Leurs mœurs, VI, 6. — Leur caractère, 7. — Avaient soif de l'or, 12. — N'avaient pas de religion, *ibid.*

HURON (le lac). Sa description, XII, 50.

HURONNE (la nation) était l'alliée des Français au Canada, XVI, 206.

HURONS (les). Leur caractère et leurs mœurs, XVI, 206. — Leur gouvernement, XII, 250. — Influence des femmes sur eux, 251.

HYMNES des Francs ou des Druides. Ce que c'est, XIX, 153. — Chrétiennes. *Voir* Fortunat, Te Deum.

HYPATIA était fille de Théon le géomètre, V, 121. — Son histoire, *ibid.*

HYPPARQUE a annoncé l'existence d'une grande terre qui devait joindre l'Inde à l'Afrique, XII, *Préf.*, 6. — A émis l'opinion que le monde avait 252 mille stades de circonférence, *Préf.*, 8.

HYPPOCRATE a visité les peu-

ples de la Scythie, XII, *Préf.*, 5.
HYPSURANIUS a bâti les premières huttes, XIV, 161. — Est le fondateur de Tyr, II, 225.

I.

IBÉRIE (l') ou l'ancienne Espagne. Ses premiers habitants. Ses beaux souvenirs, XVIII, 153, 157, 198.

IBÉRIENS (les). *Voir* ESPAGNOLS.

IBRAHIM. Son éducation, IX, *Préf.*, 55.

ICONOCLASTES ou BRISEURS D'IMAGES. Leur guerre contre les images pieuses, XV, 215.

IDACE doit être compulsé pour l'exactitude des détails sur les Suèves et les Goths, IV, *Préf.*, 16. — Sa chronique a été consultée par l'auteur pour la peinture des mœurs des Francs et des Gaulois, XIX, 10.

IDÉES. Théorie de M. de Bonald à ce sujet, VIII, 113, 115

IDOLATRIE. Son origine, VIII, 171. — Tableau de (l'), V, 292, 320, 325. — Chez les Barbares, VI, 30. — Sentiment de M. Vico à ce sujet, 49. *Voir* aussi Ballanche. — Fureurs de l'idolâtrie contre les chrétiens. *Voir* Païens, Persécutions; Martyrs. — Ruines des temples des faux dieux. *Voir* Sérapis, Adonis. *Voir* Sacrifices, Idoles, Oracles. — Des diverses époques. *Voir* Égypte, Rome, Inde, Initiations, Superstitions.

IÉNA (ville d') est célèbre par son université, XVII, 38.

IGNACE (saint). Son exhortation aux Magnésiens, XVI, 121.

ILDÉRIC, roi des Vandales, succède à Transamon, X, 148. — Est jeté dans un cachot par Gelimer, *ibid*.

ILIADE. Mise en parallèle avec la Jérusalem délivrée, XV, 49 et suiv.

ILISSUS (l'), fleuve, IX, 147.

LILLE (Alain de). *Voir* Alain.

ILLIBÉRIE (ville d'). Ses ruines sont près de Grenade, XVIII, 214.

IMAGES SAINTES. Ce qu'en disent les pères, XV, 214. — Leur destruction par les Iconoclastes. *Voir* ce nom. — Des ancêtres portées aux funérailles, XIX, 175, 324.

IMITATION DE JÉSUS-CHRIST. Ce qu'en dit l'auteur, XV, 311.

IMMOLATIONS chez les païens, V, 28. — Leur origine est chrétienne, 29. *Voir* la note.

IMMORTALITÉ. *Voir* Homme et Ame.

INCARNATION (mystère de l'). *Voir* Mystères.

INCRÉDULITÉ, cause principale de la décadence du goût dans notre siècle, XVI, 3. — Cause de l'infériorité de notre siècle, 6

INDE (l'). Sa langue primitive est la source de toutes celles de l'Orient, II, 16. — Son commerce avec l'Égypte, XII, *Préf.*, 5. — Ses collèges sacerdotaux ont tenu la haute science captive, V, 323. — A reçu l'évangile par saint Barthélemy. *Voir* ce nom. — Ses livres sacrés mentionnent le *Verbe* et la *Trinité*, V, 30. — État actuel de ses villes, XII, *Préf.*, 55. — Ses provinces sont sous le joug d'une douzaine de marchands anglais, 36. — Commence l'année à la première lune de mars, XV, 112. — Est encore aujourd'hui astronome et pastorale, 126.

INDES (les). *Voyez* l'INDE.

INDIENS (les). Leur chronologie est ridicule, XIV, 130. — Leur philosophie, II, 231. — Leurs traditions à l'égard du déluge, 18. — Sur l'unité de Dieu, XIV, 281. — Et sur toute l'histoire de la Genèse, 284. — Connaissaient la Trinité, 17. — Leurs lois morales, 83. — Ce qu'ils étaient, XII, 267. — Leur gouvernement actuel, 271. — Leur état social, 272.

INDIENS du Nouveau-Monde. Zèle des Dominicains pour les arracher à la servitude espagnole, XVII, 97 à 117. *Voir* Las-Casas.

INFANTERIE. Son organisation par François Ier. *Voir* ce nom.

INGELHEM. Beautés de son palais, VI, 249.

INITIATIONS (des). *Voir* Mystères d'Isis, Eleusis. — Leur origine, V, 323. — Détails d'une initiation pour Julien l'Apostat, V, 22. — Autre plus ridicule, 328.

INNOCENT XI, pape, a défendu aux femmes de paraître sur le théâtre, XXVII, 103.

INNOCENT XII renvoie les comédiens français à l'archevêque de Paris, pour décider de leur sort spirituel, XXVII, 103.

INNOCENTS (cimetière des Saints) et sa tour, cités, XX, 234.

INQUISITION en France, VI, 176.

INSCRIPTIONS ANCIENNES, qui prouvent les persécutions exercées contre les chrétiens, XVI, 302. — *Voir* Fourmont. Ce qu'elles nous apprennent toutes, XIII, 24, 95.

INSCRIPTIONS RIDICULES. De la colonne de Dioclétien, restaurée par l'auteur, VIII, 269.

INSTINCT de la patrie. *Voir* Amour de la patrie.

INSTINCT des animaux. *Voir* Animaux.

INSTITUTIONS PRIMITIVES. Leurs destructions sont irréparables et doivent exciter tous nos regrets, VIII, 312. *Voir* encore Éducation.

INSTRUCTIONS CHRÉTIENNES de saint Louis et de Louis XIV à leurs fils, VIII, 224.

INSTRUCTION PUBLIQUE. Fondations pour l'instruction publique dues au christianisme, XVII, 21. — Universités, *ibid*. — Utilité des jésuites, 24. — Leur destruction nuisible à l'instruction, 26.

INSTRUMENTS de supplices des martyrs, cités, XX, 348.

INTERVENTION POLITIQUE. Quand permise, IX, *Préf*., 3.

INTESTATS ou DÉCONFÉS. Ce que c'était, VI, 238.

INVALIDES. L'origine d'un hôpital de ce nom est due aux Bénédictins, XVII, 124.

INVENTIONS modernes et découvertes dues aux moines, XVII, 28.

INVESTITURE des fiefs. Sa forme, VI, 229.

INVESTITURE (l'). Ce que c'était et comment elle se faisait, VI, 229.

IPHIGÉNIE, citée comme modèle de piété filiale, XV, 35.

IRÈNE est une des Heures des anciens, XIX, 39.

IRÉNÉE (saint), évêque de Lyon, XVI, 122. — Ses ouvrages développent des faits curieux et sont des témoignages formels de la justesse de la tradition, IV, 209. — A subi le martyre sous Sévère, 211.

IRLANDE (l') possédait des universités avant le quinzième siècle, VI, 255. — Est traitée en pays conquis par le Protecteur, XIII, 273. — Description de ce pays. *Voir* Giraud. — Massacre dans ce pays par les Anglais, XVII, 118. — Lois tyranniques que lui impose l'Angleterre, 122.

IROQUOIS (les) ou les *six nations* ou *Agannousioui*, forment une des colonies des Hurons, XII, 251. — Sont une nation agricole, *ibid*. — Leur gouvernement, 252;

XVI, 206. — Leur caractère, *ibid.* — Leurs mœurs, XII, 257. — Leurs usages, 258.

IROQUOISE (la nation), ennemie des Français, XVI, 205.

ISABEAU, fille d'Étienne, duc de Bavière, épouse Charles VI, roi de France, VII, 123. — Sa cour d'amour, 127. — Est investie de la tutelle de ses enfants lors de la maladie du roi. 229. — Sous son règne la dépravation des mœurs était à son comble, XXVIII, 51.

ISABELLE DE FRANCE accompagne saint Louis à la Terre-Sainte, XI, 107.

ISABELLE D'ARAGON, reine de France et femme de Philippe le Hardi. Son tombeau à Saint-Denis, XVI, 279.

ISABELLE DE BAVIÈRE. *Voir* ISABEAU.

ISAIE (le prophète). En quoi supérieur à Homère, XV, 190, 193. — Comment il peint le bonheur du ciel, 333.

ISAURES (les) dévastent l'Asie sous le règne de Constantin II et Constance, IV, 329.

ISIDORE DE CHARAX, cité, XII, *Préf.*, 7.

ISIDORE DE GAZA. Son histoire, V, 154.

ISIDORE DE SÉVILLE est préférable à Idace pour la peinture des mœurs des Suèves et des Goths, IV, *Préf.*, 17. — Son histoire des Goths, des Vandales et Suèves; ses Étymologies et autres ouvrages cités, *ibid.*

ISIS. Son temple, cité, XX, 234.

ISSUS (fleuve célèbre) visité par l'auteur, IX, 151.

ITALIE (l'). Était, au moyen-âge, couverte de républiques, XXVII, 62. — Était dès lors catholique, *ibid.* — Avait des universités, avant le quinzième siècle, VI, 255. — Les comédiens, dans quelques parties de ses états, ne sont point excommuniés, XXVII, 103. — Ses historiens, VIII, 252. — Ses catacombes, XVI, 104. — Ce qu'elle doit aux congrégations religieuses, XVII, 38.

ITINÉRAIRE d'Antonin, cité, IX, *Préf.*, 135; XII, *Préf.*, 13. — De Bordeaux à Jérusalem en latin, cité, IX, *Préf.*, 87. — Recherches sur son auteur, *Préf.*, 135. — Autres auteurs cités, *Préf.*, 136. — *Voir* aussi Égésippe, Eudoxe, Jérôme.

J.

JACOB a été un des premiers voyageurs de l'antiquité, VIII, 77.

JACOBINS (les). Nom d'une des factions de la révolution de 93, II, 54, 59, 61.

JACQUERIE (la). Ce que c'est, VII, 111.

JACQUES Ier, roi d'Angleterre, né en 1603, XIII, 155. — Son *Basilicon doron*, 156.

JACQUES II, roi d'Angleterre. Son caractère, XIII, 306. — Sa conduite est difficile à expliquer, 309 et suiv.

JACQUES CLÉMENT, assassin de Henri III, VII, 266. — Son crime a été préconisé avant d'être commis, XXVI, 95.

JAFA (ville de). Son aspect, X, 74. — Dissertation sur son antiquité, 82. — Son histoire, 83.

JANIN (Jules). Sa défense du génie du Christianisme, XIV, 233. — Morceau très remarquable présentant à grands traits l'histoire du Christianisme, *ibid.* — Lettres sur les poésies de l'auteur, XXIV, 249, 297. — Et ce qu'il y dit de Versailles. *Voir* ce mot. — Beau portrait de Bossuet, XIV, 337.

JAPHET peut être considéré comme le père des peuples militaires, XII, *Préf.*, 3.

JAPON (le) a été reconnu par les Portugais, XII, *Préf.*, 28.

JARNAC (bataille de) est gagnée par les catholiques sur les protestants, VII, 205.

JARRETIÈRE (ordre de la), cité, VI, 331. — Préoccupait beaucoup Cromwell, 332.

JASON (saint), apôtre de Corfou, IX, 13.

JEAN (saint) l'évangéliste. Beauté du début de son évangile, V, 32.

JEAN-CHRYSOSTOME (saint). Sa vie, V, 265 et suiv. — Comment il prend sa défense contre ses ennemis, XV, 345.

JEAN-SANS-TERRE, roi d'Angleterre, est cité à la cour des pairs de France pour le meurtre d'Arthur, VI, 172. — Accorde à l'Angleterre sa grande charte. *Voir* Charte.

JEAN Ier, roi de France, fils de Louis X. Son règne, VII, 101.

JEAN II, roi de France, fils de Philippe VI. Son éducation, VII, 62. — Aimait les lettres, *ibid.* — A donné les premières traductions de Tite-Live, de Lucain, de Salluste, et celle des Commentaires de César, *ibid.* — Son caractère, *ibid.* — Perd la bataille de Poitiers et est fait prisonnier, 93. — Revient en France après quatre années de captivité, 115. — Son opinion sur les juges de son temps, XXIX, 324. — Meurt, VII, 117. — Ses funérailles remarquables à Londres et son corps rapporté à Paris, *ibid.* — Son tombeau retrouvé à Saint-Denis et objets qu'il renfermait, XVI, 298.

JEAN, fils de Jean II, à la bataille de Poitiers, VII, 78.

JEAN, duc de Bourgogne, VII, 127 et suiv. — Meurt assassiné, VII, 134.

JEAN V, comte d'Armagnac, épouse publiquement sa sœur, VI, 269.

JEAN (sire). Surnommé *le grand seigneur de Thèbes*, comme insigne de son caractère despotique, IX, *Préf.*, 107. — Fait épouser à son frère la fille de Jean, bâtard du despote d'Occident, *ibid.* — Sa mort, *ibid.*

JEAN (l'orateur), historien ecclésiastique du siècle de Théodose II, V, 199.

JEAN DE BELAI vivait sous François Ier et Charles IX, etc., VII, 196.

JEAN ou JEHAN DE MEUNG, célèbre chroniqueur. *Voir* Meung.

JEANNE, fille de Louis le Hutin, hérite de la Navarre, qu'elle porte dans la maison d'Evreux, V, 203. — Son tombeau à Saint-Denis, XVI, 280.

JEANNE, comtesse de Bourgogne, femme de Philippe le Long, V, 196.

JEANNE, fille de Charles VII, VII, 140.

JEANNE D'ÉVREUX, troisième femme de Charles IV, roi de France, VI, 213.

JEANNE D'ARC. Son histoire, VII, 136. — Sa mort, 138. — M. de Barente l'a vengée admirablement, VIII, 349. — Voltaire s'est déshonoré par son poème de la Pucelle, VII, 139. — Opinion de l'auteur sur l'ouvrage de Voltaire, 364.

JEFFRIES. Son caractère, XIII, 307.

JÉRÉMIE. Ce qu'il dit de Jérusalem, X, 293. — Beautés de ses lamentations, XV, 173.

JÉRÉMIE (vallée de). Sa description, X, 95 et suiv.

JÉRÉMIE (village de). Est occupé par la tribu la plus puissante des Arabes de la Judée, X, 96.

JÉRÔME (saint). Son origine et son caractère, V, 271. — Son démêlé avec saint Augustin, 270. — Sa description des Lieux Saints,

IX, *Préf.*, 133.— Sa vie de saint Hilarion, XIX, 8. — Son style, XV, 307.

JERSON, savant cité, VI, 257.

JÉRUSALEM. Ancien itinéraire de cette ville, par un anonyme, X, 280.—Examen des divers historiens et chronologistes de cette ville, IX, *Préf.*, 131, 135, 138 et suiv.— Ce qu'en dit Jérémie. *Voir* ce nom.—Son histoire, IX, *Préf.*, 127; X, 147.— Sa description, X, 211.—Ses monuments sacrés, 152. — Son temple, 234. — Sa destruction, IV, 74. — Sa reconstruction, IX, *Préf.*, 127. —Effet que produit la vue de cette ville, VIII, 272, 274.— Son gouvernement actuel, 27.

JÉRUSALEM (royaume de) a été possédé par des princes français pendant 88 ans, XXV, 15. — Tableau de ce royaume et de ses princes, X, 199, 321.

JÉRUSALEM DÉLIVRÉE. Examen de ce poëme célèbre, XIV, 246. *Voir* Tasse.

JÉSUITES (ordre célèbre des). Ce que leur doit la science, XVI, 162, 170, 173. — On leur doit la collection des hagiographes, IV, *Préf.*, 19.—Degrés de leur ordre, XVII, 25.— Qualités qu'on exigeait de ceux qu'on destinait aux missions, XVI, 161.— Services qu'ils ont rendus dans le Levant et la Chine, 163.—De la république chrétienne qu'ils avaient fondée au Paraguay, 184.— Leurs succès dans l'instruction publique, XVII, 25. — Leur ruine lui a été funeste, 26. — Nom des plus célèbres, 27. — Leur éloge par Montesquieu, *ibid.* — Par Voltaire, XVI, 172. — *Voir* Paraguay et Instruction publique.

JÉSUS-CHRIST. Son histoire, V, 224. — Auteurs qui ont écrit sa vie, VIII, 183.— A été pauvre comme ses apôtres, III, 189.— Institue l'Eucharistie, pourquoi ? XVI, 61.—Consacre par le mariage la figure de son union avec l'Église, XIV, 62. — Consolait les affligés en leur promettant un asile dans le royaume de son père, III, 189. — Accomplit à Jérusalem les mystères de la Passion, IX, *Préf.*, 127. — Est couronné d'épines, revêtu d'une casaque rouge, et présenté aux Juifs par Pilate, X, 169. — Salue sa mère en allant au supplice, 170. — Est assisté dans sa marche par Simon le Cyrénéen, 171. — Dit aux femmes de Jérusalem de pleurer sur elles et sur leurs enfants, 172. — Place de la Véronique, *ibid.* — Meurt, VIII, *Préf.*, 127. — Son crucifiement est attesté dans les actes de Pilate, *ibid.* — Est inhumé dans un jardin près du Calvaire, *ibid.* — Ressuscite, 128. — Son ascension, X, 186.—Mœurs de l'époque où il a vécu, XIV, 54.—Son caractère, XVI, 118. *Voir* Messie.

JEUNESSE (la) des temps modernes. Pourquoi malheureuse, VIII, 136, 199.

JEUX à Rome. Leurs fureurs. *Voir* Cirque, Gladiateurs, Combats de bêtes, Martyrs.

JEUX FLORAUX. Leur origine, VI, 211.

JEUX SÉCULAIRES. Ce que c'était, IV, 245.

JEUX usités au moyen-âge, VI, 286.

JOB. Caractère de son livre, XV, 173. — Sa supériorité sur Homère, 191. — Sa description du cheval, X, 142.

JODELLE (Étienne) vivait sous François II, Charles IX, etc., VII, 196.

JOHNSON (le docteur). Ce qu'il dit des nuits d'Young, VIII, 36.

JOINVILLE (le sire de). Historien et guerrier, XII, *Préf.*, 14.— Texte de cet écrivain sur la captivité de saint Louis, X, 319. — Sur la manière dont il rendait la justice, XIX, 331.

JORE (village de). Ses cabanes pittoresques, XVIII, 42.

JORNANDES. Ce qu'il dit des Goths, VI, 45. — A consigné dans son histoire des faits curieux sur les contrées du nord et de l'est XII, *Préf.*, 11. — Fragments de cet auteur, IV, 249, 251, 252; VI, 44, 45, 50, 51.

JOSAPHAT a achevé de décrire l'Asie; XII, *Préf.*, 19.

JOSAPHAT (vallée de). Son histoire et sa description, X, 178.

JOSEPH, fils de Jacob. Merveilleux de son histoire, XV, 196.

JOSEPH (le père) s'est avancé jusqu'au lac Nipissing, VIII, 77.

JOSEPH (Flavius), célèbre historien. Sa narration des malheurs de Jérusalem, X, 314.

JOUFFROY (M.) Ses *Esquisses de philosophie morale de Dugald-Stwart*; IV, *Préf.*, 53.

JOURDAIN (le). Aspect de la vallée où coule ce fleuve, X, 122. — Ses divers noms, 135. — Dissertation à ce sujet, *ibid.*

JOURGNIAC DE SAINT-MÉARD (M.). Relation de son agonie dans la prison de l'Abbaye, XXVIII, 293.

JOURNAUX. Jugés par l'auteur, XXIX, 96.

JOUVENCY (le père), jésuite, expliquait l'antiquité dans les collèges du temps de Fénélon, VIII, 125. — A laissé un nom estimé dans les lettres, XVII, 27.

JOVIEN, empereur, V, 66. — Sa mort, 70. — Sa femme qui venait à sa rencontre ne trouve que son convoi; *ibid.*

JOVINIEN, a attaqué, au quatrième siècle, la discipline de l'Église et le culte de la Vierge, V, 282.

JUBA. Ses commentaires sur l'Afrique, XII, *Préf.*, 5.

JUBILÉS (les) des chrétiens remplacent les jeux séculaires de Rome, IV, 245; XVI, 35.

JUDÉE (la). Sa fertilité, XX, 327.

JUGEMENT DERNIER. Considérations morales sur cet événement terrible, XIV, 236. — Ses suites heureuses et malheureuses, *ibid.*, 233, 240. — Tableau du jugement dernier qui convertit un roi des Bulgares. *Voir* Bogoris.

JUIFS, (les). Leurs traditions à l'égard du déluge, II, 18. — Leur philosophie, 232. — Leur dieu, III, 187. — Leur dispersion est un miracle permanent, VII, 274; — Leur situation dans la Palestine, X, 298.

JULIEN, empereur romain, IV, 346 et suiv. — Son portrait par Grégoire de Nazianze, V, 3. — Son portrait par lui-même, 4. — Son caractère, ses talents et ses vertus, 6. — Son *Misopogon*, 9. — Ses *Césars*, *ibid.* — Ses lettres, 14. — Sa lettre à un ami pour lui offrir un domaine, *ibid.* — Ses discours, 16. — Son antipathie pour le christianisme, 18. — Veut se faire moine, 20. — Croyait aux démons, aux génies, 21. — Exemple de sa crédulité, 22. — Était versé dans la théurgie et les deux *divinations*, *ibid.* — Était platonicien par l'esprit, stoïcien par le caractère, et cynique par quelques habitudes extérieures, 23. — Son édit de tolérance universelle, 36. — Sa divinité favorite, 38. — Établit des monastères et des hôpitaux, à l'imitation des chrétiens, 40. — Résout de rebâtir le temple de Jérusalem et ne peut y parvenir, 44. — Se contredit en défendant aux chrétiens d'étudier les sciences profanes, 45. — Ses persécutions contre les chrétiens, 48. — Analyse de son ouvrage contre les chrétiens, *ibid.* — S'est déshonoré par sa cérémonie du taurobole. *Voir* ce mot.

JUNIA, première chrétienne de Rome, IV, 171.

JUPITER. Ce qu'en disent les mythologies grecques, XIX, 29, 230, 243, 254.

JURISCONSULTES célèbres de

Rome et leurs travaux, IV, 224, 226.

JUSTES (les). Leur bonheur éternel, XIV, 240; XIX, 69, 70, 71. — Et les notes, 262 et suiv.

JUSTICE (de la) au moyen-âge, VI, 235-239. — Ses diverses juridictions; établissements de saint Louis à ce sujet. *Voir* ce mot.

JUSTICES ROYALES, VI, 239. — Hautes et basses justices, leur nombre, 279.

JUSTIN (saint). Sa première apologie du christianisme, sous le règne d'Antonin, IV, 197. — Son admirable description de la vie des fidèles, XIV, 50. — Son style simple; fragment, XVII, 17.

JUSTIN a conduit l'histoire jusqu'aux auteurs chrétiens, XV, 28.

JUSTINIEN, empereur, fait fermer les écoles d'Athènes, V, 155.

JUVENAL (Jean). Des Ursins, cité, VI, 257.

JUVÉNALES (les), fêtes de Rome. Leur auteur, XVII, 74.

K.

KADLUBECK, évêque de Cracovie, historien polonais, IV, *Préf.*, 12.

KARLOMAN. *Voir* CARLOMAN.

KARIBERT. *Voir* CARIBERT.

KARLE. *Voir* CHARLES.

KENSINGTON. Son portrait de Henriette, femme de Charles Ier, XIII, 171.

KENTUCKI (le). Ses villes, XII, 280.

KEPLER a déterminé la forme des orbites planétaires, XV, 127.

KHILDEBERT. *Voir* CHILDEBERT.

KHILDERIC Ier. *Voir* CHILDERIC Ier.

KHILPERIC. *Voir* CHILPERIC.

KHLODOALD. *Voir* CLODOALD.

KHLODION ou KHLOGION. *Voir* CLODION LE CHEVELU.

KHLODOMIR. *Voir* CLODOMIR.

KHLOTHER. *Voir* CLOTAIRE.

KHLOTHILDE ou KHROTECHILDE. *Voir* CLOTILDE.

KHLOVIGH. *Voir* CLOVIS.

KIOW (ville de) était l'ancienne capitale de la Russie, XII, *Préf.*, 9.

KLOPSTOCK, poète épique allemand, II, 243. — A pris le merveilleux du christianisme pour sujet de son poème de *la Messiade*, XIV, 263. — A mis trop de fécondité dans la peinture du paradis, XV, 163. — A mis en action, dans ses poèmes, les anges, les saints, le paradis et l'enfer, XXI, 179.

KHOL. Son ouvrage est bon à consulter sur les historiens et la littérature slavo-russe, IV, *Préf.*, 7.

KREESHNA - DIOYPAYEN-VEIAS est auteur du poème épique le *Mahabarat*, II, 241.

KUBLAI-KAN a envahi la Chine et une partie de l'Inde, XII, *Préf.*, 17.

KURECHANE, ville d'Afrique très peuplée, XII, *Préf.*, 37.

L.

LABARUM (le), célèbre étendard chrétien, cité, IV, 300.

LABAT. Ses œuvres sont une source intarissable pour les historiens modernes, IV, *Préf.*, 18.

LABBE (le père), jésuite. Ce qu'il a fait pour la collection de la Bysantine, IV, *Préf.*, 19.

LABORDE (Alexandre de). Examen de son voyage pittoresque et historique de l'Espagne, VIII, 251. — Ses deux frères ont péri dans le voyage de Lapérouse, 270.

LABRADOR (le). Reçoit son nom de Cotréal, XII, *Préf.*, 34.

LA BRUYÈRE est un des plus célèbres écrivains du siècle de Louis XIV, XV, 259, 261. — Dissertation sur son génie, *ibid.* — Est compté parmi les philosophes, *ibid.* — Son opinion sur la religion, *ibid.* — Son opinion sur le premier concile, XVI, 126.

LACÉDÉMONE. Ce qui en reste, IX, 74, 78. — Origine de sa législation, II, 80.

LACONIE (vallée de la). Ce qu'en dit l'auteur, XX, 110, 311.

LACRETELLE (M.) a tracé l'histoire de nos jours avec raison, clarté et énergie, IV, *Préf.*, 46. — Ce qu'il a fait pour les Hellènes, VIII, *Préf.*, 27.

LACTANCE. Sa défense du christianisme, XV, 3. — Ses *Institutions*, XIX, 5. — A été surnommé le *Cicéron chrétien*, XV, 310. — Extrait de cet auteur (*de morte persecut.*), XX, 353.

LADON. Fleuve célèbre cité, XIX, 244.

LA FONTAINE (de). Son penchant pour les jésuites, VIII, 124.

LAFOREST (Pierre de), chancelier de France sous le roi Jean, VII, 67.

LAHARPE (de). Ce qu'il dit des poèmes en prose, XIX, 16. — Son opinion sur le merveilleux de la religion, XXI, 182. — Son épopée chrétienne, *ibid.* — Son jugement sur le Génie du christianisme, XVII, 173. — Son courage pendant sa maladie, XXV, 296. — Ses paroles à M. de Fontanes, *ibid.* — Sa mort chrétienne, *ibid.*; VIII, 154. — Ses obsèques, XXV, 296. — Son éloge, par M. de Fontanes, 299.

LALLOUETTE (Guillaume) est un des héros de la Jacquerie, VII, 112.

LAMARTINE (de). Son voyage d'Orient mis en parallèle avec l'itinéraire de Paris à Jérusalem, IX, 207, 219.

LAMENNAIS (l'abbé de), cité sur son système philosophique et politique, IV, *Préf.*, 94.

LAMENTATIONS DE JÉRÉMIE. Leur beauté poétique, XX, 193, 340. — Leur chant pathétique et son origine, 341.

LAMI, savant Bénédictin cité, XVII, 24.

LAMOIGNON (les). Leur éloge, VII, 289.

LAMOIGNON (le président). Son éloge, VII, 2; XXVI, 162.

LAMPE PERPÉTUELLE, inventée par l'empereur Théodose, V, 178.

LANCASTRE (le duc de) descend en Normandie avec une armée formidable, pour appuyer les prétentions d'Édouard III à la couronne de France, VII, 72.

LANCASTRE (Thomas de), oncle d'Édouard II, est décapité, VI, 211.

LANCASTRE (détroit de) a été visité par le capitaine Parry, XII, *Préf.*, 48.

LANCELOT. Document précieux de cet écrivain sur le testament du moine Abbon, cité, VI, 140.

LANDE (la) était une colonie de Fontevrault, XVII, 37.

LANGUE ANGLAISE. Son origine latine, XXXIII, 25.

LANGUE FRANÇAISE. Époque où elle se perfectionne définitivement, VII, 172.

LANGUE LATINE. Nom des peuples qui s'en servaient, V, 291. — Son histoire depuis la chute de l'empire romain, XXXIII, 19.

LANGUE ROMANE, XXXIII, 25.

LANGUES. Ce que prouve leur formation, XIV, 119. — Leur mécanisme, 120 et suiv.

LANGUES des peuples barbares. Fragments, VI, 25, 30, 31, 32, 341.

LANGUE DES VICTIMES. Usage des sacrifices antiques à ce sujet, XIX, 44, 242.

LANGUEDOC (le). Ce qu'il était sous les rois de la première race, VI, 105.

LANTERNE DE DIOGÈNE. Ce que c'est, XVI, 326.

LAPÉROUSE. Ses voyages, XII, Préf., 34.

LAREVEILLÈRE LEPEAUX est le fondateur de la théophilanthropie, XXIX, 44.

LA PORTE DU THEIL (de). *Diplomata, Chartæ, Epistolæ et alia documenta ad res francicas spectantia,* IV, Préf., 27.

LAROCHEFOUCAULD (le duc de). Son éloge, XXVII, 253.

LAROCHEJACQUELEIN (Henri de). Bat Quétineau, XXV, 227. — Se réunit aux autres chefs, ibid. — Gravit les murs de Thouars, ibid. — Entre dans Saumur, 230. — Blessé à Chollet, 236. — Élu généralissime, 237. — Ses talents, 238. — Son cri de guerre, 255. — Sa mort, 245.

L'ARUE (le père), jésuite. Son éloge, XVII, 28.

LAS-CASAS. Ce qu'il a fait pour les Indiens, XII, 11. — Détails de l'écrivain Robertson à ce sujet, 97.

LAS-CASES (M. de). Doit être cru lorsqu'il parle du prisonnier de Sainte-Hélène, IV, Préf., 61.

LATIN (le). Source des langues d'une partie de l'Europe. *Voir* Langues.

LATOUCHE (M.). Son tableau sur une scène de la révolution, IV, Préf., 64.

LATRAN. Palais des Césars, devient une basilique chrétienne, IV, 311.

LAUSENBERG. Son jugement sur la Grèce et sur Athènes, IX, Préf., 144.

LAUTREC. Réponse de sa sœur à celui qui lui redemandait les gages de tendresse qu'elle avait reçus de François Ier, VIII, 226.

LAUTREC (Thomas de), XVIII, 182 et suiv.

LAW. Conséquence de son système sur les finances, XXXI, 33.

LAZARE, moine et peintre, a été martyr de son art, XV, 225.

LEBEAU, professeur à l'université de Paris, XVII, 23.

LEBON (Joseph). Ce qu'il était, XXX, 19.

LEBRUN. Son dessin du tombeau de Richelieu et de celui de Colbert, XV, 220.

LECLERC a donné un abrégé des vingt volumes de l'édition de Londres de Rymer, IV, Préf., 14.

LECOINTE (le père). Son ouvrage intitulé *Annales ecclesiastici Francorum,* cité. *Voir* L'oriot.

LECOMTE, savant jésuite, cité, XVII, 27.

LE-CORNU (Robert) a été l'inventeur des souliers à la poulaine, VI, 284. *Voir* Souliers à la Poulaine.

L'EDDA (l'aïeule) a recueilli la mythologie scandinave, VI, 16.

LÉGENDE DORÉE. *Voir* Voragine ou Jacques de Voragine. — Reproduite par les Bollandistes, VI, 294. — Recherches sur les légendes des moines et des Trouvères, XXXIII, 79. — De Saint-Bradan. *Voir* ce nom.—Du comte Guallève, martyr et décapité, 97. *Voir* aussi Ponce de Saint-Barthélemy; Saint-Déicole, VI, 294.

LEGENDRE (l'abbé). Son histoire de France, IV, *Préf.*, 33. — On y trouve la peinture des mœurs et des coutumes, *ibid.*

LAGERBRING a composé deux volumes in-folio, contenant des matériaux historiques et législatifs sur la Suède, IV, *Préf.*, 13.

LEGES BARBARORUM. Leur collection est due au poète Canciani, XIX, 161.

LÉGION FULMINANTE, IV, 201.—Thébéenne, 292, 325; XIX, 175.

LÉGIONS. Leur force sous Auguste, IV, 158. — Leur indiscipline perd l'empire, 284. — Leur ancienne composition et leurs chefs, XIX, 302. — Leur ordre de bataille, *ibid.* — Leurs camps, *ibid.* — Leurs armes, *ibid.*—Légion chrétienne, citée.

LÉGISLATION ANTIQUE. *Voir* Pandectes; Lacédémone, Athènes, Égypte, Rome. — De Moïse, est un chef-d'œuvre dont l'ouvrage de M. de Pastoret a très savamment développé la majesté. *Voir*, Moïse.—Des Barbares. *Voir Leges barbarorum.* — Du moyen-âge. *Voir* Capitulaires, Etablissements de saint Louis.—Législation primitive. *Voir* Bonald. — Dépôt de la législation française. Note sur cette collection, VI, 21. — *Voir* encore Lois.

LEIBNITZ. Son système, III, 140. — Est auteur du *Calcul différentiel*, *ibid.* — A défendu les principaux dogmes de la foi, XVII, 152.—Son travail pour la mythologie des Slaves et des Germains, IV, *Préf.*, 12.—Sa *Théodicée*, XV, 258. — Son mémoire sur la conquête de l'Égypte et les vraies limites de la France, IV, *Préf.*, 116; VII, 330.

LEIPSICK (ville de). Son université, XVII, 23.

LE-LABOUREUR (Jean). Éloge de son style, IV, *Préf.*, 32. — A redressé la plupart des erreurs de Mézerai, *ibid.*

LE-LONG (Jacques). Sa *Bibliothèque historique de la France*, IV, *Préf.*, 19.

LEMAIRE a doublé la pointe méridionale de l'Amérique, XII, *Préf.*, 30. — A fixé au S.-E. les limites de l'Amérique septentrionale, *Préf.*, *ibid.*

LEMOINE (le père). Son poème intitulé: *Saint Louis*, XV, 259.

LÉMONTEY (M.) a décrit le règne de Louis XIV, IV, *Préf.*, 56.

LENORMANT (M.). Son ouvrage sur la religion arcadienne, IV, *Préf.*, 64.

LÉON (saint) dit *le Grand*, arrête Attila devant Rome, par l'ascendant de son éloquence, V, 318.

LÉON Ier, dit *le Grand*, empereur d'Orient, V, 213.

LÉON III. Ce qu'il a fait lui-même pour l'établissement de l'art musical, XV, 213.

LÉON X, pape. Tableau du siècle qui porte son nom, par Barthélemy, XVII, 29.

LÉON-ISAURIEN a donné naissance à la secte des iconoclastes, au huitième siècle, V, 283.

LÉON le *Boucher* ou de *Thrace*. *Voir* LÉON Ier, dit *le Grand*, empereur d'Orient.

LÉONARD DE VINCI. Célèbre peintre. Sa mort entre les bras de François Ier, VII, 177. — *Voir* la note.

LÉONIDAS, roi de Lacédémone, III; 83 et suiv. — Son tombeau recherché par l'auteur, XX, 127, 316.

LÉPANTE (bataille de), VII, 205.

LEPTIS (ville). Souvenirs historiques qui s'y rattachent, XX, 272.

LEROI a fait le premier voyage pittoresque en Grèce, IX, *Préf.*, 123.

LESAGE. Son éloge, VI; 316.

LESCURE est délivré par les Vendéens, XXV, 227. — Sa conduite au siége de Saumur, 230. — Est blessé, *ibid.* — Nomme Cathelineau généralissime, 231. — Bat les républicains à Thouars, 233. — Est blessé à la Tremblaye, 325. — Harangue l'armée, 330. — Son caractère, 239. — Meurt, 241.

LESUEUR (célèbre peintre français). Un de ses tableaux mis en action dans les *Martyrs*, XXI, 153; cité encore, XX, 238.

LETELLIER (Charles-Maurice), archevêque de Reims, a repris, sous le patronage de Dubois, l'ouvrage de Duchesne, IV, *Préf.*, 29.

LETOURNEUR (M.) a surpassé l'auteur original dans sa traduction des *Nuits d'Young*, VIII, 35.

LETTRE de l'auteur au premier consul sur la mort du duc d'Enghien. *Voir* ce nom.

LETTRES remarquables. *Voir* Louis XVIII, Montmorin. — De l'auteur à M. Joubert, sur l'Italie, XIII, 3 et suiv. — A M. de Fontanes, sur Rome, 70. — De M. Taylor à Nodier sur Pompéi, etc., 151.

LETTRES de noblesse accordées aux bourgeois de Paris par Charles V, VI, 170. — Confirmées par Charles VI, VII, et François Ier et d'autres rois, *ibid.*

LETTRES EDIFIANTES, citées comme des monuments de la science et du goût des missionnaires, IX, 167. — Lettres écrites sur le couvent de la Trappe. *Voir* Trappe.

LETTRES COURONNÉES. Ce que c'était chez les Romains, XX, 241.

LETTRES de quelques juifs portugais, par l'abbé Guenée, XIV, 6.

LEUCATE (rocher de), cité, XVIII, 149.

LEUDES (les). Ce que c'est, VI, 222.

LEVANT. Services qu'y ont rendus les jésuites, XVI, 166 et suiv. — Missions du Levant, *ibid.* — Tableau des missions de ce pays, 326.

LEWIS (le capitaine) a bâti, avec le capitaine Clarke, un fort à l'entrée de la Colombia, XII, *Préf.*, 50.

LEYDE (la ville de), renommée pour son université, XVII, 23.

L'HOSPITAL (le chancelier de). Son beau caractère, XIII, 108.

LIBAN (le), cité, XIII, 253.

LIBANIUS était un des sophistes ennemis des chrétiens. *Voir* la Table sommaire des Martyrs.

LIBERGIER (Hugues) a fourni, avec Robert de Coucy, les plans de l'église métropolitaine et de l'Eglise Saint-Nicaise de Reims, VI, 146.

LIBERTÉ (la). Belle définition de la vraie et solide liberté, XIV, 345. — Politique détruite par le protestantisme, VII, 188.

LIBERTÉ des esclaves, est un des bienfaits du Christianisme. *Voir* Benoît d'Aniane, Esclavage.

LIBERTÉ (la) ou la licence déifiée en France, obtient une statue. Frénésie des Français à ce sujet. *Voir* Marathon et le deuxième volume de l'*Essai sur les révolutions*.

LIEF, fondateur de la colonie norvégienne du Groënland, a découvert quelques terres de l'Amérique du nord, XII, *Préf.*, 26.

LIGNY (le père). Examen de son histoire de Jésus-Christ, VIII, 174.

LIGUE (la). Son origine, VII, 214, 219, 221. — Sa procession ridicule, 228. — Contre Henri VIII. *Voir* ce nom.

LIGUGÉ (Ligugiacum) est le premier monastère fondé dans les Gaules, VI, 344.

LIMAGNE (la) est célèbre

par la beauté de ses sites et la richesse de son sol, XIII, 115. — Sa description, *ibid.*

LIMITES de l'empire Romain fixées par Auguste, IV, 157. — De la France; ouvrage de Leibnitz à ce sujet. *Voir* ce nom.

LINGARD. Son histoire d'Angleterre, IV, *Préf.*, 54.

LINNÉ, cité sur la pomme de Sodome, X, 132.

LIONS D'AFRIQUE. Défense de les détruire, V, 299. — Loi d'Adrien qui en ordonne la destruction. *Voir* ce nom.

LIONS en pierre de la porte de Mycènes, IX, 97. — Des Thermopyles, 83, à la note.

LIONS (fontaine des *Douze*) a donné son nom à l'une des cours de l'Alhambra. *Voir* ce mot.

LITANIES CHRÉTIENNES. Beauté de cette prière, XIX, 129.

LITERNE ou PATRIA. *Voir* ce dernier nom.

LITTÉRATURE ANGLAISE (Essai sur la), tomes XXXIII et XXXIV.

LITTÉRATURE ROMAINE. Première époque, deuxième époque. *Voir* Langue latine et Adrien.

LIVADIE (la), ville de la Grèce. Ses vermillons renommés, IX, *Préf.*, 30.

LO (ville de *Saint*-), V, 55.

LOBINEAU, savant Bénédictin, XVII, 24.

LOCKE. Son traité *On human understanding* est un des plus beaux monuments du génie de l'homme, III, 140. — Son éloge par Condillac, XV, 252. — Ses écrits sur la politique, 257.

LODBROG. L'auteur a donné une imitation de son poème lyrique, VI, 16?.

LOGIOUS (les) s'emparent des Gaules, avec d'autres Barbares, IV, 27. — Sont chassés par l'empereur Probus, *ibid.*

LOGOGRAPHIE. Quelle est cette science, XIV, 110.

LOI SALIQUE. Son prologue, cité, VI, 22, 36, 37. — Textes manuscrits réunis par un savant, *ibid.* à la note 2. — Sentiments des auteurs sur l'origine de son nom, XIX, 330.

LOIRET (du) de la Roque. Ce qu'il dit sur le Saint-Sépulcre, X, 151.

LOIS et JURISPRUDENCE chez les Romains, IV, 224; V, 74, 75. — Des XII Tables. *Voir* Tables.

LOIS de Constantin, empreintes de Christianisme, IV, 313. — Des Barbares : ce qu'elles étaient, VI, 37. — Loi salique, VI, 37. — Gallique, *ibid.* — Ripuaires; Fragments du texte, VI, 39 à 40, et les notes. — Au moyen-âge, sont sorties de la discipline de l'église, XVII, 49. *Voir* aussi Législation.

LOIS civiles et criminelles modernes, XVII, 49.

LOIS morales ou chrétiennes. Leur sanction et leur beauté, XIV, 72, 81.

LOMBARD (Guillaume) a publié les lois d'Alfred le Grand, roi d'Angleterre, IV, *Préf.*, 15.

LOMBARD (le père) a pénétré jusque dans les marais de la Guiane, XVI, 197.

LOMBARDS (les) étaient d'origine gothique ou devinrent Goths, IV, 250. — Se sont établis en Italie seize ans après l'extinction du royaume des Ostrogoths, VI, 100. — Leur architecture est célèbre au moyen-âge. *Voir* Architecture lombarde.

LOMBARDIE (la). Sa description, XIII, 254.

LONDRES (ville de). Ce qu'en dit Strabon, XX, 241. *Voir* Érasme.

LOGES de Raphaël au Vatican, XIII, 36.

LONG (le père Le). *Voir* Lelong.

LONGIN (le rhéteur) était conseiller de Zénobie, reine de Palmyre, IV, 270. — Est mis à mort après la prise de cette cité par Aurélien, *ibid.*

LONGPRÉ. Ce qu'il doit aux Bénédictins, XVII, 38.

LORIOT (Julien). Sa continuation de l'ouvrage de Charles Leconte, intitulé *Annales ecclesiastici Francorum*, IV, *Préf.*, 19.

LORRAINE (le duc de) vient au secours de Philippe IV, contre l'invasion d'Édouard III, VII, 14.

LORRAINE (le cardinal de). Sous François II, VII, 197.—Avait des liaisons intimes avec Catherine de Médicis, *ibid.*

LORRAINE (royaume de) était un démembrement de l'empire de Charlemagne, VI, 131.

LOTHAIRE, empereur d'Occident, VI, 119.

LOTHAIRE, fils de Louis d'Outre-Mer, VI, 123.

LOTHER. *Voir* LOTHAIRE.

LOTOPHAGES (pays des). Ce qu'en dit l'auteur, XX, 49, 271.

LOUIS LE DÉBONNAIRE. Son règne, VI, 118 et suiv.

LOUIS II, le Bègue, roi de France, VI, 121.

LOUIS IV, d'Outre-Mer, fils de Charles le Simple, roi de France, VI, 123.

LOUIS V, roi de France, est dernier roi de la race carlovingienne, VI, 124.

LOUIS VI, dit le Gros, VI, 166. — A donné des chartes de liberté à sept ou huit communes, 168. — Son tombeau à Saint-Denis, XVI, 279.

LOUIS VII, roi de France, VI, 171. —Tombeau de sa femme à Saint-Denis, XVI, 279.

LOUIS VIII, roi de France. Son caractère, V, 177. — Ouverture de son tombeau et ce qu'on y trouve, XVI, 292, 293.

LOUIS IX, roi de France, VI, 178. — Sa minorité a été romanesque et orageuse, *ibid.* — A su résister aux usurpations de la cour de Rome, *ibid.* — Ses *Etablissements* sont une compilation de diverses lois et coutumes, *ibid.* — Ses instructions au prince son fils, 177. — Sa mort; 180. — Ses funérailles, XXVII, 91.

LOUIS X, le Hutin, roi de France, VI, 195. — Son tombeau à Saint-Denis et celui de sa fille, XVI, 280.—Tombeau de sa femme et ce qu'on y trouve, 291, 293.

LOUIS XI, roi de France. Son règne, VII, 145. — Confirme les lettres de noblesse des bourgeois de Paris, VI, 170. — Perpétue les offices de judicature, 185. — Perfectionne le service des postes et des messageries, XVII, 42. — Sa politique, VII, 146. — Son caractère, *ibid.* — Sa mort, 155.

LOUIS XII, roi de France. Son origine, VII, 160.—Réduit les impôts, 164. — Obtient le surnom de Père du peuple, 160. — Sa mort, 164. — Descente dans le tombeau de ce prince et ce qu'on y trouve sur son cercueil et celui de sa femme, XVI, 291.

LOUIS XIII, roi de France, VII, 320.—Fonde l'Académie française, XXX, 103.

LOUIS XIV, roi de France, épouse l'infante Marie-Thérèse, VII, 325. — Ses conquêtes, *ibid.* — Ses forces militaires, 353. — Assemble une commission chargée de rédiger les ordonnances qui font la gloire de son règne, XXIX, 106. — A complété le système de l'inamovibilité des juges, 315. — Mœurs de la magistrature de son temps, 324. — Place son petit-fils sur le trône d'Espagne, 228. — Révoque l'édit de Nantes, III, 209. — Envoie aux Indes plusieurs savants jésuites, XVII, 162. — Rend la liberté à des sauvages canadiens, 210. — Meurt, VII, 336. — Examen de ses mémoires, VIII, 216. — Ses lettres, 219. — Sa traduction de César, *ibid.* — A rempli ses conseils et ses armées de roturiers, VII, 331. — A illustré la religion, les arts et les armes, XX, 226.

LOUIS XV, roi de France, VII, 331. — Est surnommé le Bien-Aimé, 339. — Est frappé d'un coup de couteau par Damiens, ibid. — Exile les parlements, 342.—Achève de compléter le système de la vénalité des charges, XXIX, 315.—Sa mort, VII, 342. —Son règne est l'époque la plus déplorable de notre histoire, ibid et suiv.

LOUIS XVI, roi de France. Supprime les corvées, VII, 348.— Soutient la révolution d'Amérique, ibid. — Fait élever une statue à Rollin, VIII, 197. — Est surnommé par son peuple le plus honnête homme de son royaume, XXVI, 49. — Sa condamnation, III, 98.—Sa mort, 102. — Lettre de son bourreau sur ses derniers moments. Voir Sanson. —Tableau de son exécution. Voir Thiers.

LOUIS XVIII, roi de France. Son courage, XXVI, 121. — Ses lettres à Bonaparte et au duc d'Harcourt, XXV, 71. — Donne la Charte aux Français, XXVI, 163. —Son opinion sur la brochure de Bonaparte et des Bourbons, XXIX, Préf., 287.—Sa mort, XXV, 212. — Son éloge, 206.

LOUIS, fils de Louis le Bègue. Sa victoire sur les Normands, célébrée dans un chant teutonique, VI, 24.

LOUIS Ier, duc de Bourbon, était fils aîné de Robert, sixième fils de saint Louis ; VI, 205. — Sa race a porté d'abord le nom de Clermont, ibid.

LOUIS, fils du roi Jean, à la bataille de Poitiers avec le dauphin Charles, VII, 78.

LOUIS DE PAVIE. Son vœu en faveur des pestiférés, X, 19.

LOUP (saint) détourne les Huns de Troyes, VI, 74.

LOUP DE FERRIÈRES, religieux. Sa science profonde, VI, 143. — Sa correction d'un Pline mal transcrit, 244.

LOUPS. Mœurs de ces animaux, XII, 111.

LOUVAIN (ville de), siège d'une université célèbre, XVII, 23.

LOUVIERS (ville de) est prise et brûlée par Edouard III, VII, 15.

LOUVOIS a fondé presque toutes les missions françaises, XVI, 162.

LOWTH. Son traité sur les beautés poétiques des livres saints, XVII, 172.

LOYOLA (Ignace de). Fondateur de l'ordre des jésuites, VII, 171.

LUC (saint) était médecin, selon saint Jérôme, XV, 177. — Son style, ibid.

LUC (M. de). Mérite de son commentaire de la Genèse, VIII, 134. — Portrait de la vierge qui lui est attribué, cité, V, 195.

LUCAIN. Opinion de l'auteur sur ce poète, XV, 106.

LUCAS (Paul). Son voyage en Grèce mérite peu d'estime, IX, Préf., 122.

LUCIADE (la), poème du Camoëns, XIV, 262.

LUCIEN. Sa critique de la mythologie, V, 45.

LUCIFER DE CAGLIARI, légat du pape Libère, V, 274. — Son discours à Constance, à l'occasion d'Athanase, ibid.

LUCILE, poète, était ami de Scipion, V, 325. — Se moque des dieux de Numa, ibid.

LUCIUS Ier, pape, succède à Corneille, IV, 254. — Subit le martyre sous Gallus, ibid.

LUCIUS (colonie de), aujourd'hui ville de Lyon, XIX, 141.

LUÇON (ville de) était une colonie de Fontevrault, XIV, 163.

LUCOTIUS (colline). Ce qu'en disent les annalistes, XX, 236.

LUCRÈCE a développé les principes de l'esprit philosophique, III, 185.

LUDE (Jean de) était conseiller

de Louis XI, VII, 156.—Reçoit le surnom de *Jean des Habiletés*; *ibid.*

LUDLOW. Ce qu'il faisait en rédigeant avec Cromwell une constitution pour l'Angleterre, XIII, 225. — A tourné en ridicule l'entrevue de Charles Ier et de Law, 229.

LUMIÈRES de nuit dans la ville d'Antioche, IV, 328.

LUNETTES. Leur inventeur. *Voir* Despina.

LUSIMEL (André) a prêché le christianisme aux Mogols, XII, *Préf.*, 19.

LUTÈCE (ville de). Sa description, XX, 4. — Origine présumée de son nom, XX, 233.

LUTHER. Histoire de cet hérésiarque, XIV, 336; XXXIII, 149, 181.

LUYNES. Comment devenu le favori de Louis XIII, VII, 321.

LYCURGUE. Ses lois, IX, *Préf.*, 98. — Ce qui en reste, XIV, 83. —Avait établi des tombeaux à Lacédémone, XVI, 99. — Est un des premiers voyageurs de l'antiquité, VIII, 72.

LYON. Son premier nom. *Voir* Lucius. — Était ville métropolitaine dès le deuxième siècle, XVI, 122.—Est frappé d'interdit par Jules II, VII, 163.—A été réuni à la couronne en 1310, VI, 193.

LYONNAIS (le) était province romaine sous la première race, VI, 105. —Son académie reçoit l'auteur, I, 263.

M.

MABILLON, savant Bénédictin, XVII, 24. — Chargé de la rédaction de la collection des historiens de France, IV, *Préf.*, 29. — Son traité *De re diplomatica*, cité, 31.

MABLY (l'abbé de) n'a que des idées écourtées, IV, *Préf.*, 67.

MACCHABÉES (les) ont rendu la liberté à leur pays, X, 190. — Leur alliance avec Lacédémone, IX, 83; XX, 121.

MACDONALD (le maréchal), présenté à Louis XVIII, à Compiègne, XXVI, 73. — Prend l'initiative dans la loi sur l'indemnité, XXII, 217. — Évalue à quatre milliards les biens des émigrés, 221.

MACÉDOINE (la). Son parallèle avec la Prusse, II, 221.— Est envahie par les Scythes, IX, *Préf.*, 99.

MACÉDONIUS, le Critophage, intercède pour les séditieux d'Antioche, V, 273. — Passait pour avoir créé la divinité du Saint-Esprit, *ibid.*

MACHAON. Son tombeau à Générie, XIX, 221.

MACHEOU (ville d'Afrique) très peuplée, XII, *Préf.*, 37.

MACHIAVEL a fait revivre un des premiers la politique en Europe, III, 141. — A écrit sur la politique avant Mably et Rousseau, XV, 257. — Propose de faire rédiger par un étranger la constitution d'un état, XVII, 51. — Son école, XV, 282.

MACHINE PARLANTE d'Albert le Grand. *Voir* Albert-le-Grand.

MACHINES POÉTIQUES. Ce que c'est dans les auteurs païens et chrétiens, XV, 140 et suiv., 149 et suiv.

MACKARTNEY (lord), ambassadeur d'Angleterre. Éloge qu'il fait des missionnaires en Chine, XVI, 330.

MACKENSIE (Alexandre), XII, *Préf.*, 42.—Son voyage par terre, *Préf.*, 49.

MACKENSIE (fleuve). Sa position géographique, VIII, 79.

MACLEOD. Ses récits sur la mer Polaire, XII, *Préf.*, 49.

MACPHERSON est le véritable auteur des poèmes d'Ossian, XVII, 200. — N'a jamais pu représenter le poème original de Fingal, *ibid*.

MACRIA. Un des anciens noms de Corcyre ou Corfou, IX, 11.

MACRIEN, élu empereur d'Orient sous le règne de Valérien et Gallien, IV, 259. —Son caractère, *ibid*.

MACRIN, empereur, succède à Caracalla, après l'avoir fait assassiner, IV, 214. — Son caractère, *ibid*.

MACTOTATAS (les), petite population, XII, 266.

MADAGASCAR est une colonie arabe, XII, *Préf.*, 25.

MADÈRE (île de). Avait été perdue; est retrouvée, XII, *Préf.*, 20. — Est marquée sur un portulan espagnol de 1834, sous le nom d'*Isola Leguame*, *Préf.*, 27.

MAGELLAN. Sa hardiesse extraordinaire, XII, *Préf.*, 29; VIII, 73.— Est tué aux Philippines, *ibid*.

MAGICIENS, poursuivis et chassés, V, 73.

MAGIE. Son origine, V, 325. Chez les Gaulois, XX, 250. — Comment employée comme moyen merveilleux par le paganisme et le christianisme, XV, 127.

MAGOG, château fantastique que les Arabes croyaient être au fond du nord de l'Asie, XII, *Préf.*, 15.

MAHOMET. Son paradis, XIV, 234. — Ses disciples ont parlé des belles vallées de Cachemire, XII, *Préf.*, 16. — Conséquences de sa religion, XVII, 29.

MAHOMET II se rend maître de Constantinople, IV, 303.

MAIL (le). Origine remarquable de ce mot, VI, 184.

MAIMBOURG (le père), jésuite, a laissé un nom estimé dans les lettres, XVII, 27.

MAIN, fils de Gualon, donne à Dieu et à Saint-Albin, en Anjou, la terre de Brilchiot, VI, 227. — Cérémonie de foi et hommage au sujet de cette donation, *ibid*.

MAINE (le) a été réuni à la couronne par Philippe-Auguste, VI, 172.

MAIRES DU PALAIS. Origine de leur prétention à la couronne, VI, 85.

MAISON MILITAIRE des rois de France. Sa gloire, XXVIII, 300.

MAJORIEN, empereur, a été compagnon d'Ætius, V, 211. — Attaque les Francs et les Vandales, *ibid*. — Ses lois, *ibid*. — A réparé les édifices de Rome, ravagés par les Barbares, VI, 69. — Sa mort, V, 213.—Son éloge, *ibid*.

MALATESTA (Sigismond) assiége Misistra, IX, *Préf.*, 111. — Est forcé de se retirer, *ibid*.

MALDONADO. Son voyage chimérique, XII, *Préf.*, 37.

MALEBRANCHE a laissé un nom célèbre, III, 142. —Son système, *ibid*.—Voyait tout en Dieu, VIII, 212. — A été plus loin que Locke en métaphysique pure, XV, 239. — Est réclamé par l'Église comme un de ses appuis, 253. — S'est élevé au plus haut point en métaphysique dans sa *Recherche de la vérité*, 254.

MALESHERBES (M. de). Consulté par l'auteur sur son voyage en Amérique, XVI, *Préf.*, 2.—Se charge d'en présenter le plan au gouvernement, *Préf.*, *ibid*. — Sa lettre au président de la Convention, VIII, 292.—Sa réponse à Treilhard, 300. — Est chargé d'apprendre au roi son arrêt, 293. — Est arrêté avec les siens, 294.—Son caractère, 299.— Son supplice, 295.

MALHERBE, poète célèbre du dix-septième siècle, VIII, 235. — Son imitation des psaumes de David, XV, 50. — Ses vers à Henri IV, XXVI, 175.

MALHEUREUX (les) trouvent dans le Christianisme seul des motifs de consolation et de joie, VIII, 172; XIV, 206, 224, 233. *Voir* aussi Pauvres.

MALLET. Son histoire de Danemarck n'est pas sans mérite, IV, *Préf.*, 12.

MALLET-DU-PAN. Ses écrits ont eu beaucoup de succès, XXVI, 296.

MALLUM, IMPERATORIS. Ce que c'est, VI, 184. — Mallus. Étymologie de ce mot, XX, 251.

MALTE (île de) a servi de refuge aux Hospitaliers chassés de Rhodes, XV, 224. — Est concédée à ces chevaliers par Charles-Quint, *ibid.*

MALTE-BRUN. Précis de sa géographie: mérite de cet ouvrage, IV, *Préf.*, 56; X, 40. — Ce qu'il dit de la mer Morte, 129.

MAMOUTH. Débris de cet animal, XII, 72.

MANCHESTER (lord) présidait la chambre des pairs qui rappela Charles II, XIII, 292.

MANDEVILLE (lord) était un des chefs du parti anti-royaliste dans la chambre des lords, XIII, 187. — Gagne l'affection des communes, *ibid.*

MANDEVILLE a voyagé dans la Palestine, IX, *Préf.*, 144. — A achevé de décrire l'Asie, XII, *Préf.*, 22.

MANDROCLIDÈS, citoyen de Sparte, est gagné par Agis, III, 83.

MANÈS. Son hérésie éclate vers l'an 277, V, 279. — Sa doctrine était celle des deux principes, *ibid.*

MANGU s'empare du califat de Bagdad, XII, *Préf.*, 17.

MANIOTTES, peuplade de brigands, IX, *Préf.*, 125.

MANNAHEIM, ancien nom de la Scandinavie, signifie *pays des hommes*, XII, *Préf.*, 17.

MANNERT. Son opinion sur l'itinéraire de Bordeaux à Jérusalem, IX, *Préf.*, 134.

MANNING a publié le testament d'Alfred le Grand, roi d'Angleterre, et y a joint des notes, IV. *Préf.*, 15.

MANOIRS. Tableau de la vie intérieure qu'on y menait, XVI, 231 et suiv.

MANS (bataille du), XXV, 242. — Gagnée par les Chouans, 245.

MANTEAU du roi Richard. Ses ornements singuliers, VI, 283.

MANTIN (prieuré de) où fut déposé le corps de Charles le Chauve, XVI, 292.

MANUSCRITS détruits par les Iconoclastes, XV, 215.

MANUSCRITS trouvés à Herculanum. *Voir* ce nom. — De Pline, retrouvés par un moine. *Voir* Loup de Ferrières. — Divers cités, VI, 144. — Sont arrachés à une première destruction par les moines, *ibid.* — De l'abbaye de Saint-Pons envoyés à Bossuet, et ce qu'on y découvre après neuf siècles, 117. — Plusieurs recherchés par ordre de Louis XIV dans le Levant. *Voir* Fourmont. — Manuscrit d'Urfé; ce que c'est, IV, *Préf.*, 23. — Du moyen-âge sont les sources de notre histoire et de notre littérature, 20. — Des annales de Tacite retrouvés. *Voir* Tacite. — De la bibliothèque du roi sont livrés aux flammes par Condorcet et Roland, 24.

MARAIS PONTINS. Leur desséchement dû au pape Pie VI, XVII, 33.

MARAT. Sa statue a été mise à la place de celle de saint Vincent de Paul, XVI, 74. — Son épitaphe, II, 111.

MARATHON (bataille de), gagnée par les Grecs sur les Perses, II, 274. — La statue de la Liberté, déterrée dans ses champs, a été transformée en patronne chrétienne, XXVII, 215.

MARC (saint) était disciple de saint Pierre, XV, 176. — Fonde l'église d'Alexandrie, IV, 175. — Son évangile semble être l'abrégé de celui de saint Mathieu, XV, 176.

MARC est premier évêque des Gentils de Jérusalem convertis au christianisme, IX, *Préf.*, 180.

MARC, disciple de Valentinien, prétendait donner aux femmes le don de prophétie, V, 284.

MARC-AURÈLE, empereur, IV, 198. — Aimait la paix, et a soutenu de nombreuses guerres contre les Barbares, *ibid.* — Associe à l'empire Marcus Vérus, *ibid.* — Reconnaît devoir sa victoire sur les Barbares à une légion composée de fidèles, 281. — Répand d'immenses bienfaits sur Athènes, IX, *Préf.*, 99. — A honoré son nom par ses maximes, VIII, 172, — Sa mort, IV, 199.

MARC-PAUL a parcouru l'Asie pendant vingt-six ans, XII, *Préf.*, 18. — Est le premier Européen qui ait pénétré en Chine et dans l'Inde au delà du Gange, *ibid.* — Cite des villes de la Chine et fait connaître le Japon et l'île de Bornéo, *ibid.*

MARCEL (Etienne), prévôt des marchands de Paris sous le roi Jean, VII, 68. — Porte la parole au nom du tiers-état aux états-généraux, *ibid.* — Préside le tiers-état à cette assemblée, convoquée sous la régence de Charles Dauphin, 105.

MARCHES MILITAIRES des armées romaines. Tableau de discipline, XIX, 147 et suiv.

MARCIEN, empereur d'Orient, parvient au trône en épousant Pulchérie, sœur de Théodose II, V, 200. — Son éloge, par saint Léon le Grand, *ibid.* — Est fait prisonnier par Genséric, *ibid.* — Sa réponse à Attila, *ibid.* — Sa mort, 213.

MARCION est un des plus célèbres hérétiques du deuxième siècle, V, 281. — Reconnaissait trois substances incréées, *ibid.*

MARCOMANS (les) font une irruption dans l'empire sous Marc-Aurèle, et sont repoussés. IV, 193.

MARCULFE est un des écrivains qui ont illustré la monarchie mérovingienne, VI, 107. — A emprunté un grand nombre de ses modèles d'actes aux règlements de l'église, XVII, 49.

MARDONIUS a commandé les troupes persanes restées en Grèce, III, 287. — Est un satrape d'un rang élevé, 288. — Ravage une seconde fois l'Attique, 290. — Son caractère, 36.

MARGUERITE de Provence, femme de saint Louis, demande à un chevalier de lui ôter la vie si les Sarrazins entraient dans la ville habitée par elle, XVI, 239. — Accouche d'une fille à Jafa, X, 85.

MARGUERITE était fille de Charles VII et d'Agnès Sorel, VII, 146.

MARGUERITE DE BOURGOGNE était femme de Louis le Hutin, VI, 196. — Est étranglée avec son linceul dans le château Gaillard où elle avait été enfermée, à cause de sa vie scandaleuse, *ibid.*

MARGUERITE, fille de Maximilien, est mère de Charles-Quint, VII, 158.

MARGUERITE, reine de Navarre et sœur de François Ier, a protégé les doctrines de Calvin, VII, 171. — A cultivé les lettres, 177.

MARGUERITE de Valois. Ses galanteries, VII, 199.

MARIAGE. Chez les premiers chrétiens, V, 243. — Sa dignité comme sacrement, XIV, 62. — Doctrine des Priscilliens sur le mariage, V, 287. *Voir* Sacrement et Divorce. — Chez les sauvages de l'Amérique, XII, 118. — Chez les Grecs modernes, X, 8.

MARIANA. Les premiers livres de son histoire sont excellents, IV,

Préf., 17. — Est fougueux et partial dans ses ouvrages historiques, XV, 282. — Hardiesse de ses opinions politiques et religieuses, XXVI, 95. — Son traité *de rege et regis institutione*, est une apologie du régicide, *ibid.*

MARIE (la vierge) met au monde Jésus-Christ sous le règne d'Auguste, IV, 164. — Est visitée par l'ange du Seigneur, *ibid.* — A été miraculeusement ensevelie à Gethsémani, X, 182. — Est la protectrice de l'innocence, de la faiblesse et du malheur, XIV, 35. — Son culte touchant, IX, 5. *Voir* Vierge.

MARIE, une des premières chrétiennes de Rome, IV, 171.

MARIE, reine d'Angleterre, parvient au trône sous le règne d'Henri II, roi de France, VII, 193.

MARIE-STUART, reine d'Écosse, a épousé le dauphin François, fils de Henri II., VII, 193. — Retourne en Écosse à la mort de son mari, 199. — Est arrêtée, 205. — Crée son bourreau gentilhomme, XIII, 156. — Sa mort, *ibid.*

MARIE DE MÉDICIS, reine de France et femme de Henri IV, a eu la tutelle de Louis XIII mineur, VII, 320. — Était mère d'Henriette, femme de Charles Ier, XIII, 176. — Est reçue à Whitehall par sa fille, 180. — Meurt de misère à Cologne, VII, 323.

MARIE-ANTOINETTE, reine de France, XXX, 1 et suiv.

MARIE-JEANNE, nom donné à une pièce de canon par les Vendéens, XXV, 226. — Est prise à Fontenay, 228. — Est reprise par les royalistes, *ibid.*

MARIGNAN (bataille de). Gagnée par François Ier sur les Suisses, VII, 165.

MARIGNY (Enguerrand de) est poursuivi pour ses concussions, sous Philippe le Bel, VI, 196. — Est pendu au gibet de Montfaucon, 197. — Sa mémoire est réhabilitée, 198.

MARINI a été employé à Rome, par le gouvernement anglais, à recueillir les pièces relatives à l'histoire d'Angleterre, depuis 1216, IV, *Préf.*, 16.

MARINIERS. Prières sur mer, XIV, 190; XV, 132. — De leurs vœux, XVI, 34.

MARINUS a écrit la biographie de Proclus, son maître, V, 152. — A donné l'époque certaine de la perte de la Minerve du Parthénon, ouvrage de Phidias, 153.

MARIUS, empereur d'Occident, sous le règne de Valérien et Gallien, IV, 259. — Avait été armurier, *ibid.* — Son discours à ses soldats, *ibid.* — Sa mort, 261.

MARLBOROUG est rappelé par les tories, II, 150. — Est le seul grand général de l'Angleterre, 221.

MARMONT. (le maréchal). Sa réponse à Louis XVIII, XXVI, 73.

MARMONTEL. Son opinion sur le merveilleux du Christianisme, XXI, 181.

MAROC (despotat de) s'est formé des débris de l'empire des califes, XII, *Préf.*, 17. — Ses corsaires, XXX, 42.

MARQUARD-FREHER a formé avec Pierre Pithou le plan d'une collection des historiens de France, IV, *Préf.*, 29.

MARQUETTE (le père) est un des premiers Français qui s'établirent au Biloxi et à la Nouvelle-Orléans, XVIII, 7. — A découvert le Meschacebé, *ibid.*

MARQUISES (îles) ont été découvertes par Cook, II, 170.

MARS 1814. État de la France à cette époque, XXVI, 11, 75.

MARSEILLE (ville de). A été fondée au milieu d'une forêt, XX, 245. — A été une des colonies fondées dans la Gaule par les Phocéens, II, 186. — A attiré le commerce du monde ancien, XXVI, 189. — A dû ses richesses aux croisades, XVII, 48.

MARSEILLAIS (les) différent d'origine avec les autres peuples de la France, II, 187. — Leur caractère, *ibid.*

MARSUS a été tué pour avoir entrepris le rétablissement du paganisme, V, 231.

MARTENE, savant Bénédictin, XVII, 24.

MARTIAL (saint) est le fondateur de l'église de Limoges, IV, 253.

MARTIONOPOLIS (ville de) est prise par les Goths, IV, 257.

MARTIN DE TOURS (saint) a servi comme soldat dans les troupes de Julien, V, 344. — A fondé le premier monastère des Gaules, *ibid.*

MARTUEL D'AUVERGNE, savant du moyen-âge à la renaissance, VI, 257.

MARTYRS. Voltaire a essayé de nier leur nombre, XVI, 126.

MARTYRS (les). Tableau de leurs souffrances, IV, 172, 290; — Leur triomphe, XXI, 119. — De la révolution de 93, IV, *Préf.*, 78.

MARTYRS (les). Poème de l'auteur. *Voir* les tomes XIX, XX et XXI. — Défense de l'ouvrage par l'auteur, XXI, 177. — Jugements de divers littérateurs sur ce poème. Premier extrait par M. Esménard, 243. — Deuxième extrait du même, 260. — Analyse critique de M. Hoffmann, 279. — Ce qu'il dit du merveilleux chrétien et de la mythologie, 309. — Réponses à cette critique, 323. — Autre par Dussault de l'Académie, 360.

MASON (M.). Ce qu'il a fait pour naturaliser la tragédie grecque en Angleterre, VIII, 42.

MASSE (le père Ennemond) a parcouru toute l'Acadie, VIII, 77.

MASSILLON. Sa peinture de l'amour de Dieu, XV, 91. — Son tableau de la pécheresse, 65. — De son éloquence, 302. — Comparé à Cicéron, 301. — Dissertation sur son génie, 302. — Son tombeau dans l'église de Clermont, profané par les révolutionnaires, XIII, 115.

MASSUDI a donné des descriptions très étendues de sa patrie et des pays soumis aux Arabes, XII, *Préf.*, 15.

MATHEMATIQUES. Hobbes a écrit sur leur certitude, XV, 235. — Newton, dégoûté de leur étude, 237. — Ce qu'en pensent Gibbon, Descartes, le père Castel, Buffon, Condillac, *ibid.* et suiv. — L'étude des mathématiques est-elle nécessaire ? 241. — Opinion de Voltaire, 242. *Voir* Géométrie.

MATHIEU DE VENDOME, abbé de Saint-Denis. Ouverture de son cercueil, et ce qu'on y trouve, XVI, 295.

MATHIEU (saint). Son évangile est un précieux traité de morale, XII, 257; XXI, 217.

MATIERE. Si elle existe nécessairement de toute éternité, XIV, 304 et suiv.

MAUBUISSON (abbaye de). On y voyait le tombeau de Blanche, femme répudiée d'un roi de France, VI, 196. — Ce qui se passe dans la prairie de cette abbaye, *ibid.*

MAUNY (Gauthier) secourt la ville d'Hennebon assiégée par Charles de Blois, VI, 320. — Bat les ennemis, 321. — Défait Louis d'Espagne et le poursuit sans pouvoir l'atteindre, *ibid.* — Assiège la Roche-Priou et Favet, *ibid.* — Se retire, prend un château et rentre dans Hennebon, 322.

MAUPEOU (le chancelier). Ses intrigues pour renverser le comte de Choiseul, VII, 341.

MAURECOURT atteste par sa fertilité les travaux agricoles des Bénédictins, XVII, 38.

MAURES. Menacent l'Europe, XVI, 229.

MAXENCE, gendre de Galérius

et fils de Maximilien, empereur, IV, 297. — Le don gratuit, 298. — Livre bataille à Constantin, 299. — Est tué, *ibid.*

MAXIME PAPIEN, empereur, IV, 235. — Son origine et son caractère, *ibid.*

MAXIME se fait proclamer empereur en Angleterre, s'empare des Gaules, et son usurpation est tolérée par Théodose, V, 97. — Était orthodoxe et a persécuté les hérétiques, 99. — Chasse Valentinien II de Milan, *ibid.* — Est vaincu par Théodose et mis à mort, 100.

MAXIME, sénateur, conspire contre Valentinien III pour venger son honneur outragé, V, 209. — Est élu empereur et règne peu de jours, *ibid.*

MAXIME, disciple d'Édésius, initie Julien aux mystères de la théurgie, V, 22. — Sa fortune immense à la cour de cet empereur, 42.

MAXIME a été le successeur de Rodon dans les écoles chrétiennes, V, 259. — Son examen de la question de l'origine du mal et l'éternité de la matière, *ibid.*

MAXIMIEN HERCULE, empereur, est associé à l'empire par Dioclétien, IV, 283.

MAXIMILIEN Ier, empereur d'Allemagne, veut se faire proclamer pape, VII, 164.

MAXIMILLA, nom d'une des prophétesses qui accompagnent Montan, V, 285.

MAXIMIN, empereur, IV, 229. —Était né en Thrace; son origine, *ibid.* — Passe par tous les grades de l'armée, 230. — Son caractère et sa force prodigieuse, *ibid.* —Ses cruautés, 231. — Bat les Sarmates et les Germains, 233.

MAYENCE (ville de) doit sa fondation à des ordres religieux et militaires, XVII, 40.

MAYENNE (le duc de) à la tête de la ligue, VII, 237.—Est battu à Arques et à Ivry, et fait publier dans Paris la mort de Henri IV, XXX, 182. — Se soumet à ce prince, VII, 305. — Vengeance exercée contre lui par ce roi, *ibid.* — Meurt, 320.

MAZARIN (le cardinal) était l'espion de Cromwell auprès d'Henriette, veuve de Charles Ier, XIII, 182. — Reconnaît le Protecteur comme chef du gouvernement anglais, VII, 324. — Lui livre Dunkerque, XIII, 273.—Est un des plus grands génies des temps modernes, XVII, 351. — Meurt, 430. — A fondé le collège des Quatre-Nations, VI, 256.

MAZAS (M.). Ses *Vies des capitaines français du moyen-âge*, IV, *Préf.*, 60.

MAZOCCHI a expliqué les tables législatives d'Héraclée, XVII, 32.

MAZURE (M.) a éclairé la marche de l'auteur dans l'étude de l'histoire du règne des Stuarts, IV, *Préf.*, 56.

MÉDAILLES remarquables et citées. De la Judée captive, IV, 188. — De Valérien, 258. — Des Bagaudes, 286. — De la bibliothèque du roi, sauvées par Barthélemy des mains des révolutionnaires, *Préf.*, 26.

MÈDES (les). Leur empire. *Voir* PERSES.

MÉDECINE. Des Sauvages, XII, 160.

MÉDICIS (les) ont désolé la France, XXVI, 55.

MÉDICIS (Pierre de) n'aurait pu trouver une retraite à Venise, sans la protection de Philippe de Commines, III, 64.

MÉDIE (la) a fourni à Xercès des troupes aguerries, II, 275.

MÉGARE (ville de). Ses beaux monuments, IX, 108. — Divinité qu'on y adorait, *ibid.* — Possédait des statues de grands maîtres, *ibid.*

MÉLANCHTON vivait du temps

de François II, Charles IX, VII, 196.

MÉLANCOLIE RELIGIEUSE. Son principe, XVII, 196.

MÉLANIE, de La Harpe (drame). Beau caractère du curé, XV, 40.

MELCHISEDECH, fondateur de Jérusalem, la nomme *Salem*, X, 187.

MÉLISANDRE, fille aînée de Baudouin II, a épousé Foulques d'Anjou, X, 200.

MELISSE, ville maritime, fondée par Hannon, II, 137.

MELITON, évêque de Sardes. Sa requête à Marc-Aurèle, IV, 202.

MELUN. Son clergé réclame la liberté de la presse, XXVII, 45.

MEMNON a perfectionné l'architecture, II, 84.

MÉMOIRES des auteurs de l'antiquité, *Préf.*, IV, 7. — En France, *Préf.*, 54, 63, 64; XV, 283.

MÉMOIRES de Louis XIV, VIII, 216. — De l'Académie des inscriptions. Leur mérite, IV, *Préf.*, 19, 24. — Collection des mémoires relatifs à l'histoire de France. *Voir* Guizot.

MEMPHIS. Sa description, XX, 54.

MÉNÉDUS de Lampsaque. Son costume, III, 163. — Son opinion singulière de lui-même, *ibid.*

MENEMEN-ESKELESSI, petit port de l'*Anatolie*, X, 21. — Aspect de son kan, 22.

MÉNOMÈNES (les). Leur population, XII, 265.

MÉON (M.) a publié le roman de Renart, IV, *Préf.*, 64.

MER (la) des histoires. Célèbre chronique, citée pour ses majuscules, VII, 144.

MER (la). Description, XXIV, 35. — *Voir* aussi Tempête.

MERCI (ordre de la) ou de la rédemption pour le rachat des captifs, XVI, 149 et suiv.; XVII, 4.

MERCURE (saint). Ce qu'en dit la chronique d'Alexandre comme auteur de la mort de Julien, V, 61, à la note.

MÈRES païenne et chrétienne. Comparées comme modèles de caractères, XV, 27.

MÉRIMÉ (M.) a dépeint les mœurs à l'époque de la Saint-Barthélemy, IV, *Préf.*, 64.

MÉRINDOL (ville de), détruite à cause de ses opinions religieuses, VII, 173.

MER MORTE. Aspect et description de cet endroit célèbre, X, 122. — Son nom, 127. — Sa forme, 128. — Sentiment des savants sur ses eaux, 129, 130.

MÉROVÉE, roi de France. Dissertation sur son origine, VI, 90.

MÉROVIGH. *Voir* MÉROVÉE.

MERVEILLEUX du Christianisme. Vue des poèmes chrétiens où il remplace la mythologie, XIV, 246. — Le Tasse n'a pas osé employer les grandes machines poétiques du christianisme, 247. — Le merveilleux mythologique rapetissait la nature, XV, 103. — Parallèle du merveilleux mythologique et du merveilleux du christianisme, 118. — De Dieu, 123. — Esprits de ténèbres, 126. — Des saints, 128. — Des anges, 133.

MESCHACEBÉ (fleuve). Ses sources, XII, *Préf.*, 72. — Sa jonction avec l'Ohio, 78. — Ses inondations, 81. — Poissons qu'on y trouve, 83. — Végétation de ses bords, *ibid.* — Ses alluvions, XVIII, 4. — Ses rives présentent le tableau le plus extraordinaire, *ibid.* — A été découvert par les pères Marquette et Lasalle, 5.

MESCHIN (le petit) était chef des *Tards-Venus*, VII, 111.

MESME (Henri de) a fait partie de la commission chargée de réformer la législation sous Louis XIV, XXIX, 106.

MESSE du pape au Vatican, VI, 176.

MESSE. Tableau poétique et descriptif de ce sacrifice auguste, XVI, 60.

MESSE au désert, XVIII, 56. — Dans une prison de martyrs, XXI, 52.

MESSÈNE (ville de). Son fondateur, XIX, 219. — Ses ruines, visitées par l'abbé de Fourmont, IX, 32. — Dissertation sur sa position géographique, 28. — Son oracle célèbre. *Voir* Urne de bronze.

MESSÉNIE (la). Ses malheurs célèbres, IX, 33. — Origine de ses guerres, XIX, 229. — Sa description fidèle, 24, 222 et suiv. — Souvenirs historiques, IX, 30. — Sa ruine totale, XIX, 229.

MESSIADE (la), poème. *Voir* Klopstock et Messie.

MESSIE (le). Tout ce qu'il y a de grand, de beau dans le monde, tout ce qu'il y a de miraculeux, de merveilleux sur la terre et dans le ciel, tout a eu pour but le mystère de la Rédemption par le Messie, XIV, 23, 33. — Il est la base de toute l'économie du ciel et de la terre; la création, l'homme, sa chute et son salut, tout est résumé dans le Messie, IV, 136, 139, 140 et suiv. *Voir* Christianisme, Jésus-Christ, Prophéties, Rédemption, Juifs.

MESSIE (le), poème de Klopstock, XIV, 263. — Passage de ce poème, XV, 141.

MÉTAPHYSICIENS, XV, 255, et suiv. — Bacon, *ibid.* — Clarke, Leibnitz, Malebranche, 254. — Ceux de notre siècle inférieurs à ceux qui les ont précédés, *ibid.* — Condillac, 255.

MÉTAPHYSIQUE. Ce qu'en dit Platon, XV, 257. *Voir* aussi Leibnitz, Malebranche, Newton. — Démonstration métaphysique de l'ame et de son immortalité, XIV, 303 et suiv.

MÉTAPHYSIQUE des temps modernes, XVII, 191.

METHODIUS, moine. Son tableau du *Jugement dernier* convertit Bogoris, roi des Bulgares. *Voir* Bogoris.

MÉTHONE. Son histoire, IX, 20.

METZ (ville de), détruite par les Huns, VI, 60.

MEURSIUS. Ses traités sur la Grèce, IX, *Préf.*, 120.

MEXICAINS (les). Leur costume, XX, 101.

MÉZERAI. Son abrégé est supérieur à sa grande histoire de France, IV, *Préf.*, 32. — Il avait été frondeur, *ibid.*

MICHAUD de l'Académie. Son éloge, IX, *Préf.*, 42. — Examen de son poème intitulé *le Printemps d'un proscrit*, VIII, 149. — Examen de son Histoire des Croisades, 367.

MICHAUD, directeur de l'imprimerie royale, est révoqué, XXVII, 265. — La censure permet d'annoncer qu'il est frère du membre de l'*Académie française*, mais non du rédacteur de *la Quotidienne*, *ibid.*

MICHEL-ANGE a répandu l'éclat de son génie sur le règne de Léon X, XII, 216. — Sa statue de Moïse, 220.

MICHEL PALÉOLOGUE, empereur d'Orient, IX, *Préf.*, 106.

MIEL DE L'ATTIQUE. Renommé, IX, *Préf.*, 30.

MIGNET (M.) est un des chefs de l'école fataliste, IV, *Préf.*, 70. — Son portrait de Danton, *Préf.*, 71.

MIGRATIONS des oiseaux. Ce qu'elles prouvent, XIV, 160 et suiv. — Des plantes, explication de ce miracle, 183.

MILAN (ville de) tombe au pouvoir d'Attila, V, 318.

MILTIADE. Son caractère, II, 12. — Son portrait, 13. — Sa mort, *ibid.*

MILTON a fleuri sous Charles II, roi d'Angleterre, XIII, 305. —

A pris la plume en faveur de la liberté de la presse, 189. — A été chargé de prouver que Charles Ier n'était pas auteur de l'*Eikon basiliké*, 246. — Sa réfutation du traité de Saumaise contre les régicides, XXVI, 96. — Son style latin, *ibid*. — Dissertation sur son poème, XIV, 250. — Passage de ce poème comparé à un passage de l'Odyssée, XV, 49. — Caractère de Satan, 135. — Raphaël au berceau d'Éden, 140. — Satan allant à la découverte de la création, 149. — Vers composés par l'auteur pour mettre ce poète en scène avec Davenant, XXIV, 53. — Traduction de son poème par l'auteur, accompagnée de notes et dissertations, tomes XXXV et XXXVI.

MINERVE. Son temple à Athènes. Ce qu'en dit l'auteur, IX, 138, 139.

MINES de Rhodope, citées, V, 88.

MINERVINE, la première femme de Constantin, V, 322. — A donné le jour à Crispus, *ibid*.

MINOS. Ses lois, XIV, 84. — Sa république n'était qu'une sorte de communauté religieuse, XVI, 142. — A banni les sciences de son gouvernement, XV, 252.

MINUTIUS-FÉLIX, XIV, 241. — Son *Octave*, XI, 15. — Analyse de son dialogue pour la défense du christianisme, IV, 124.

MIRABEAU. Son opinion sur les biens ecclésiastiques, XXX, 10. — Jugement de l'auteur sur cet orateur célèbre, III, 116. — Tableau de sa mort. *Voir* Thiers.

MIRACLES de Jésus-Christ et de ses apôtres reconnus par Julien, V, 51. — Représentés au moyen-âge, XXXIII, 85.

MISHNA. Ce que c'est, V, 223.

MISITRA (ville de) a été pendant quelque temps contemporaine de Lacédémone, IX, *Préf*., 106. — N'est point bâtie sur l'emplacement de Sparte, *Préf*., 111. — Doit son nom à son fromage, 55. — Son château, 60. — Sa description, *ibid*. — Son église et son archevêché, 70. — A été bâtie avec les débris de Sparte, 81.

MISSI DOMINICI de Charlemagne. Leurs fonctions importantes, III, 128.

MISSIONNAIRES. Tableau de leurs courageuses expéditions, VIII, 76; V, 168. — Leurs découvertes scientifiques, 173. — Étaient en relation avec les savants de l'Académie, 175. — Doivent être d'excellents voyageurs, XVI, 161. — Qualités qu'on exigeait de ceux qui se destinaient aux missions, *ibid*. — Ont défendu la liberté des Indiens en Amérique, XVII, 11. *Voir* la note de la fin du volume.

MISSIONS, XVI, 149. — Idée générale des missions, 157. — Utiles au commerce, 163. — Aux sciences, 164. — Leurs divisions, 159. — Des lettres édifiantes, 160. — Missions du Levant, 166. — De la Chine, 171. — Du Paraguay, 178. — De la Guiane, 197. — Des Antilles, 200. — De la Nouvelle-France, 205. — Leur origine. *Voir* Colbert, Louvois.

MISSISSIPI. *Voir* MESCHACEBÉ.

MISSOLONGHI aurait été sauvé si l'on eût porté secours aux Hellènes, XXXI, 265. — Dévouement de ses habitants, IX, *Préf*., 31, 81.

MISSOURI. Sa description, VI, 96.

MODON (ville de), prise par un corsaire génois, IX, *Préf*., 105. — Ébranlée par un tremblement de terre, *Préf*., 106. — Sa description, 17. — A été convertie en arsenal par les Turcs, IX, *Préf*., 4.

MOEURS des païens. *Voir* Païens, Grecs, Romains, etc. — Des patriarches. *Voir* ce nom. —

Des Barbares, VI, 11 et suiv. — Des premiers chrétiens, 254 et suiv.

MOINES. Tableau de leur institution, de leur vie et exercices, XVI, 133, 145. — Cophtes maronites, *ibid.* — Du Saint-Bernard, 147. — Trappistes, 149. — Chartreux, *ibid.* — Sœurs de Sainte-Claire, *ibid.* — Pères de la Rédemption, *ibid.* — Missionnaires, *ibid.* *Voir* Missions. — De l'ordre de Saint-François, 153. — Quêtes des vignes; *ibid.* — Leur dévoûment, 155. — Services qu'ils ont rendus aux lettres, XVII, 28. *Voir* Bénédictins et Jésuites, Découvertes et Inventions modernes qui leur sont dues, 32. — Comment ils sauvent les auteurs profanes de la destruction, VI, 144. *Voir* Artistes, Lazare.

MOISE est révéré par les Juifs comme un grand homme, II, 232. — Donne pour lieu d'origine à la seconde race des hommes les montagnes de l'Arménie, XII, *Préf.*, 3. — Affirme que l'Europe est peuplée des descendants de Japhet, *ibid.* — Est dans ses ouvrages grand et simple comme la création, XV, 168. — Est le plus ancien historien du monde, 169. — Sa cosmogonie supérieure à toutes celles de l'antiquité profane, XIV, 93. — La poésie de son livre supérieure à celle d'Homère et de Virgile. *Voir* Bible, Job.

MOISE, tragédie en cinq actes, XXIV, *Préf.*, 113. — Histoire qui en a fourni le sujet, 283.

MOISE SAUVÉ, poème de Saint-Amand, XV, 260.

MOISSAC. Célèbre abbaye dont l'architecture est du onzième siècle; un roi de France lui rendait hommage. *Voir* Philippe III.

MOLÉ (Mathieu) premier président du parlement de Paris, sa réponse aux Frondeurs, VII, 293. — Fait entreprendre à Duchesne la collection des historiens de France, VIII, 193. Fait partie de la commission chargée de réformer la législation sous Louis XIV, XXIX, 106. — A été l'organe de la liberté, de la religion et de l'honneur, XXVII, 277. — Etait le magistrat de la monarchie parlementaire, VII, 324. — Est un des plus grands magistrats qu'ait possédés la France, XXVI, 162.

MOLIERE, VIII, 44. — Son éloge, 52. — A été élevé dans l'amour de la morale chrétienne, 125.

MOLUQUES (les) ont été colonisées par les Arabes, XII, *Préf.*, 15.

MONARCHIE. Sa marche progressive résumée, IV, 96, 97, 98, 101. — Son point le plus élevé, 102. — Absolue, 112. — Des Etats; sa fin, 113. — De Louis XIII, 114. — De Louis XIV, 115. — De Louis XV, 117. — De Louis XVI, 119. — Sa destruction en 1793. *Voir* Révolutions.

MONARCHIE ÉLECTIVE. Ses conséquences funestes selon l'auteur, VI, 111.

MONASTÈRES. Etaient le sanctuaire des grands monuments littéraires de la France, IV, 16, 17; XVI, 143. — Cultivaient les sciences dès les premiers siècles de la monarchie. *Voir* Ecole. — Leur nombre prodigieux au moyen-âge, VI, 278. — Ils servaient d'asiles aux savants et aux hommes dégoûtés du monde, XVI, 127; VI, 143. — Description de celui de Saint-Antoine. *Voir* Désert, Scété, Thébaïde, Solitaires.

MONDE. S'il est le produit du hasard ou de la volonté de Dieu, XIV, 310.

MONDE. Son origine ne se trouve que dans Moïse, XIV, 97. — Systèmes des philosophes anciens et modernes à ce sujet, 94 et suiv.

MONENBASIE, petite place de Morée, IX, *Préf.*, 164.

MONK, XII, 251. — Nommé par Cromwell gouverneur de l'Écosse, 254. — Soutient l'honneur du pavillon anglais contre les Hollandais, 256. — Son royalisme, 271. — Reçoit Charles II à Douvres, 293.

MONMOUTH, fils naturel de Charles II. Sa conspiration, XIII, 303. — Sa conduite devant Jacques II; sa mort, 307.

MONNAIE à Rome, IV, 230. — Réglement à ce sujet en France, VI, 208. — Des rois Vandales, possédées par l'auteur. Ce qu'il en dit, XI, 96.

MONNOYEURS de Rome. Livrent une grande bataille, IV, 273.

MONTAGNES (lac des). Sur ses bords est établie une factorerie pour les pelleteries, VIII, 91.

MONTAGU, neveu de la comtesse de Salisbury. Commandait le château de Durham, assiégé par David Bruce, roi d'Écosse, VI, 29.

MONTAGU. Sa continuation du catalogue général des documents historiques, IV, *Préf.*, 28.

MONTAIGNE vivait au seizième siècle, VII, 196. — Étonne l'esprit par la nouveauté et la hardiesse de ses opinions politiques et religieuses, III, 209. — Prend la défense de Raymond de Sebonde, XVII, 168. — A publié dans ses écrits la confession de ses pensées, XV, 305.

MONTAIGU (sire de), administrateur des finances sous Charles VI, est décapité, VII, 134.

MONTAN, hérétique du onzième siècle, V, 278. — Ses courses ridicules, 285.

MONTBELLIART (ville de). Son seigneur était *homme-lige* de l'église de Besançon, VI, 139.

MONT-BLANC. Visité par l'auteur et ce qu'il en dit, I, 274 et suiv.

MONTBRUN disait que le jeu et les armes rendent les hommes égaux, VII, 213. — Est pris et décapité, *ibid.*

MONT-CASSIN. Voir CASSIN.

MONT-CÉNIS. Voir CÉNIS (le mont).

MONTEBOURG (ville de) tombe au pouvoir d'Édouard III, VII, 29.

MONTEIL (M.). Son *Histoire des Français de divers états*, citée avec éloge, IV, *Préf.*, 59.

MONTESQUIEU, VII, 344. — A fixé l'attention de la foule sur les droits de la liberté politique, 346. — N'a souvent fait que développer les principes de Bossuet, XV, 267. — A donné naissance à une école dangereuse, 282. — Son opinion sur les effets de la religion, XVII, 91. — A consacré plusieurs chapitres à la louange du culte évangélique, 152. — Prouve que le Christianisme est opposé au pouvoir arbitraire, XVII, 60. — Émet l'opinion qu'on doit au Christianisme un droit politique et un droit des gens, que la nature humaine ne saurait assez reconnaître, 63. — Son opinion sur la constitution anglaise, XXVI, 126. — Son éloge du gouvernement d'Angleterre, 154. — Son opinion sur les jésuites, XVII, 27. — Sur les critiques, 174. — Sur l'aristocratie, XVII, 296.

MONTFAUCON, savant Bénédictin, XVII, 24. — A été élevé dans le respect de la morale chrétienne, VIII, 150.

MONTFAUCON. Son seigneur était *homme-lige* de l'Église de Besançon, VI, 139.

MONTFERRAND (ville de). Son seigneur était *homme lige* de l'église de Besançon, VI, 139.

MONTFORT (la comtesse Jeanne de) défend Hennebon contre Charles de Blois, VI, 317. — Fait une sortie et met le feu aux tentes de l'ennemi, 318. — Ne peut rentrer dans la place, est poursuivie, *ibid.* — Se sauve à Aurai, *ibid.* — Rentre dans Hennebon, *ibid.*

MONTGOMERY, ministre sous Charles Ier, XIII, 161. — Son caractère, *ibid.*

MONTLOSIER. Son travail sur la féodalité est rempli d'idées neuves, IV, *Préf.*, 56.

MONTLUC, maréchal de France. Son caractère, VII, 277.

MONTLUC (Jean de), évêque de Valence, vivait sous François II et Charles IX, VII, 196.

MONTMARTRE. État ancien de ce lieu célèbre, XX, 235.

MONTMORENCY (le connétable de) a orné Écouen de chefs-d'œuvre, VII, 177. — A été le principal négociateur de la paix de Câteau-Cambrésis, 193. — Fait prisonnier à la bataille de Dreux, 201. — Tué à celle de Saint-Denis, 204. — Anecdote qui peint son caractère et son temps, *ibid.* — Son épitaphe, XVI, 107.

MONTMORIN (le sire de), commandant d'Auvergne. Sa lettre courageuse à Charles IX au sujet des protestants, XIII, 113.

MONTPENSIER (madame de) était sœur du duc de Guise, VII, 266. — Se livre à Jacques Clément pour l'exciter au régicide, *ibid.*

MONTREUIL a servi d'intermédiaire entre la Reine Henriette et Charles Ier, XIII, 208.

MONTREUIL (le père). Sa Vie de Jésus-Christ, retouchée par le père Brignon, a conservé le charme du Nouveau-Testament, VIII, 176.

MONTROSE. Ses succès en Ecosse ont été inutiles à la cause de Charles Ier, XIII, 206. — Son caractère, *ibid.* Ses dernières paroles, 214.

MONUMENTS de la Grèce. *Voir* Grèce et les mots Athènes, Sparte.

MONUMENTS de Rome. Leur beauté sous Constance, IV, 337, 338, 349. — Et les lettres de Rome moderne, XIII, 20, 26, 70. — Sur Pompéia, 65, 143.

MONUMENTS religieux. *Voir* Architecture gothique. — Leurs belles ruines, XVI, 14, 30, 95, 105. *Voir* Clermont, Saint-Denis, Tombeaux, Églises gothiques, Abbayes, etc.

MONUMENTS de l'Espagne. *Voir* Alhambra. — De la Palestine, X, 90, 93, 105, 112. — De Jérusalem, 221.

MOORCROFT a pénétré dans l'intérieur du Petit-Thibet, XII, *Préf.*, 45.

MORAITES (les). Leur état actuel, IX, 89.

MORALE (la) est un mot vide de sens, séparé du christianisme et de ses dogmes, XIV, 215. — Quelle est sa véritable base. *Voir* Vie à venir, Jugement dernier. — En quoi consistait la morale des religions païennes, XV, 324.

MORALISTES. *Voir* Philosophes.

MOREAU, père du général, a été condamné à mort, XXVI, 134.

MOREAU, (le général) a été pleuré par la France, XXVI, 18. — Sa gloire nouvelle doit être unie à l'ancienne gloire de Duguesclin, XXVII, 74.

MORÉE (la), ravagée par Boniface, marquis de Montferrat, IX, *Préf.*, 105. — Est conquise par ce dernier et Ville-Hardouin, *ibid.* — Est remise aux Vénitiens, *ibid.* — Est prise par Magaduce, *ibid.* — Est en partie reconquise par Théodore Lascaris, *Préf.*, 106. — Rentre sous la puissance de Michel Paléologue, *ibid.* — Est conquise par Amurat, *Préf.*, 108. Est' mise à feu et à sang par Apocauque, *ibid.* — Est envahie par Amurat II, *Préf.*, 109. — Est partagée entre les frères de Constantin surnommé Dragozès, *Préf.*, 110. — Est ravagée par les Vénitiens, *Préf.*, 111. — Passe sous le joug des Turcs, *ibid.* — Retombe deux fois au pouvoir des Vénitiens, et est asservie par les Musulmans, *ibid.*—Se soulève sous Catherine II, impératrice de Russie, *ibid.* — Examen critique des historiens et des voyageurs qui l'ont parcourue, 104 à 126.

MORELLET (l'abbé) a été le dernier ami de Voltaire, XXVIII, 248. — Ses liaisons et ses talents, *ibid.*

MORT (la), envisagée sous le point de vue moral et physique, XIV, 70 et suiv. — Tableau de la mort du fidèle, XIV, 70. — De la femme athée. *Voir* Athée.—De la femme religieuse, XIV, 230.

MORT D'ABEL, poème de Gessner, XV, 264.

MORTE (mer). Son aspect, X, 121. — Ses eaux sont plus salées que celles de l'Océan, 125. — A été analysée par plusieurs chimistes, 126. — Ses divers noms, 127. — Sa description, 128. — Dissertation sur son origine, *ibid.* — Reçoit sept courants d'eau, 129.

MORTS (respect des anciens pour les), XVI, 91, 93, 94, 95, 97. —Leurs tombes et leurs ossements violés en France par les révolutionnaires, 101, 111.—Les prières que l'Église fait pour eux sont de la plus grande beauté, 84. — Morts subites; singularités à ce sujet, VI, 238. — Sans confession. *Voir* Déconfès.

MORUS (Thomas) était élève de l'université d'Oxford, XVII, 23. — A écrit sur la politique avant Mably et Rousseau, XV, 257.

MOSAIQUES du palais des Blaquernes et d'une église de Constantinople, citées, XV, 214. — De l'église de Bethléem ; leur caractère sévère et religieux, X, 106. — De Palestine. *Voir* ce mot.

MOSCHUS est un des Phéniciens les plus célèbres, II, 214.

MOSQUÉES. Célèbres par leur architecture. *Voir* Grenade, Généralife, Alhambra.— Dite de la Roche, X, 233, 234. — Dite d'Omar à Jérusalem, 236.

MOUCHET a continué le Glossaire de Sainte-Palaye et de Bréquigny, IV, *Préf.*, 31.

MOUVEMENT. Si le mouvement est inhérent à la matière. Preuves métaphysiques, XIV, 308.

MOYEN-AGE. A quelle époque l'auteur en fixe le commencement, IV, 94, 96, 311. — Tableau singulier qu'il présente, VI, 270, 276, 280, 289. — Célèbre par son architecture. *Voir* Gothique. — Les Croisades. *Voir* ce mot. — La peinture sur verre. *Voir* Vitraux. — Ses monastères. *Voir* ce mot. — Les manuscrits. *Voir* Manuscrits, Tournois, Armoiries, Chevalerie.—Ses mœurs mêlées de galanterie et de dévotion sont surtout remarquables, 293, 298. — Tableaux et épisodes, 214, 261, 270.

MOYSE. *Voir* MOISE.

MUN (Jean de). Savant du moyen-âge à la renaissance, VI, 257.

MUNDUIQUE. *Voir* MUNDZUCQUE.

MUNDZUCQUE était père d'Attila, V, 196.

MURAILLE d'Agricola, citée, XX, 239.

MURAT (donjon), dit aussi d'Armagnac. Ce qui s'y passe, XIII, 111.

MURATORI. Ses collections historiques, IV, *Préf.*, 19.

MUSCOGULGES. *V.* KREEKS.

MUSÉE CAPITOLIN, cité, XIII, 40.

MUSES. Ce que les poètes en disent, XIX, 254.

MUSIQUE (la). Ce qu'elle doit au christianisme, VI, 144; XV, 207. — Ramenée à sa dignité par un pape. *Voir* Chant grégorien, Léon III, Pergolèze. — Des nombres. *Voir* Platon. — Employée comme moyen de civilisation par les missionnaires, XVI, 183.—Fragments sur la musique religieuse, XXXI, 262 et suiv. — Recherches sur celle des anciens Grecs et Romains, 265 et suiv.

MUTILATIONS défendues par un article du testament de Charlemagne, VII, 108.

MYSTÈRE. Ses qualités et ses avantages, XIV, 12. — Tous les peuples ont eu des mystères, 13.

MYSTÈRES chez les Égyptiens, V, 27. — Caractères de ceux du paganisme. *Voir* Eleusis, Sérapis. — Des grandes déesses, cités, XIX, 231. — Leurs infamies, XX, 328.

MYSTÈRES du christianisme. Leur beauté et leur grandeur, XIV, 1 à 33. — Trinité, 15. — Rédemption, 28. — Incarnation, 33. — Leur vérité prouvée par Fénelon, 278 et suiv. — Joués au moyen-âge, XXXIII, 85; VII, 143.

MYTHOLOGIE. Son origine, VIII, 171. — Chez les Grecs et les Romains offre des traces de la Trinité, XIV, 19. — Ses allégories, XV, 109. — Son merveilleux comparé au merveilleux du christianisme rapetissait la nature, 118. *Voir* Merveilleux. — Son caractère, XV, 105, 107, 111. — Est dépourvue du merveilleux qui vient de l'ame, VIII, 172; XVII, 66. — Des Barbares, VI, 23, 30. *Voir* Edda. — Des Bardes. *Voir* ce nom. — S'empare des sujets historiques, V, 108.

N.

NABUCHODONOSOR a renversé Jérusalem, brûlé son temple et transporté les Juifs à Babylone, X, 190.

NAILLAC (Philibert), prieur d'Aquitaine et grand-maître de Rhodes, IX; *Préf.*, 109. — Achète au nom de son ordre le despotat de Sparte, *ibid.* — Envoie deux chevaliers français en prendre possession, *ibid.*

NAMUR (le comte de) secourt Philippe VI contre l'invasion d'Édouard III, VII, 14.

NANGIS (Guillaume de). Savant du moyen-âge à la renaissance, VI, 257.

NANKIN, ville de la Chine, citée par Marc Paul, XII, *Préf.*, 19.

NANSOUTY (le comte de). Est fait chevalier novice du Carmel, XXV, 309. — Sa conduite pendant les guerres de la révolution, 312. — Ses campagnes, *ibid.* — Sa mort, 313.

NANTHILDE, femme de Dagobert, VI, 99. — Son tombeau et sa statue à Saint-Denis, XVI, 278 — Ses restes, 294.

NAPLES (ville de). Sa description, XIII, 50. — Son musée, 51. — Son golfe, 53. — Description de l'ancienne ville, XIX, 117.

NAPLES (royaume de). Insurrections de quelques unes de ses villes, II, 12.

NAPLOUSE (ville de) ouvre ses portes aux croisés, X, 142.

NAPOLÉON. *Voir* BONAPARTE.

NATCHEZ (les) sont originaires du Mexique, XII, 229. — Histoire de ce peuple et de leurs guerres, XXII et XXIII. *Voir* la table sommaire pour l'analyse.

NATURE (la), comme création de Dieu, est remplie de merveilles. Tableaux et descriptions, XV, 258.

NAUTES (les). Quel était ce peuple, XX, 236.

NAVARETTE (de) a donné la collection des voyages des Espagnols et des mémoires inédits sur la navigation, XII, *Préf.*, 30.

NAVARIN. Souvenirs historiques, IV, *Préf.*, 49.

NAVARRE (la) a été un démembrement de l'empire de Charlemagne, VI, 131. — Est entrée dans la maison de France par le mariage de Philippe le Bel, et en est sortie sous le règne de ses fils, pour y rentrer par Jeanne, mère de Henri IV, 205.

NAVIGATEURS. Anciens, XII, *Préf.*, 4, 5, 15, et suiv. — Modernes, 18 et suiv.

NAXOS (l'île de) est reprise par Michel Paléologue, IX, *Préf.*, 106. — Pensées qu'elle inspire à l'auteur, X, 11.

NÉARQUE a reconnu les côtes méridionales de l'Asie, XII, *Préf.*, 7.

NECKER. Son opinion sur les sentiments tirés de la religion, VIII, 32. — Ses vues sur l'éducation, 128.

NÈGRES (les). Leurs traditions sur le déluge, II, 18. — Ce que les missions ont fait pour les tirer de l'esclavage. *Voir* Missions, Esclavage, Traité des noirs.

NEMOURS (le duc de) est décapité par ordre de Louis XI, et ses enfants sont placés sous l'échafaud, XIII, 111.

NEMOURS (le duc de) était le dernier descendant de Clovis, VII, 162. — Est tué à Cérignoles, *ibid.*

NÉO-GREC (style). Son introduction en architecture, VI, 249, 272.

NÉO-PLATONISME. Ce que c'est. *Voir* Plotin.

NÉOSTER-RIKE. *Voyez* NEUSTRIE.

NERET (le père) a écrit une lettre remarquable sur le Saint-Sépulcre, X, 152.

NÉRON, empereur, IV, 171. — Son caractère, 172. — Sa dépravation, XVII, 71. — Ses fêtes juvénales, 74. — Ses terreurs après le meurtre de sa mère, XIV, 40. — Sa mort, IV, 176.

NERVA, empereur, IV, 192. — Abolit le crime de lèse-majesté, *ibid.* — Punit les délateurs, *ibid.*

NESTOR est le plus ancien annaliste russe, IV, *Préf.*, 10. — Peut être appelé la source de l'histoire du nord scandinave et finoise, *ibid.*

NESTORIUS, évêque de Constantinople; son hérésie au cinquième siècle, V, 282. — Sa doctrine, *ibid.*

NEUSTRIE (la) était une des grandes divisions de la France au delà de la Loire, VI, 139. — Prend le nom de *Normandie*. *Voir* Normands.

NEW-HAMPSHIRE (le) est ravagé par les sauvages du Maine, XII, 262.

NEWTON, élève de l'université de Cambridge, XVII, 23. — Sa réputation a commencé sous Charles II, roi d'Angleterre, XIII, 305. — A été pendant plusieurs années dégoûté des mathématiques. *Voir* Mathématiques. — A expliqué un livre saint, XVII, 215. — Semble avoir dérobé à Dieu le secret de la nature, III, 142. — Etait-il un esprit faible? 146.

NEW-YORK (ville de). Sa description, XII, 26.

NEY (le maréchal) est présenté à Louis XVIII à Compiègne, XXVI, 73. — Sa lettre à M. de Talleyrand, 246.

NIAGARA. Tableau de ce fleuve et de sa chute, XVIII, 92.

NICAISE (Saint-), Eglise de Reims, beau monument gothique. Son auteur. *Voir* Libergier.

NIBELUNGEN. Poème célèbre du Nord. Analyse et fragments, V, 338, 342.

NICÉE (ville de). Son concile mémorable, IV, 314.

NICOLAS Ier, empereur de Russie, XXIX, 249. — Son éloge, IX, *Préf.*, 23. — Ordonne de réunir les documents slaves et autres titres de ce vaste empire propres au développement de la littérature, IV, *Préf.*, 12.

NICOLAS, premier sculpteur qui se soit modelé sur l'antique, XV, 316.

NICOLE s'est consacré à l'éducation de la jeunesse, XV, 268. — Est réclamé par l'Église comme un de ses appuis, 253.

NIDS des oiseaux. Leur merveilleuse construction, XIV, 157, 187. *Voir* Oiseaux.

NIEBUHR. Ses voyages, XII, *Préf.*, 30. — A composé l'histoire romaine qui précéda Rome, IV, *Préf.*, 43.

NIEUWENTYT. Son système d'histoire naturelle basé sur la religion, XIV, 144. — Fait admirer la sagesse de Dieu dans l'usage de nos organes, *ibid.*

NILOMÈDRE, V, 118.

NIMES (ville de) a été détruite par Charles Martel, VI, 105.

NIPMUCKS (les). Leur combat contre les Anglais, XII, 262.

NITHARD, petit-fils de Charlemagne, a été historien et guerrier, XII, *Préf.*, 14. — A conservé la formule du serment prononcé par Charles et Louis, en langue teutonique, VI, 28.

NIVERNOIS (M. de). Ses fables, II, 94.

NOBLESSE. Son origine, VI, 217. — Titrée remonte à Constantin, IV, 309. — Des bourgeois de Paris. *Voir* Lettres de noblesse. — Ses belles prérogatives, XXVI, 148.

NOBLESSE des Barbares, VI, 35.

NOÉ ou BACCHUS, a le premier planté la vigne, XIV, 118.

NOEL (le père), jésuite, a laissé un nom honoré dans les lettres, XVI, 27.

NOGARET (Guillaume de) déclare, dans une assemblée de prélats et de barons, que Boniface VIII n'est point pape, VI, 188. — Est chargé de notifier à ce pontife la décision des états-généraux de France, 189. — Est un des plus grands ministres que la France ait eus, XXVI, 162.

NOLA (ville). Ses vases célèbres, XIX, 119.

NOMS. Origine des noms et surnoms, VI, 131.

NOINTEL (M. de), ambassadeur français à la Porte, fait dessiner les bas-reliefs du Parthénon, IX, *Préf.*, 119.

NOORT. Ses voyages, XII, *Préf.*, 34.

NORDEN. Ses voyages, XII, *Préf.*, 34.

NORMANDIE (la) a été réunie à la couronne sous Philippe-Auguste, VI, 172. — Son échiquier a été érigé en parlement par Louis XII, VII, 161.

NORMANDS (les) se servaient de caractères appelés *runstabaths*, pour conserver la mémoire de leurs chansons, VI, 27. — Assiégent Paris sous Charles le Gros, 121. — S'établissent, sous Charles le Simple, dans la partie de la Neustrie qui s'est appelée depuis Normandie, 122. — Ont introduit en Angleterre le gouvernement féodal, XXVI, 157.

NORMANT. *Voir* LENORMANT.

NORTHBURG (Michel). Sa lettre sur la bataille de Crécy, VII, 46.

NORWÉGIENS (les). Leurs découvertes inconnues à l'Europe franque, XII, *Préf.*, 15.

NOTRE-DAME-DES-ANGES. Nom d'une église construite sur les ruines des Thermes de Dioclétien, IV, 295.

NOVEMPOPULANIE (la) a été conquise par les Gascons, VI, 99.

NUIT (tableau de la), poésie, XXIV, 25, 27. — D'une belle nuit sous le ciel de la Grèce, XIX, 29.

NUMA, fondateur de la grandeur de Rome, XVII, 57.

NUMÉRIEN, empereur, IV, 278 et suiv.
NUNEZ (cap) a longtemps arrêté les pilotes, XII, *Préf.*, 23.—A été doublé en 1433, *ibid.*

O.

OBÉLISQUES égyptiens à Rome, IV, 342.
OBSÈQUES. *Voir* Funérailles.
OCCIDENT (empire d'), V, 164.
OCÉANIQUE (l') est civilisée par les Européens, XIII, *Préf.*, 38. — Son commerce, *Préf., ibid.*
OCTOTATAS (les). Leur petite population, XII, 266.
ODENAT, empereur d'Orient, IV, 259. — Plus connu par sa femme Zénobie et le rhéteur Longin, que par lui-même, *ibid.* — Est massacré, 267.
ODEUM (l'). Célèbre théâtre à Athènes. Ses ruines, IX, 163.
ODIN est le premier législateur des Goths et leur dieu de la guerre, IV, 249.
ODON, abbé de Cluny. Sa science, V, 273.
ODYSSÉE, mise en parallèle avec le Paradis perdu, XV, 49. *Voir* Homère.
OEUF (l') garrotté et traîné par six bœufs, usage singulier le jour de la fête de Langeac, XIII, 110.
OFFICES DE L'EGLISE. Leurs beautés religieuses et poétiques, XV, 41, 45, 48, 73.
OGIVE. Caractère merveilleux et pittoresque de cette forme dans l'architecture, VI, 274, 275.
OHIO (l'). Sa découverte due aux missionnaires, VIII, 77. — Monuments qui se trouvent sur les bords de ce fleuve, XII, 64. — Conjectures sur les mines qui se rencontrent sur ses bords, 67.—Sa description, 69.
OISEAUX. Leur chant fait pour l'homme, XIV, 153. — Leur instinct, 157. —Leurs nids, *ibid.* — Leurs migrations, 160.—Servaient de calendrier aux laboureurs, 170. —Oiseaux de mer, comment utiles à l'homme, 166.—De l'Amérique, XII, 112.
OJOZIO (don Diego de Santistevan) a ajouté des chants supplémentaires à l'*Araucana* d'Ercilla, XIV, 261.
OLDERIC. Sa relation des Lieux-Saints, XII, 13.—A été témoin de la cérémonie du feu sacré, IX, *Préf.*, 188.
OLIVIERS (montagne des). Remarque curieuse de Baronius à son sujet, XX, 340. — Où située, IX, *Préf.*, 128.
OLIVIERS (Jardin des) appartient aux pères Latins, X, 181. —Objets sacrés qui s'y trouvent, 128.
OLYMPE (bois de l'). Ruines qu'on y trouve, XVI, 29.
OLYMPE (mont). Ce qu'en disent les anciens, XIX, 92, 282. — Ses cotons renommés. *Voir* Cotons.
OLYMPIUS résiste par la force aux chrétiens d'Alexandrie, destructeurs du temple de Sérapis, V, 119.
OMEEAH, *Orano*, nom du chef de l'ordre religieux, dans les îles Sandwich, II, 175.
ONDOURÉ, principal chef guerrier des Natchez. *Voir* la table sommaire des Natchez.
ONÉSICRITUS a reconnu les côtes méridionales de l'Asie, XII, *Préf.*, 4.
ONOMASTICUM *urbium et locorum sacræ scripturæ*. Ouvrage d'Eusèbe, cité, IX, *Préf.*, 134.
ONONDAGAS (les), peupla-

de iroquoise, XII, 31.— Donnent leur nom à un lac, *ibid.* — Leurs mœurs, 36.

ONTARIO (fleuve), reconnu par le père Lamberville, VIII, 77.

ONTARIO (lac). Ses productions, XII, 49.

OPIUM de Salonique, renommé, IX, *Préf.*, 30.

OR. Prohibé dans les temples, XIX, 242.

ORACLES des païens, cités, V, 25. — Sur la Trinité, 26. — Sont réduits au silence, 51. — De Delphes, consultés par Brutus. *Voir* ce nom. — Comment rendus par les sibylles, XX, 199, 344. *Voir* Urne de bronze.

ORAGE (tableau d'un) dans le désert, XVIII, 42; XII, 95. — Sur mer. *Voir* Tempête.

ORAISON DOMINICALE, en teuton, VI, 342.

ORAISON DOMINICALE, XVI, 51.

ORAISONS FUNÈBRES de Bossuet, XV, 316.

ORANGE (le prince d') combat dans l'armée contre la France, II, 278. — Est assassiné à Delft par Balthasar Gérard, VII, 219.

ORATOIRE (célèbre société de l'). Noms de quelques uns de ses savants, VI, 19.

ORCADES (les) ont été conquises par les pirates normands, XII, *Préf.*, 22. — Renferment les plus belles ruines des monuments chrétiens, XV, 31.

ORDONNANCE des rois de France. *Voir* Villers-Coterets.

ORDRE (sacrement de l'). Sa dignité, XIV, 47. *Voir* Sacrements.

ORDRES MILITAIRES. Chevaliers de Malte, XVI, 220. — Ordre teutonique, 225. — Chevaliers de Calatrava, 227. *Voir* Chevalerie.

ORDRES RELIGIEUX. Services qu'ils ont rendus à la société, XVI, 229. *Voir* Clergé séculier.

ORESME (Nicolas). Savant du moyen-âge à la renaissance, VI, 257.

OREILLE. Son organisation intérieure analysée, XIV, 326.

ORESTE, secrétaire d'Attila, était père d'Augustule, V, 198.— Est assiégé et tué dans Pavie par les Barbares, *ibid.*

ORGUE. En usage au moyen-âge, VI, 145.

ORIENT. Empire d'Orient, V, 164. — Tableau historique des grands événements qui ont rendu cette contrée si célèbre, XX, 64. — Souvenirs des Hébreux, du désert, des gloires militaires, des conquérants, de l'Égypte et de ses superstitions, 65, 67.

ORIFLAMME. Étendard; célèbre dans les armées chrétiennes du moyen-âge, VI, 305. — Sa description, XI, 107. — Son origine remonte aux Barbares, 157.

ORIGÈNE. Sa renommée, V, 261. — Ses sectaires, 286. — Son école, IV, 228. — Ses ouvrages, *ibid.*—Confirme la hiérarchie sacerdotale, XVI, 238.—Sa défense du Christianisme, XIV, 25.— Son style, 3.

ORIGINES (livre des). *Voir* Isidore de Séville.

ORIGINES FRANÇAISES. Leur source se trouve dans les écrits des religieux et les archives des monastères, IV, *Préf.*, 20.

ORIGNAL. Description de cet animal, XII, 107.

ORLÉANAIS (les). Leur fidélité au trône de saint Louis est chez eux une vertu héréditaire, XXIX, 299.

ORLÉANS (le duc d'), frère du roi Jean, commandait le premier corps de l'armée française à Poitiers, VII, 78. — Préside la noblesse aux états-généraux convoqués par Charles, dauphin, 105.

ORLÉANS (le duc d') est d'abord duc de Touraine, VII, 127.—Épouse Valentine de Milan, *ibid.*

ORLÉANS (le duc d') est mécontent de la cour, VII, 158.—Se retire en Bretagne; *ibid.* — Est assassiné par le duc de Bourgogne, 133.

ORLÉANS (le duc d') est fils de celui qui fut assassiné par Jean de Bourgogne, VII, 134. —. Epouse Bonne d'Armagnac, *ibid.*

ORLÉANS (Philippe d') a été régent pendant la minorité de Louis XV, VII, 337.—Fait déclarer que, si la famille royale venait à s'éteindre, les Français seraient libres de se choisir un chef, *ibid.* — Son caractère, XXV, 2. — Ses mœurs, *ibid.*

ORLÉANS (le duc d') dit Égalité, comparé à Pisistrate, II, 69.

ORLÉANS (Louis-Philippe, duc d'), aujourd'hui roi des Français. Son éloge par l'auteur, XXXI, 115, 119. — A été obligé, pour vivre, d'avoir recours au moyen employé par Denys à Corinthe, III, 61.

ORLÉANS (ville d') est préservée des Huns par saint Agnan, VI, 174. — Son université a été fondée par Philippe-le-Bel, 256.

OROSE était plus occupé du schisme de Pélage que de la désolation de l'Afrique et des Gaules, VI, 58. — A été consulté par l'auteur, pour la peinture des mœurs des Francs et des Gaulois, XIX, 11.—Traduction de cet écrivain par Alfred le Grand. *Voir* ce nom.

ORPHÉE est né en Thrace, II, 218. — Fragments de ses ouvrages, *ibid.*

ORTÉLIUS. Ses renseignements sur la Grèce, IX, *Préf.*, 113.

OSAGES (les). Leur petite population, XII, 266.

OSMAN, pacha. Sa manière de purger la Morée des voleurs qui la dévastaient, IX, 18.

OSMANLIS. Leur barbarie envers les villes conquises, IX, *Préf.*, 39.

OSSIAN. Ses poésies, XV, 31. — Opinion de l'auteur au sujet de ce poète, XVII, 206. — Fragment de ses poésies, XV, 328.

OSTERRI - RIKE. *Voir* *AUSTRASIE.*

OSORIO (D. Diego de Santistevan), continuateur de l'*Araucana* d'Ercilla, *Voir* Ojorio.

OSTROGOTHS (les) étaient les Goths d'Occident, IV, 250. — Leur division, *ibid.*

OTAITI possède des imprimeries, XII, *Préf.*, 48.—Sa description, XVI, 97.

OTHER, le Norwégien, s'est avancé jusqu'à la mer Blanche, XII, *Préf.*, 16.—Son *périple* de la Baltique a été inséré par Alfred le Grand dans sa traduction d'Orose, IV, *Préf.*, 14.

OTHON, empereur, IV, 179.

OTWAY a fleuri sous Charles II, roi d'Angleterre, XIII, 305. — Ses horreurs délassent les Anglais des monstruosités de Shakespeare, VIII, 42.

OUÏE des Sauvages. Sa finesse extraordinaire. *Voir* Echo.

OURS. Mœurs de cet animal, XII, 106.

OURS (lac d') a été un des lieux d'hivernage du capitaine Franklin, XII, *Préf.*, 43.

OUTOUGAMIZ est frère de Céluta. *Voir* la Table sommaire des Natchez.

OVIDE. Ses écrits, XV, 105. — Son tombeau, XIX, 187.

OXFORD (ville d'). Sa bibliothèque renferme les manuscrits d'Homère, XVII, 23. — Ses marbres d'Arundel et ses éditions classiques, *ibid.* — Inscription romaine qu'elle possède et ce qu'il en résulte contre Voltaire, XVI, 303.

P.

PACHA (le) d'Égypte. Sa puissance gigantesque, IX, *Préf.*, 15.

PACIFICUS, archidiacre de Vérone, est regardé comme l'inventeur de l'horloge à roues, XVII, 32.

PACIFIQUE (le père). Jugement porté contre son ouvrage sur la Terre-Sainte, X, 150.

PACOME. Un pieux anachorète de la Thébaïde, XVI, 134. — Son genre de vie, V, 272.

PÆRTZ (M.) recueille les historiens allemands, IV, *Préf.*, 11. — A visité le cabinet de nos chartes, et fouillé les archives du Vatican, *ibid.*

PAGANISME. Son origine, VIII, 171. — Toutes ces brillantes chimères sont puériles et vaines devant le christianisme, 172. — Époque où il commença à tomber, V, 109.

PAGI est l'éternel flambeau des fastes consulaires, IV, *Préf.*, 37.

PAIRIE. Origine de cette dignité, VI, 158; XIX, 157. — En Angleterre, XXXIII, 110.

PALAIS célèbres, cités. *Voir* Alhambra, Généralife. — D'Hiéroclès, sa description, XIX, 246. — Des Thermes à Paris, de Farnèse et de Borghèse. *Voir* Praxitèle, Thermes, etc.

PALESTINE (la). Aspect de ses rivages, IX, 87. — Sa délivrance a soulevé l'Occident contre l'Orient. *Voir* Croisades. — Il est faux qu'elle fût stérile, X, 205.

PALESTRINE. Sa célèbre mosaïque, citée, XV, 342.

PALINGÉNÉSIE SOCIALE, par M. Ballanche. Mérite de cet ouvrage, IV, *Préf.*, 50.

PALLAS. Ses voyages, XII, *Préf.*, 30.

PALMYRE (ville de) est détruite par Aurélien, IV, 270. — Caractère de ses ruines, XVI, 27.

PALUS-MÉOTIDES (les). Leur passage découvert par les Huns, VI, 48.

PAMISUS, fleuve de la Grèce. Ce que les mythologies en disent, XIX, 220.

PAMPHILE a été un des hommes les plus illustres des églises d'Afrique et d'Asie, XX, 50.

PANCRATIEN, évêque. Son discours au concile de Brague en Lusitanie, V, 173.

PANIS (les). Leur petite population, XII, 266.

PANORAMA de Jérusalem; surprise de l'auteur à cette vue, IX, *Préf.*, 2.

PANTENUS, chef de l'école chrétienne d'Alexandrie, a prêché la foi aux nations orientales, IV, 210. — A été remplacé, dans les écoles chrétiennes, par Clément d'Alexandrie, V, 260.

PANTHALAMA (fontaine de). Origine de son nom, IX, 60.

PANTHÉON de Rome, sauvé de la destruction par un pape, IV, 31; V, 118.

PANTHÉON. Nom donné par la révolution à une église enlevée au christianisme, IV, *Préf.*, 73.

PAOLO (Fra). Son style, XV, 282.

PAPES (les) sont les chefs de la civilisation au moyen-âge, VI, 132; XVII, 35. — Leur influence sur les arts et les monuments est incontestable, IV, 28, 31. — Rome leur doit d'être restée la reine du monde moderne, VI, 135; XVII, 33, 35. — Les vices de quelques uns ne prouvent rien contre la papauté, 34.

PAPAYAS. Beauté de cet arbre et de ses fruits, XII, 90.

PAPHNUCE, évêque de la haute

Thébaïde, XIX, 108. — Chassait les démons par sa parole, *ibid.* — Était disciple de saint Antoine, IV, 316. — A formé le concile de Nicée, *ibid.* — A eu l'œil droit crevé et le jarret gauche coupé, *ibid.*

PAQUES (île de) a été découverte par Cook, II, 170.

PARADIS chrétien, XIV, 235, 240. — La peinture de l'Elysée antique, par Fénelon, est celle du paradis chrétien. *Voir* Elysée.

PARADIS de Mahomet. *Voir* ELYSÉE.

PARADIS PERDU. Poème de Milton; examen de ce poème, XIV, 250. *Voir* Milton.

PARAGUAY (le). Sa constitution, XVI, 178. — Ses mœurs, *ibid.*

PARAGUAY (le) fleuve dont le nom signifie *fleuve couronné*, XVI, 180. — Description de ses bords, *ibid.*

PARAMATTA (ville de). Sa situation, XII, *Préf.*, 40.

PARAOUTIS (les). Nation éteinte, XII, 262.

PARDESSUS (M.) a publié un ouvrage intitulé : *Antiquités du droit maritime*, IV, *Préf.*, 15.

PARENNIN (le père). Sa lettre à Fontenelle en envoyant des ouvrages chinois à l'Académie des sciences, XVI, 175. — Parlait le chinois et le tartare, *ibid.* — A laissé un nom honoré dans les sciences, XVII, 27. — N'a point de parallèle parmi les voyageurs anglais, VIII, 72.

PARFUMS de l'Inde. Comment apportés à Rome, XX, 64, 288.

PARGA. Les habitants de cette ville emportent dans l'exil les cendres de leurs pères, IX, *Préf.*, 31.

PARIS (ville de) était aimée de Julien, IV, 234. — Sa description par cet empereur, XX, 233 et suiv. — Est sauvée par sainte Geneviève de l'invasion d'Attila, V, 204; VI, 73. — Assiégée par les Normands, sous Charles le Gros, 121. — Sa révolution de 1356, VII, 113. — Est assiégée par le duc de Bourgogne, sous Charles VI, 134. — Est livrée aux Bourguignons, *ibid.* — Ses environs étaient si peu connus, dans le moyen-âge, qu'un abbé de Cluny n'osait les parcourir, XII, *Préf.*, 18. — Son université était composée de quatre facultés, XVII, 22. — Ce corps savant avait une poste aux lettres long-temps avant que Louis XI en eût fondé l'établissement, VI, 255. — Son parlement devient sédentaire, sous Philippe-le-Bel, 182. — Histoire de cette magistrature, XXVI, 156. — Son clergé réclame la liberté de la presse avec des lois répressives de sa licence, XXVII, 111.

PARISII. Quel était ce peuple, XX, 234. — Leurs conquêtes en Angleterre, 240.

PARLEMENT. Son origine et son influence sur les événements, VI, 184. — Son histoire, ouvrage promis et vivement attendu. *Voir* Barante. — De Paris, VI, 184, 186. — Parallèle des parlements de France et d'Angleterre, XXXIII, 110. — De Toulouse. *Voir* ce nom. — Le long parlement en Angleterre; ce que c'est, XIII, 185.

PARME (le duc de) a fixé l'art moderne de la guerre, VII, 303.

PAROLE HUMAINE. Théorie de M. de Bonald à ce sujet, VIII, 213.

PAROS (île de) est reprise par Michel Paléologue, IX, *Préf.*, 107.

PAROISSES. Leur origine, XVI, 123.

PARQUES (les). Ce qu'en disent les mythologies, XIX, 254.

PARRY (le capitaine). Sa position dans la mer Glaciale, XII, *Préf.*, 41. — Est nommé de nouveau pour explorer les régions du pôle arctique, *Préf.*, 43. — Son voyage, *ibid.*

PARTHENON (le). Sa place présumée, IX, 132. — Sa description, 141. — Sa destruction par les Vénitiens, 145.

PARTHENOPE. Ancien nom de Naples. *Voir* Naples.

PARTHES (les) se soulèvent sous Néron, et sont contenus par Corbulon, IV, 178. — Sont appelés par Antigone et entrent dans Jérusalem, X, 190.

PARURES en usage au moyen-âge, VI, 284.

PASCAL. Son portrait, XV, 262. — Imité par Labruyère, 260. — Rapprochement de ces deux auteurs, *ibid.* — Rousseau lui doit une de ses idées les plus fortes de son discours sur l'inégalité, 266. *Voir* Pensées. — Dissertation sur son génie, 263. — S'est consacré à l'éducation de la jeunesse, 268. — A fait une apologie sublime de la religion, XVII, 152. — Ses provinciales, VII, 340.

PASCHA a fait un voyage en Palestine, IX, *Préf.*, 139.

PASQUIER (Etienne). Ce qu'il rapporte du gibet de Montfauçon, VI, 197.

PASSERAT vivait sous François II et Charles IX, VII, 196.

PASSIONS. Sont ramenées à un but utile par le Christianisme, XV, 59. — Amour ; sa peinture, par Massillon, 64. — Amour passionné ; Didon de Virgile, 63. — Phèdre de Racine, 68. — Julie d'Estanges, 71. — Clémentine, *ibid.* — Héloïse et Abeilard, 74. — Amour champêtre ; le Cyclope et Galatée, 80. — Paul et Virginie, 84. — La religion considérée comme passion, 89. — Polyeucte, 94. — Du vague des passions, 98. *Voir* René.

PASTEURS (rois). Ce qu'en pense l'auteur, II, 16.

PATER. *Voir* Oraison Dominicale.

PATRIE. *Voir* Amour de la patrie.

PATRIA ou LITERNE. Sa description, XIII, 62 ; XIX, 292.

PATRIARCAT. Son origine en Orient, XVI, 122.

PATRIARCHES. Tableau de leurs mœurs antiques, XV, 184, 186, 196, 198, 200, 204.

PATROCLE était amiral d'Alexandre, XII, *Préf.*, 5. — A navigué sur l'Océan indien, *ibid.*

PAUL (saint), IV, 198. — A évangélisé la Grèce, 171. — Catéchise la Provence et l'Espagne, *ibid.* — Est le fondateur de l'église de Narbonne, 248. — Son portrait par Bossuet, XV, 334. — Son portrait de la charité. *Voir* Charité.

PAUL (saint), Ermite, est le premier cénobite chrétien, IV, 253 ; XVI, 139. — Sa belle exposition du christianisme, XX, 61. — Sa mort, 69.

PAUL II, pape, fixe le retour du jubilé à la vingt-cinquième année, IV, 245.

PAUL, de Samosate, fait sa fortune en débitant ses erreurs, V, 286.

PAUL, jurisconsulte romain, était ennemi des chrétiens, IV, 120.

PAUL (Saint). Village de la Morée où se passe une aventure tragique racontée par l'auteur, IX, 88. — Sa description, 89.

PAUL et VIRGINIE. Mérite de ce célèbre ouvrage, XV, 84.

PAUSANIAS, roi de Sparte. Son caractère, II, 289. — Sauve sa patrie à Platée, *ibid.* — Sa condamnation à mort, III, 63.

PAUSANIAS. Son voyage est le seul modèle que l'antiquité nous ait laissé de ce genre d'histoire, VIII, 253. — A donné la description des tableaux de l'école grecque, XV, 218. — Son exactitude sur Athènes, IX, 125.

PAUVRES. Comment traités par

le paganisme, XX, 330. — Et par le christianisme, 175, 354.

PAVIE (bataille de). Ses résultats funestes pour la France, VII, 170.

PAYENS. Tableaux de leurs mœurs, V, 290. *Voir* Idolâtrie, Mystères, Pauvres, Polythéisme, Esclavage, Jeux.

PEINTRES de l'antiquité. Leurs ouvrages. *Voir* Pausanias. Pline en a donné un catalogue très curieux. *Voir* Pline.

PEINTURE CHRÉTIENNE. En quoi supérieure aux chefs-d'œuvre du paganisme, XV, 213. — Mosaïque, citée. *Voir* ce mot.

PEKIN (ville de) est citée par Marc Paul, XII, *Préf.*, 18.

PELAGE, moine breton. Sa doctrine, V, 283.

PELAGUS. Lieu où fut tué Epaminondas, XX, 90, 302.

PÈLERINAGES, dans les temps de foi, XX, 186, 336.

PÉLION (le mont). Ses cotons renommés, IX, *Préf.*, 30.

PELLEGRIN. Son voyage en Morée n'est qu'un pamphlet, IX, *Préf.*, 123.

PELLETIER (Guillaume). Savant du moyen-âge à la renaissance, VI, 257.

PELLOUTIER. Son histoire des Celtes a été consultée par l'auteur, pour la peinture des mœurs des Francs et des Gaulois, XIX, 10.

PÉLOPONÈSE (le) a été ravagé par Alaric, V, 169. — A été envahi par les rois de Sicile, les Pisans et les Vénitiens, IX, *Préf.*, 103. — Change son nom en celui de Morée, *Préf.*, ibid. — Son aspect, 182. — Sa situation actuelle, 185. — Ses côtes sont couvertes des ruines de la Grèce, XVI, 29.

PELTRIE (madame de la). Ses vertus, XVII, 16. — Ses œuvres, 19.

PENSÉES (les) de Pascal, XV, 260, 264. — Motif de l'édition de cet ouvrage avec les notes, 290.

PÉNITENCE PUBLIQUE. Tableau de l'ancienne discipline, XX, 124, 215.

PENSÉE (la). Quelle est sa nature et son origine, XIV, 317. — Est indépendante du mouvement, 319. — Comment elle prouve l'existence de Dieu, 321.

PEPIN, fils de Charles Martel, roi de France, VI, 104. — Est élu chef de la Neustrie, de la Bourgogne et de la Provence, *ibid.* — A proclamé roi Childéric III, *ibid.* — Demande au pape Etienne l'absolution de son infidélité envers Childéric III, 114. — Reprend l'exarchat de Ravenne et le donne au pape, *ibid.* — Fixe le *mallum publicum* au mois de mai, XXIX, 311.

PEPIN LE VIEUX a été maire du palais sous Dagobert et sous Sigebert II, VI, 102.

PEPIN D'HÉRISTAL, duc d'Austrasie, a fait la guerre à Thierry III, VI, 102. — Gouverne comme maire du palais jusque sous Dagobert III, *ibid.* — Sa mort, 103.

PEPIN, fils de Carloman, n'est plus mentionné dans l'histoire, VI, 117.

PEPIN, fils de Louis le Débonnaire, a été duc d'Aquitaine, VI, 119.

PÈRE. Parallèle de ce caractère dans l'antiquité païenne et chrétienne, XV, 20, 24.

PÈRES DE L'ÉGLISE. Doivent être consultés sur les voyages anciens, XII, *Préf.*, 11. — Leur éloquence supérieure à celle des savants païens de leur époque, V, 260, 261. — Noms de quelques uns des pères latins, 269, 271. — De l'Eglise grecque, 261. — Sont des élèves de l'école d'Athènes, IX, *Préf.*, 100; V, 259. *Voir* Eloquence.

PÈRES DE LA TERRE-SAINTE. Leur existence, X, 296. — Description de leur couvent à Jérusalem, 246.

PÈRES DE LA TERRE-SAINTE (les). Leur hospice, X, 75. — Leurs exercices, 76. — Réception qu'ils font à l'auteur, 30. — Adieux de l'auteur, 298.

PÈRES DU DÉSERT. Leur solitude et leur existence merveilleuse, XX, 60, 61, 285, 286.

PERFECTIBILITÉ humaine illimitée, XIV, 108.

PERGAME (ville de). Ses ruines, X, 27. — Son école célèbre, V, 21.

PERGOLÈZE a déployé, dans le *Stabat mater*, la richesse de l'art lyrique, XV, 211.

PÉRIANDRE était l'un des sept sages de la Grèce, II, 114.

PÉRICLÈS vivait publiquement avec la femme de son fils, V, 310. — Ses immoralités, *ibid.*

PÉRIGORD (le cardinal de) est envoyé par le pape pour mettre fin aux querelles du roi Jean et d'Édouard III, VII, 81.

PÉRIPLE de la Baltique. Ce que c'est. *Voir* Other. — D'Hannon pour la fondation d'une colonie. *Voir* Hannon.

PERPÉTUE (sainte). Son martyre raconté par elle-même, V, 250.

PERSE (la). Son étendue, II, 231. — Son droit politique, 234. — Sa législation, *ibid.* — État de son gouvernement, 235. — Sa religion, 236. — Ses arts, 239.

PERSES (les). Étendue de leur empire, II, 232. — Leur manière de compter les jours, XIV, 112. — Leurs colléges sacerdotaux, V, 83. — Sont nommés aussi Parthes, IV, 222.

PERSÉCUTIONS contre le christianisme, IV, 172, 193, 212, 238, 286. — Prouvées contre Voltaire par Tacite, XVI, 302. — Tableau résumé des persécutions, d'après Eusèbe, XX, 350. — D'après Lactance, 353. *Voir* Dioclétien, Dèce, Julien, Hiéroclès, Marc-Aurel, Néron, Tibère, Martyrs de la légion Thébaine, etc.

PERSIQUE (golfe) est visité par les Portugais, XII, Préf., 28.

PERSONNIFICATION (la) des êtres moraux dans le polythéisme prouve-t-elle la pratique de la morale ? XV, 324.

PERSPECTIVE (art de la). Les anciens peintres l'ont-ils connue ? XV, 340.

PERSECUTORUM (de morte). Extrait de cet ouvrage, XX, 353.

PERTINAX, empereur, IV, 204. — Son caractère comme soldat, *ibid.* — Sous son règne, l'éloquence chrétienne a pris naissance, 209.

PESANTEUR spécifique des corps. *Voir* Archimède.

PESCAIRE (le marquis de). Ses paroles à Bayard mourant, VII, 170.

PÉTAU (le père), jésuite, est l'oracle de la chronologie, IV, Préf., 19. — A laissé un nom honoré dans les lettres, XVII, 27.

PETERS, prédicant arrivé d'Amérique, excite le peuple à demander la mort de Charles Ier, XIII, 223. — A été condamné à mort à la restauration de Charles II, 298. — Était le favori de Jacques II, roi d'Angleterre, XIII, 308.

PETIT (Jean) soutenait publiquement, sous Charles VI, la doctrine du régicide, VII, 110.

PETITOT (M.) a fait la collection des Mémoires relatifs à l'histoire de France, depuis Philippe-Auguste jusqu'au dix-septième siècle, VIII, 342.

PETIT-RADEL (M.), cité au sujet des constructions cyclopéennes, IX, 97.

PÉTRARQUE, VI, 266. — Ses poésies et ses ouvrages philosophiques, III, 134. — A porté à un haut degré de perfection le genre descriptif, XV, 114. — Ce qu'il dit des mœurs de son temps, VI, 266.

PÉTRONE est célèbre par la fermeté avec laquelle il mourut, VIII, 245.

PEUPLES. Leur origine et leurs migrations suivant Moïse, XII, *Préf.*, 3. — Pasteurs, leur auteur. *Voir* Sem.

PEUTINGER. Sa carte a été consultée par l'auteur pour les descriptions des Martyrs, IX, *Préf.*, 19.

PHARAMOND n'a peut-être pas existé, VI, 89. — A eu plusieurs homonymes, XIX, 8.

PHARAON et ses tombeaux. Belle image tirée de l'Écriture-Sainte, XX, 54, 276.

PHÈDRE, tragédie d'Euripide, XV, 69.

PHÈDRE, tragédie de Racine, XV, 68. — Est l'épouse chrétienne, *ibid.*

PHIDIAS. Ses ouvrages dans les palais Borghèse et Farnèse, XVII, 31. — Époque de la perte de la Minerve. *Voir* Marinus. — De la statue de Jupiter, IX, *Préf.*, 100.

PHILADELPHIE (ville de). Sa description, XII, 17.

PHILIPPE, roi de Macédoine, est le père de la politique moderne, III, 117.

PHILIPPE Ier, roi de France. Son caractère, VI, 161. — Répudie la reine Berthe, 164. — Enlève Bertrade de Montfort, *ibid.* — Triomphe des guerres qu'on lui suscite, et des excommunications lancées contre lui, *ibid.* — Son tombeau à Saint-Denis et ce qu'on y trouve, XVI, 279.

PHILIPPE II, dit *Auguste*, roi de France, a réuni à la couronne plusieurs grandes provinces, VI, 172. — Cite Jean sans Terre, roi d'Angleterre, devant la cour des pairs, *ibid.* — Fait couronner son fils roi d'Angleterre, *ibid.* — Est près de périr à la bataille de Bouvines, 173. — Passe en Orient, 174. — Fait enclore et paver Paris, 176. — Son tombeau à Saint-Denis et ce qu'on y trouve, XVI, 292.

PHILIPPE III, roi de France, VI, 180. — A donné les premières lettres d'anoblissement, *ibid.* — Rendait hommage à l'abbaye de Moissac, 181. — Meurt, 225.

PHILIPPE IV, dit *le Bel*, roi de France. Ses querelles avec Boniface, VI, 182. — Est excommunié, 188. — En appelle au futur concile, 189. — Rend le parlement permanent à Paris, XXIX, 312. — Jusqu'à son règne les capitulaires de Charlemagne étaient obligatoires, VI, 128. — Sous son sceptre a commencé la monarchie des trois états et du parlement, 152, 181. — Son tombeau à Saint-Denis et ce qu'on y trouve, XVI, 294.

PHILIPPE V, dit *le Long*, roi de France, VI, 203. — Son sacre s'est fait à huis clos, 204. — Termine les guerres de Flandre, en donnant en mariage sa fille Marguerite au comte de Nevers, 205. — Sous son règne reparaissent les *pastoureaux*, *ibid.* — Ses ordonnances, 208. — A voulu établir l'égalité des poids et mesures, et une seule monnaie pour la France, *ibid.* — Aimait et protégeait les lettres, *ibid.* — Est mort à Long-Champ, 209. — Sous son règne s'agite la question de l'hérédité de la couronne, 156. — Son tombeau à Saint-Denis et celui de sa femme, XVI, 280. — Objets qu'on y trouve renfermés, 298.

PHILIPPE, dit *de Valois*, roi de France, a été choisi par nos pères pour roi de France, au lieu d'Édouard III, roi d'Angleterre, XXVI, 53. — Sommaire de son règne, VI, 305, 310, 314. — Apprend par son fou la perte du combat naval de l'Écluse, 312. — N'était pas aimé de la noblesse, 325. — Sa mort, VII, 60. — Son tombeau et celui de ses deux femmes à Saint-Denis, XVI, 280. — Celui de sa fille trouvée sans tête, 290. — Particularités remarquables sur ce tombeau, 297.

PHILIPPE DE NAVARRE, frère de Charles le Mauvais, soulève la Normandie contre le roi Jean, et y proclame Édouard roi de France, VII, 71.

PHILIPPE, fils du roi Jean, accompagne son père à la bataille de Poitiers, VII, 78. — Est fait prisonnier avec ce monarque, *ibid.*

PHILIPPE LE BON, duc de Bourgogne, succède à Jean sans Peur, VII, 135. — S'allie aux Anglais, *ibid.*

PHILIPPE DE SIDE est un historien ecclésiastique du siècle de Théodose II, V, 199.

PHILOENIS. Son ouvrage sur l'impudicité des femmes, V, 313.

PHILOPOEMEN trouve la mort à Messène, XIX, 277. — Ses cendres sont transportées à Mégalopolis, *ibid.*

PHILOSOPHES de l'antiquité. Leur morale abjecte dévoilée par Julien, V, 328 et suiv.

PHILOSOPHES chrétiens. Sujet des chapitres 3, 4, 5 et 6 du livre II de la troisième partie, XVI, 253 et suiv. — Métaphysiciens, Publicistes, Moralistes. *Voir* ces mots.

PHILOSOPHES du dix-huitième siècle, ont dit peu de choses qui n'aient été dites par ceux du dix-septième siècle, XVI, 264.

PHILOSOPHIE (de la) chez les Grecs. Son histoire, II, 112; V, 320. — Chez les nations modernes et sous l'influence du Christianisme, XV, 231. *Voir* Bonald, Ballanche, Herder, Vico, Astronomie, Mathématiques, Philosophes.

PHILOSOPHIE des incrédules. Ses méprises et ses résultats, XXXI, 243.

PHILOSOPHIE de l'Allemagne. Ce qu'en dit l'auteur, IV, *Préf.*, 122.

PHILOSOPHIE de l'histoire. Ce que c'est, IV, 41 et suiv.

PHILOSTORGE était un historien ecclésiastique du siècle de Théodose II, V, 199.

PHOCION. Sa mort, son tombeau, ses funérailles, XIX, 276.

PHOCYLIDE. Vers cités de ce poète sur la résurrection, XIV, 238.

PHOENICIE (la). Sa constitution, II, 227. — Ses révolutions, 228. — Tombe sous le joug des Mèdes et des Perses, 229. — Son commerce, 230.

PHOTIUS. Célèbre auteur du schisme d'Occident. Fragment de sa bibliothèque, cité, VI, 53. — Sur une bataille livrée entre les ames des Huns et des Romains, *ibid.* — Sa tentative pour ressusciter le polythéisme, V, 137.

PIBRAC, auteur de quatrains, vivait sous François II et Charles IX, VII, 196.

PIC DE LA MIRANDOLE. Savant distingué du moyen-âge à la renaissance, VI, 257.

PICHEGRU (le général). Son caractère, II, 289. — Est déporté à Sinnamary, XVI, 199. — A été pleuré par la France, XXVI, 18.

PICTES (les) ravagent l'Angleterre sous le règne d'Honorius, V, 171. — Attaquent la muraille d'Agricola, XX, 239. — Sont vaincus sous les murs de Petuaria, *ibid.* — Exterminent les Bretons, VI, 64.

PIE VI. Son éloge, XVII, 33.

PIE VII. Sa captivité, XXIX, 256. — Sa grandeur dans les fers, XXV, 52.

PIERRE (saint). Jette dans la capitale de l'empire romain les fondements de la puissance ecclésiastique, IV, 139, 170. — Est captif à Jérusalem, *ibid.* — Envoie des missionnaires en Sicile, en Italie, dans les Gaules et sur les côtes d'Afrique, 171. — A subi le martyre sous Dioclétien, 290.

PIERRE PASCAL (saint) était évêque de Jaén, XVII, 4. — Tombe en esclavage chez les Turcs, et préfère la délivrance des femmes et des enfants au rachat de sa propre liberté, *ibid.* — Sa mort, *ibid.*

PIERRE L'ERMITE. Sa relation des Lieux-Saints, XII, *Préf.*, 12.

PIERRE-PACIFIQUE. Sa notice sur Athènes, IX, *Préf.*, 121.

PIERRE RAMUS vivait sous François II et Charles IX, VII, 196.

PIERRE LABOUREUR. Son *Credo* est une satire amère contre les moines mendiants, VI, 267.

PIERRES DRUIDIQUES, citées, XX, 37, 264.

PILATE (actes de), conservés à Jérusalem et cités, X, 170. — Maison de ce nom, citée, 169.

PINDARE est resté loin de la poésie du livre de Job, X, 117.

PIRÉE (le). Son état actuel, IX, 157, 158.

PISE (ville de) a dû ses richesses aux croisades, XVII, 48. — Sa belle cathédrale, citée, VI, 273.

PISISTRATE était chef des montagnards athéniens, II, 45. — Est comparé à Robespierre et au duc d'Orléans, *ibid.* — Est choisi par Solon pour rendre le calme à la république, 47. — S'empare de la citadelle d'Athènes, et règne sur cette ville, *ibid.* — Est chassé de ses murs par Mégaclès et Lycurgue, 48. — Est rappelé par le premier, *ibid.* — Sa mort, 49.

PITHOU (Pierre) a formé, avec Marquard Fréher, le plan d'une collection des historiens de France, IV, *Préf.*, 29.

PITT. Son habileté dans l'affaire de l'émancipation des catholiques, VIII, 15. — Son éloquence comparée à celle d'Ulysse, II, 159.

PLACIDIE, sœur de l'empereur Honorius. Sa captivité chez les Goths, V, 185. — Épouse Ataulphe, roi de ces Barbares, 186. — A un fils appelé Théodose, 187. — Est renvoyée à Honorius par Vallia, deuxième successeur d'Ataulphe, 188. — Épouse Constance et lui donne un fils et une fille, *ibid.*

PLANS (les) des plus belles églises gothiques sont dus à des religieux, XV, 11, 47. *Voir* Libergier, Suger.

PLANTES. Leur création. Ce qu'en pensaient les anciens, XIV, 96. — Leur beauté en Amérique et leurs migrations merveilleuses, 183.

PLATON. Sa philosophie, III, 121. — Est considéré comme un écrivain sublime, 147. — Aperçu de son ouvrage *De la république*, *ibid.*; VIII, 122. — A merveilleusement défini la nature de l'art musical, XV, 207. — Son opinion sur les hautes études, 234. — Envisagé comme moraliste et comme législateur, 243. — Sa métaphysique, 358. — Appelait la métaphysique la *science des dieux*, 257. — Ce qu'il dit de Dieu, XIV, 60. — Son système sur l'origine du monde, 95. — A prouvé l'existence de l'Être-Suprême, 139. — Avait pour principe que la religion est la base de la société, XVII, 55. — Rapports de sa doctrine avec celle de l'Évangile, 86. — Avait déclaré que si le juste venait sur la terre, il serait méconnu et crucifié, V, 30. — A eu connaissance des livres hébreux, *ibid.* — Son ouvrage intitulé : *le Banquet*, traduit par une abbesse. *Voir* Fontevrault.

PLATONISME prétendu des pères de l'Église; ce qu'il en faut penser, V, 33.

PLINE LE NATURALISTE a fourni des détails curieux sur la route des Indes suivie par les Romains, VI, *Préf.*, 7. — A péri dans l'éruption du Vésuve, sous Domitien, XIX, 291. — A été consulté par l'auteur pour la peinture des curiosités géographiques de la Gaule, de la Grèce et de l'Égypte, XIX, 11.

PLINE LE JEUNE. Son témoignage de l'innocence des premiers chrétiens, XVI, 118. — Sa lettre à Trajan, XIV, 275. — Fixe l'époque où ils commencèrent à paraître dans l'histoire, IV, 193. — A donné la description des tableaux de l'école grecque, XV, 33. — Manuscrit de ses œuvres restitué par un religieux. *Voir* Loup de Ferrière.

PLOTIN était le fondateur du *Néoplatonisme*, V, 21, 261.

PLUQUET (M.) a publié le roman de Rou, IV, *Préf.*, 64.

PLUTARQUE, historien, XV, 280. — Combat la chronologie des Égyptiens, XIV, 114.

PNYX (le), à Athènes. Ce que c'était, IX, 132. — Ses pierres, 143.

POCOKE a décrit avec exactitude les monuments de l'Attique, IX, *Préf.*, 123. — A rapporté quelques lettres de l'inscription de la colonne de Pompée, VIII, 268. — A eu l'un des premiers l'idée de dessiner les lieux qu'il visitait, 253.

POEAN (le). Chant guerrier, cité, XIX, 312.

POESTUM. Monuments de cette ville, XIX, 290.

POIDS ET MESURES. Règlements à ce sujet au moyen-âge, VI, 208.

POEMES. Chez les anciens. *Voir* Homère, Virgile. — Chez les Bardes. *Voir* ce nom. — En Ecosse, VIII, 61. — Chez les Barbares. En quelles langues écrits, VI, 26. — Ossianiques, VIII, 24; XVIII, 210, 213, 231, 249. — Fragment, XV, 328. — Erse. Fragment, *ibid*. — Sanskrits, *ibid*.

POÉSIE. Ramenée à sa dignité par le Christianisme. Exemple, XV, 135, 175, 189.—Descriptive.

Son origine, *ibid*. — Réflexions sur ce genre, VIII, 164. — État de la poésie à Athènes, II, 85. — A Sparte, 102. — Chez les Perses, 239. — Des Trouvères, XXXIII, 79.

POÉSIES de l'auteur, XXIV.— Analyse et lettres de Jules Janin, 247 et suiv.

POÉSIES NATIONALES des Barbares, VI, 26.

POÉTIQUE du Christianisme. Ce que c'est, XIV, 243, 246. — Supérieure à celle de l'antiquité, 246 et suiv.

POITIERS (bataille de) est livrée entre le roi de France Jean II et le prince de Galles, fils d'Édouard III, roi d'Angleterre, VII, 71. —Suites de ce mémorable événement, *ibid*. — L'oriflamme y est déchirée, XXVI, 54. — A été funeste à la France, mais honorable pour ses chevaliers, 241.

POITOU (le) a été réuni à la couronne sous Philippe-Auguste, VI, 172.

POLAIRE (la mer) a été explorée par le capitaine Francklin, *Préf.*, XII, 47.

POLENCE (bataille de) est gagnée sur les Goths par Stilicon, V, 172.

POLITIEN. Sa vaste érudition, II, 136.

POLOGNE (la). Ses annales, II, 12.—Plusieurs de ses cités ont été fondées par des ordres religieux ou militaires, XVII, 40.—Est partagée sous le règne de Louis XV, VII, 342. — Résultats politiques de son dernier partage, IX, *Préf.*, 53.

POLONAIS (les) tenaient déjà une place dans l'histoire sous Othon II, XII, *Préf.*, 12.

POLTROT, assassin de François de Guise, VII, 201.

POLYBE. Son mérite le place entre Thucydide et Xénophon, XV, 28. — A puisé son goût des voyages dans la rivalité de Rome et de Carthage, XII, *Préf.*, 6. — A visité les côtes de l'Afrique, *ibid.* — Son périple, *Préf.*, 7.

POLYEUCTE. Tragédie chrétienne. *Voir* Corneille.

POLYTHÉISME. *Voir* MYTHOLOGIE.

POLYTHÉISME. Son histoire et sa marche progressive, XVII, 88. — Sa décadence, V, 162; XX, 326, 327. — Le polythéisme séparait la morale de la religion, XV, 324. — Lettre de Benjamin Constant sur le polythéisme, IV, *Préf.*, 123.

POMARIO, roi d'Otaïti, s'est fait législateur, XII, *Préf.*, 40. — Son code de lois criminelles, *ibid.* — Son ordonnance sur les routes, *ibid.*

POMMES DE TERRE. Viennent d'Amérique, XII, 116.

POMPADOUR (madame de), maîtresse de Louis XV, VII, 340. — Nommait les ministres, les évêques et les généraux, *ibid.* — A été la cause de la guerre de 1757, si fatale à la France, *ibid.*

POMPÉE. Récit de la mort de ce grand homme, par Amyot d'après Plutarque, XI, 123. — Colonne de son nom et son inscription, 126.

POMPÉIA (ville de). Sa description, XIII, 65, 151.

POMPONIUS MELA écrivait sous Tibère, IX, *Préf.*, 98. — A ajouté aux connaissances acquises sur les nations, XII, *Préf.*, 7. — A été consulté par l'auteur pour les curiosités géographiques de la Gaule, de l'Égypte et de la Grèce, XIX, 10.

PONCE a fait beaucoup de recherches sur les médailles et les inscriptions espagnoles, VIII, 268.

PONCE DE LÉON a colonisé l'Acadie, etc., XII, *Préf.*, 35.

PONS DE BALAZUN a écrit, avec Raimond d'Agiles, les événements dont il avait été le témoin à la Terre-Sainte, XII, *Préf.*, 14.

PONS atteste par sa fertilité les travaux agricoles des Bénédictins, XVII, 38.

PONT-DE-L'ARCHE (ville de) est incendiée par Édouard III, VII, 16.

POPE était catholique, VIII, 32. — Son jugement sur Shakespeare, 40. — Son épître d'Héloïse à Abeilard, XV, 77 et suiv.

POPULATION. Son excès est le fléau des empires, XIV, 54. — Le clergé la favorise, 55.

PORÉE (le père), jésuite, professeur de Voltaire, XVI, 27.

PORPHIRE, sophiste ennemi des chrétiens, IV, 283. — Disait que la religion chrétienne était un tissu de subtilités, XIV, 25. — Est cité par les savants modernes, 110.

PORTES de Jérusalem. Leurs noms, X, 213 225.

PORT-ROYAL. Regrets de l'auteur sur la destruction de cette savante société, VII, 124.

PORT ancien et moderne de Carthage. Dissertation à ce sujet, XI, 98.

PORTS connus des anciens. Leur description. *Voir* Timosthènes.

PORTUGAIS (les) vont au Sénégal, XII, *Préf.*, 20. — Imposent des tributs à des rois maures, *Préf.*, 28. — Pénètrent dans la mer Rouge, *ibid.* — Achèvent le tour de l'Afrique, *ibid.* — Visitent le golfe Persique et les deux presqu'îles de l'Inde, *ibid.* — Sillonnent les mers de la Chine, *ibid.* — Touchent à Canton, *ibid.* — Reconnaissent le Japon et les îles des épiceries, jusqu'aux rivages de la Nouvelle-Hollande, *ibid.* — S'établissent en Amérique, *Préf.*, 31.

PORTUGAL (le), province d'Espagne, tombe au pouvoir des Alains sous le règne de l'empereur Honorius, V, 132. — A été un état formé par des vassaux des rois de France, XXV, 15. — Possédait des universités avant le quinzième siècle, VI, 255.

POSSIDONIUS a décrit l'état déplorable de l'Afrique ravagée par les Barbares, VI, 66.

POSTE AUX LETTRES de l'Université, II, 255.

POSTHUME était un habile général des armées de Valérien, IV, 255. — Repousse les Germains de l'Espagne, *ibid.* — Est élu empereur en Occident, 259. — Etend sa domination sur les Gaules, l'Espagne et l'Angleterre, 260.

POTHIER a fait partie de la commission chargée de réformer la législation sous Louis XIV, XXIX, 106.

POUDRE. Son inventeur. *Voir* Roger Bacon.

POUILLÉ ou REGISTRE des anciennes maisons religieuses qui couvraient la France, VI, 278. — Du clergé d'Angleterre, cité, IV, 15.

POULAINE, chaussure, citée, VI, 283.

POULLE (l'abbé) est le dernier des orateurs chrétiens, XV, 312.

POUQUEVILLE. Est un excellent guide pour parcourir la Morée, IX, *Préf.*, 126. — A fait une exacte description de Tripolizza, 32.

PRAXÉAS est un des plus célèbres hérétiques du deuxième siècle, V, 278. — Sa doctrine, *ibid.*

PRAXITÈLE. Ses ouvrages se trouvent dans les palais Farnèse et Borghèse, XVII, 31.

PRÉLATS des quatrième et cinquième siècles. Ce que leur doit la société de leur temps. *Voir* Cardinaux, Évêques, Clergé.

PRÉMONTRÉS (les). Ce qu'on doit à cet ordre, XVII, 36.

PRESSE (opinion et discours sur la liberté de la), XXVIII, 3, 95, 99.

PRESTATION de foi et hommage. Cérémonie usitée à ce sujet, VI, 227.

PRESTON (le général) soulève l'Irlande pour les Stuarts, XIII, 191.

PRÊTRE CHRÉTIEN. Grandeur de ses fonctions, XV, 40, 42.

PRÊTRES ÉGYPTIENS. Leurs privilèges, V, 321.

PRÊTRES MARIÉS. Opinion émise sur les pensions dont ils jouissent, XXX, 6.

PRÉVOT (M.). Son panorama de Jérusalem, VIII, 302. — A accompagné M. de Forbin dans son voyage au Levant, 306.

PRIAM offre une belle image de la paternité, XIV, 61.

PRIÈRE de l'auteur dans une petite chapelle de la Vierge, XIII, 90. — Tableau d'une prière du soir dans un vieux temple chrétien, XIX, 129.

PRIÈRES et CHANTS. Leurs beautés, XIX, 250; XVI, 48. — Le *Credo*, 51. — L'Oraison Dominicale, *ibid.* — Actes de foi, d'espérance et de charité, 53. — Bénédiction nuptiale, *ibid.* — Cérémonie des relevailles, 54. — Carême, *ibid.* — Visites aux malades, *ibid.* — Prières des agonisants, 55. — Messe; son explication, 60. — Fête-Dieu, 67. — Rogations, 71. — Prières pour les morts, 84. *Voir* Litanies.

PRIULPHE, chef des Ostrogoths, refuse de se soumettre aux Romains, V, 96.

PRISCA, impératrice, femme de Dioclétien, IV, 290. — Est accusée de christianisme, *ibid.* — Décapitée à Thessalonique, 292.

PRISCILLIUS a attaqué, au quatrième siècle, la discipline de l'Eglise et le culte de la Vierge, V, 282.

PRISCILLIENS (les). Leurs mœurs et leur doctrine sur le mariage, V, 287.

PRISCUS-PANITÉE a été consulté par l'auteur pour la peinture des mœurs des Francs et des Gaulois, XIX, 11.

PRISCUS, philosophe, ami de Julien, V, 169. — Sa mort, *ibid.*

PRISCUS est envoyé par Théodose II pour apaiser Attila, irrité du projet qu'avait formé Chysaphe de l'assassiner, V, 199. — A laissé une relation de son ambassade, *ibid.* — Est un historien ecclésiastique du siècle de Théodose II, *ibid.*

PRISONS ouvertes aux malfaiteurs par ordre du roi de Navarre, VII, 108.

PRISONS. Tableau de celles des martyrs, XXI, 16, 51, 78. — Et de celles de Paris, lors de la révolution française, XXVIII, 293.

PRISONNIERS. Visités et consolés par les religieux, XVI, 155.

PROBUS, proclamé empereur à la mort de Tacite, IV, 274. — Remporte la victoire sur son compétiteur Florien, *ibid.* — Défait les Barbares qui s'étaient emparés des Gaules, *ibid.* — Soumet une partie de l'Allemagne, 275. — Bâtit un mur depuis le Rhin jusqu'au Danube, *ibid.* — Occupe ses troupes à planter des vignes dans plusieurs contrées, *ibid.* — Est tué par ses soldats, *ibid.* — Chant de Probus. *Voir* Chant.

PROCÉDURE relative au cas de mort, VI, 40.

PROCESSIONS chez les Grecs. *Voir* Théories. — Du culte catholique. Tableau, XVI, 68. — A Lyon, VIII, 185.

PROCÈS célèbres de Jeanne d'Arc, de Charles Ier, de Louis VI. *Voir* ces noms.

PROCLUS, auteur de divers ouvrages sur Homère et sur Hésiode, et d'arguments contre les chrétiens, V, 152. — Prétendait converser avec Pan, Esculape et Minerve, 326.

PROCOPE, commandant de l'armée romaine sous l'empereur Valens, V, 78. — Revêt la pourpre à Constantinople, *ibid.* — Épouse Faustine, veuve de Constance, *ibid.* — Est abandonné de ses soldats et mis à mort, *ibid.*

PROCOPE. Ce qu'il dit d'Athènes ravagée par les Barbares, IX, *Préf.*, 101. — Son livre des Édifices, cité, XI, 97. — Offre beaucoup de renseignements sur l'histoire gothique, IV, 249. — Son Histoire Sainte, XI, *Préf.*, 101. — A introduit dans ses ouvrages le genre descriptif, XV, 114.

PROFESSION du vicaire savoyard. Jugement sur cet ouvrage, II, 121.

PROPHÈTES. Leur école poétique, V, 223. — Exemple du style sublime, XV, 190, 194. *Voir* Ezéchiel, Tyr.

PROPHÉTIES. Leur admirable enchaînement sur les merveilles du christianisme, XX, 174, 330.

PROPRIÉTÉ. Son état au moyen-âge, XIX, 331; VI, 217, 218, 221, 234. — Des monastères, VIII, 142.

PROPILÉES (les). Description, IX, 143.

PROSTITUÉES. Chassées par Théodose, V, 317.

PROSPER (saint). Sa défense de la loi contre les Pélagiens, XVIII, 151.

PROTECTORAT (le) d'Angleterre. Histoire de cette époque, XXV, 263 et suiv.

PROTECTORAT (tableau du) en Angleterre, XIII, 246, 263.

PROTESTANTISME. Son caractère égoïste, IV, *Préf.*, 105. — Est despotique de sa nature, 196; VII, 182, 185. — Est ennemi de la liberté politique, 188.

PROTESTANTS, poursuivis, XIII, 102, 113. — Comment sauvés en Auvergne. *Voir* Montmorin.

PRUDENCE a réfuté le discours de Symmaque sur le rétablissement de l'autel de la Victoire à Rome, V, 112. — Raconte la conversion de Rome, V, 114.

PRUDHOMME a laissé un dictionnaire des victimes de la révolution, IV, *Préf.*, 78.

PRUSSE (la) est comparée à la Macédoine, II, 221. — Était appelée par les anciens *Côte d'ambre jaune*, XII, *Préf.*, 7. — Ses villes ont été pour la plupart fondées par les chevaliers teutoniques, XVII, 38.

PSAUMES. Grandeur de leur poésie, XV, 117, 125, 170.

PTOLÉMÉE PHILADELPHE se rend maître de Jérusalem, X, 190. — Envoie dans l'Inde des géographes et des flottes, XII, *Préf.*, 5.

PUBLICATION des bans de mariage. Cette coutume remonte au delà du quatorzième siècle, XIV, 66. — A été transformée en règle générale par plusieurs conciles, *ibid.* — Ses avantages, *ibid.*

PUCELLE D'ORLÉANS. *Voir* Jeanne d'Arc.

PUFFENDORF a écrit sur la politique avant Mably et Rousseau, XV, 257. — A pensé qu'un peuple pouvait intervenir dans les affaires d'un autre peuple, XXX, 211. — A déployé moins de génie que Grotius, III, 141.

PUBLICISTES, XV, 257. — Machiavel, Thomas Morus, Mariana, Bodin, Grotius, Puffendorf, Locke, ont précédé Mably et Rousseau, *ibid.* — Xénophon, Platon, 258. — Pourquoi les anciens ont préféré la monarchie et les modernes la république, *ibid.*

PUCELLE, poème de Chapelain, XV, 260.

PULCHÉRIE, sœur de l'empereur Théodose II, devient, à l'âge de quinze ans, l'institutrice de son frère, V, 176.

PURGATOIRE (le). Tableau épisodique, XXI, 63, 155. — Du Dante. Ce qu'en dit l'auteur, XV, 330. — Inconnu aux anciens. Source de beautés pour les poètes modernes, 160.

PURIFICATIONS. En quoi celles des cultes païens se rapportent ou s'éloignent de celles du christianisme, V, 28 et suiv. — Ce qu'y fait Pascal, *ibid.*

PUY-DE-DOME (le). Sa description, XIII, 119.

PYRAMIDES (les), XX, 276.

PYRRHON refuse de retirer Anaxerque d'un trou où il était tombé, V, 326.

PYTHAGORE, de Samos, s'était fixé à Crotone, II, 193. — Avait acquis ses lumières parmi les prêtres de l'Égypte, de la Perse, et des Indes, *ibid.* — Ses notions sur la divinité, *ibid.* — Son dogme sur la transmigration des âmes, 194. — Son système de la nature, 195. — Son portrait, 196. — Ses disciples persécutés, *ibid.* — A été un des premiers voyageurs dans les âges anciens, VIII, 72. — A été le créateur de la philosophie intellectuelle, qui divinisait Platon, V, 323. — Sa célébrité comme moraliste et comme législateur, XV, 243. — Appelle la métaphysique la *géométrie divine*, 256. — Recommandait la confession à ses disciples, 52.

PYTHIE (la) de Delphes, consultée. *Voir* Delphes.

Q.

QUADES (les) menacent l'Italie d'une invasion, sous Marc-Aurèle, IV, 198. — Sont repoussés, *ibid.* — Pillent la Pannonie et autres provinces d'Orient, sous le règne de Constantin II et Constance, 329.

QUADRAT, évêque d'Athènes,

présente à Adrien son apologie des chrétiens, IV, 196.

QUADRUPÈDES. Leur organisation et leurs mœurs, XIV, 172.

QUENOUILLE déposée dans le tombeau d'une reine, XIX, 315.

QUENTIN (bataille de *Saint-*) est perdue par les Français contre les Espagnols, sous le règne de Henri II, VII, 193.

QUESTION. Horreur de ce supplice, V, 297.

QUÊTE DES VIGNES. Ce que c'était, XVI, 153. *Voir* Moines.

QUÉTINEAU (le général) est battu aux Aubiers, par La Rochejacquelein, XXV, 227.

QUIBERON (combat de). La noblesse française s'y dévoue pour son roi, XXVI, 110.

QUINSAI (ville de) est l'une des plus belles cités de la Chine, et la plus grande ville du monde, selon Marc-Paul, XII, *Préf.*, 18.

QUINTE-CURCE. Sa description du cercueil d'Alexandre, XX, 52. — A conduit l'histoire jusqu'aux auteurs chrétiens, XV, 281.

QUITEVE (royaume de) a été côtoyé par les Portugais, XII, *Préf.*, 33.

QUINTILIEN a laissé des leçons utiles aux maîtres comme aux disciples, VIII, 122. — Est bienveillant dans ses critiques, même envers les écrivains qu'il condamne, 282.

R.

RACINE a été élevé à une école chrétienne, VIII, 125. — N'était pas exempt d'affectation et de recherche dans sa jeunesse, 282. — Ses ouvrages deviennent plus purs à mesure qu'il devient plus religieux, XV, 3. — Son imitation des *proses* de l'Église, 50. — Son Andromaque est la mère chrétienne, 27. — Comparée à l'Andromaque de l'Iliade, lui est supérieure, 28. — Son Iphigénie est la fille chrétienne, 35. — Caractère de Joad dans la tragédie d'Athalie, 42. — Son parallèle avec Virgile, 43. — Sa Phèdre est l'épouse chrétienne, 68. — Examen du songe d'Athalie, 143.

RACINE, le fils, a défendu la religion dans des vers remplis d'harmonie, XVII, 152.

RADAGAISE, chef d'une armée de Goths, entre en Italie sous le règne d'Honorius, V, 173. — Est vaincu par Stilicon et mis à mort, *ibid.*

RAISINS DE CORINTHE. Renommés, IX, *Préf.*, 30.

RAISON HUMAINE (la) peut être invoquée pour prouver les vérités de la religion chrétienne, XVII, 168, 171, et les notes, 141, 142 et suiv.

RALEG (Walter) a colonisé le Canada, l'Acadie et plusieurs autres contrées, XII, *Préf.*, 35.

RAMA est l'ancienne Arimathie, IX, 112.

RAMETTE (le père) a pénétré dans les marais de la Guiane, XVI, 198.

RAMSAY. Sa vie de Fénélon, XVII, 168. — Appelle Télémaque un poème épique en prose, XIX, 15. — Ce qu'il dit de remarquable touchant les obscurités et les lumières des livres saints, XIV, 278.

RAOUL, comte et duc de Bourgogne, a été élu roi de France, mais n'a été reconnu que dans les provinces méridionales, VI, 123. — Est mort en 936, *ibid.*

RAOUL, de Caen, serviteur de Tancrède, a écrit la vie de ce chevalier, XII, *Préf.*, 14.

RAPER a cherché les sources du Gange, XII, *Préf.*, 45.

RAPHAEL a répandu l'éclat de son génie sur le règne de Léon X, XV, 216.

RAPIN (le père), jésuite, a laissé un nom estimé dans les lettres, XV, 27.

RAT MUSQUÉ. Mœurs de cet animal, XII, 111.

RAVAILLAC, assassin de Henri IV, VII, 307. — A puisé dans Mariana les sentiments qui coûtèrent la vie à ce prince, XXVI, 95. — Ne savait pas le latin, *ibid.*

RAVENNE (l'anonyme de) a été consulté par l'auteur sur les curiosités géographiques de la Gaule, de la Grèce et de l'Égypte, XIX, 11.

RAVENNE (l'exarchat de) tombe au pouvoir d'Astolphe, roi des Lombards, VI, 116. — Est donné au pape Étienne III, par Pepin, *ibid.*

RAVENNE (bataille de) est gagnée en Italie par les Français, VII, 163.

RAYMOND D'AGILES. Historien des croisades. *Voir* Pons de Balazun.

RAYMOND DE SEBONDE. Son ouvrage sur le christianisme, XVII, 168.

RAYNAL a fixé l'attention sur la liberté politique, VII, 346.

RÉCITS merveilleux du moyen-âge, VI, 293, 294. *Voir* aussi Châteaux, Hospitalité.

RÉFORME DE LUTHER. Son histoire, XXXIII, 182. *Voir* aussi Luther.

RÉGALE (la). Origine de ce droit, VI, 95.

RÉGENCE. Tableau historique de cette époque si funeste à la France, VII, 337.

RÉGICIDE. Origine de cette doctrine; XXVI, 95. *Voir* aussi Mariana.

RÉGILIEN est élu empereur en Illyrie, sous les règnes de Valérien et de Gallien, IV, 259. — Obtient du sénat les honneurs du triomphe, quoiqu'il eût été un tyran, 260.

RÉDEMPTION (mystère de la). *Voir* Mystères.

RÉDEMPTION (pères de la), XVI, 149.

RÉGULUS est fait prisonnier, XI, 59. — Accompagne à Rome les ambassadeurs carthaginois, 60. — Engage le sénat à continuer la guerre, *ibid.* — Retourne à Carthage, 61.

REIMS (ville de). Son église possédait des terres en Belgique, en Thuringe, en Austrasie, en Septimanie et dans l'Aquitaine, VI, 139. — Son clergé demande à l'assemblée des états-généraux de 1789, de consacrer par des lois les libertés publiques, XXVIII, 72. — Presque tous les rois de France y ont été couronnés, XIX, 31.

RELAND a écrit sur les Lieux-Saints, X, 149.

RELIGIEUX (les) des monastères. Ce qu'on leur doit. *Voir* Moines et Monastères.

RELIGION CHRÉTIENNE. Peut seule contenter le cœur de l'homme, XIV, 206; VIII, 173; XV, 59. — Ses cérémonies sublimes, XVI, 57 et suiv.

RELIGION des Barbares. VI, 30.

RELIQUES DES SAINTS. Cachées dans des cavernes, VI, 72, 73.

REMI (saint) a donné le baptême à Clovis, le jour de Noël de l'an 496, VI, 94. — Est un des écrivains qui ont illustré la monarchie mérovingienne, 107.

REMORDS. Beauté de ce dogme, XIV, 211.

RENARDS. Leur population, VII, 91.

RENAUD a fait partie de l'ordre de la Hache, XVI, 222.

RENÉ (le roi) faisait des vers et des tableaux, VI, 150. — Avait pour emblème une chaufferette, *ibid.*

RENÉ. Ses aventures. Épisode, XVIII, 101 et suiv.

RENEL (le major), célèbre voyageur, XII, *Préf.*, 45.

RENOUARD (M.) a réhabilité l'ancienne langue romane, IV, *Préf.*, 9.

REPAS chez les anciens Romains, XXI, 78, et la note, 159. *Voir* Romains. — Des premiers chrétiens, V, 227. — Des Germains, XIX, 335. — Au moyen-âge, d'un haut baron, VI, 289.

RÉPUBLIQUE. Pourquoi les anciens préféraient la monarchie et les modernes la république, XV, 258. — Chrétienne du Paraguay, XVI, 184.

RÉPUBLIQUE FRANÇAISE. Ses horreurs et ses turpitudes, IV, *Préf.*, 76, 78, 81 et suiv. — A voulu détruire les monuments, les actes et les sciences. *Voir* Condorcet, Médailles, Manuscrits, Saint-Denis. — A violé les tombeaux. *Voir* ce mot.

RÉPUBLIQUES GRECQUES. Leur esprit, II, 22 et suiv.

REPTILES. Leur instinct, XIV, 177.

RÉQUISITIONS républicaines en France, II, 63.

REPULSEBAY. Sa trace avait été perdue, XII, *Préf.*, 43. — Est retrouvée par le capitaine Parry, *ibid.*

RESEND a fourni deux cents pages à parcourir dans ses antiquités lusitaniennes, IV, *Préf.*, 17.

RETZ (le cardinal de). Était le prélat de la monarchie parlementaire, VII, 324. — Son tombeau à Saint-Denis ne put être retrouvé en 1793, XVI, 299.

RÉSURRECTION de Jésus-Christ, IX, *Préf.*, 122. — Dissertation à ce sujet, X, 318. — Des morts; dogme chrétien à ce sujet, XIV, 236, 238. — Des païens, 237, 239.

REUWICH a écrit sur Jérusalem, X, 149.

RÉVEILLÈRE-LÉPAUX. *Voir* LA RÉVEILLÈRE-LÉPAUX.

RÉVÉLATION (la) est la base de l'histoire du genre humain, IV, 144.

RÉVOLUTION FRANÇAISE. Tableau de ses crimes, IV, *Préf.*, 78. — Ode sur les malheurs de la révolution française, XXIV, 91. — Apologistes de la terreur. *Voir* Terreur.

RÉVOLUTION RELIGIEUSE par le christianisme, IV, 139, 140, 144, 147, 149. *Voir* Christianisme.

RÉVOLUTIONS (parallèle des), II, 111.

RHODES (île de). Sa description, X, 59, 60. — Son histoire, *ibid.* — Son port, 62. — Son commerce, 63. — Ses vins, *ibid.*

RHODOGAISE. *Voir* RADAGAISE.

RICCI (le père). Son Traité de morale en chinois, XVI, 163. — Ses succès et sa faveur auprès de l'empereur, 172. — Sa mort, 173.

RICHARD Ier, dit Cœur-de-Lion, roi d'Angleterre, VI, 174. — Arrive trop tard pour sauver Jérusalem, X, 202. — Terreur superstitieuse imprimée par son souvenir, *ibid.* — Est retenu captif dans une tour en Allemagne, *ibid.* — A bâti le Château-Gaillard, VI, 195.

RICHARD II, roi d'Angleterre, VII, 119. — Sa légitimité contestée, *ibid.* — Paie pour un de ses habits trente mille marcs d'argent, VI, 285. — Sous son règne, les pamphlets prennent naissance, XXX, 85.

RICHARD III est défait et tué par son compétiteur Henri VII, VII, 158.

RICHARD, fils aîné de Cromwell, était royaliste, XIII, 276. — Est reconnu successeur de son père, 281. — Lui fait de magnifiques obsèques, 282. — A eu deux fils, 286. — Son caractère, 289. — Abdique le pouvoir, *ibid.* — A vécu dans l'obscurité, 290. — Assiste à une séance de la chambre haute, après son abdication, 316.

RICHARDSON est peu lu en Angleterre, VIII, 16. — Le caractère de sa Clémentine est un chef-d'œuvre, XV, 73.

RICHELIEU (le cardinal de) est fait secrétaire d'état par le maréchal d'Ancre, V, 321. — A donné naissance au système de la balance européenne, 325. — Fait enregistrer au parlement une déclaration du roi contre les comédiens qui proféreraient des paroles indécentes, XXVII, 102. — Est le seul homme du règne de Louis XIII, VII, 324. — Sa mort, *ibid.* — Est un des plus grands ministres de l'Europe moderne, XVII, 33.

RICHELIEU (le duc de) résigne spontanément la présidence du conseil des ministres, XXVII, 233. — Offre sa démission, 239. — Est chargé de composer un ministère, *ibid.* — Se retire, 241.

RICHMOND (lord) offre de monter sur l'échafaud à la place de Charles Ier, XIII, 227.

RICIMER, Suève de naissance, et chef de Barbares à la solde de l'empire, nomme Avitus évêque de Plaisance, V, 211. — Proclame Majorien empereur, *ibid.* — Le remplace par Libius Sévère, 212. — Fait mourir ce dernier et épouse la fille d'Anthême, empereur, 313. — Se brouille avec Anthême; élève Olybre à l'empire et meurt, 214.

RICOD DE MONTECRUCIS a pénétré dans la Tartarie, XII, *Préf.*, 18.

RIHHA. Nom moderne de Jéricho, X, 137. — Ses environs, 139.

RIOUFFE. Extrait de ses mémoires, IV, *Préf.*, 72.

RIPUAIRES (les). Origine de ce nom, IV, *Préf.*, 69. *Voir* aussi Lois.

RIQUIER (ville de *Saint-*). Richesses de son abbaye, VI, 137.

RITES PAIENS. Quelques uns sont empruntés par le christianisme et sanctifiés, V, 35.

RIVAROL. Son jugement sur Shakespeare, VIII, 39.

RIVIÈRE (M. de) a reçu M. de Forbin à Constantinople, VIII, 308. — Son éloge, *ibid.*

ROBERT, roi de France. Son caractère, VI, 160. — Est l'auteur de l'hymne : *O constantia martyrum*, etc., *ibid.* — A régné longtemps, *ibid.*

ROBERT LE FORT, bisaïeul de Hugues Capet, VI, 160. — Comte de Paris, *ibid.* — Est tué dans un combat contre les Normands, *ibid.*

ROBERT, frère du roi Eudes, a été proclamé roi dans la ville de Reims, en 922 ; et est défait et tué par Charles le Simple, VI, 123.

ROBERT, comte de Clermont, était le dernier fils de saint Louis, XXV, 3. — Reçoit de son père la terre de Clermont, *ibid*

ROBERT D'ARTOIS stipule les cérémonies du serment de foi et hommage qu'il avait à recevoir de Marie de Brabant, VI, 227. — Excite Édouard, roi d'Angleterre, à faire la guerre à la France, 306. — Fait jurer à ce prince, sur le héron, qu'il se mettra bientôt en campagne, 309.

ROBERT (Henri) a enrichi son histoire d'Angleterre de différents *specimen* des dialectes bretons et anglo-saxons, VI, 29.

ROBERT (moine). Sa relation du siége de Jérusalem, X, 280. — Est l'auteur du roman publié sous le nom de *Turpin*, VI, 244.

ROBERTSON (le docteur) est le plus grand historien de l'Angleterre, VIII, 61. — A confirmé ce que l'abbé Fleury avance sur le commerce de la France avec l'Orient, XVII, 48. — A justifié l'Eglise romaine de l'accusation d'avoir excité les massacres de l'Amérique, 95. — A imité plus ou moins Salluste et Tacite, XV, 282. — Passage de cet écrivain sur les cruautés des Portugais contre les Indiens, et la charité de Las-Casas pour ces malheureux, XVII, 97.

ROBERVAL (M. de) obtient la vice-royauté du Canada, VIII, 76. — Son frère a été surnommé *le gendarme* d'Annibal, *ibid.*

ROBESPIERRE. Ses lois comparées à celles de Dracon, II, 35. — Décide la mort de Tallien, III, 23. — Est désigné à la vengeance par ce dernier, 24. — Nouvelle accusation portée contre lui, *ibid.* — Est délivré par les jacobins, 25. — Se réfugie à l'Hôtel-de-Ville, *ibid.* — Est mis hors la loi, *ibid.* — Sa mort, *ibid.*

ROCHE (de la). *Voir* LA ROCHE.

ROCHEFOUCAULD. *Voir* LA ROCHEFOUCAULD.

ROCHEJAQUELEIN. *Voir* LA ROCHEJAQUELEIN.

ROGATIONS. Beauté de cette fête, XVI, 71.

ROGER Ier, roi de Sicile, transporte à Palerme les artisans d'Athènes, VIII, *Préf.*, 103. — S'empare de Corfou, de Corinthe et de Thèbes, *Préf.*, *ibid.* — Est chassé par les Vénitiens, *Préf.*, 104.

ROGER BACON. *Voir* BACON.

ROGER a fait partie de l'ordre de la Hache, XVI, 222.

ROIS DE FRANCE calomniés par les philosophes et les révolutionnaires : leur mémoire vengée, IV, *Préf.*, 28. — Leurs tombeaux violés à Saint-Denis, XVI, 109, 111. — Procès-verbal de leur exhumation, 278. — Objets trouvés dans quelques uns des tombeaux, 281, 284, 289, 291, 293, 294, 296, 297. — D'Égypte, jugés après leur mort, XX, 279. — Leurs tombeaux fastueux, 280.

ROIS CHEVELUS. Ce qu'en dit saint Grégoire de Tours, XIX, 313.

ROLAND était un féal chevalier, XIV, 75. — Appartenait à l'ordre de la Hache, XVI, 222. — Son chant est le dernier hymne de l'Europe barbare, et a encore été redit à la bataille de Poitiers, VI, 25.

ROLLIN était professeur à l'université de Paris, XVII, 23; VIII, 125. — Le seul titre de ses chapitres le fait aimer, 132. — Examen de ses œuvres complètes, 189. — Ses opinions sur la poésie, XXI, 180. — Ce qu'il dit des Égyptiens, XX, 279.

ROMAINS (les). Coup d'œil sur leur caractère historique et les causes de leur grandeur et de leur décadence, IV, 132; XV, 275. — Leur position dans l'Orient, IX, *Préf.*, 97. — Leur temple à Jupiter-Pœnnin sur le Saint-Gothard, XXVIII, 284. — Les charges de judicature étaient inamovibles chez eux, XXIX, 303. — Leurs spectacles, XXVI, 98. — Ruine de leur culte national, IV, 134. — Leurs lois primitives, XIV, 85. — Leurs tombeaux, XVI, 93. — Leurs vertus, 71.

ROMAN ou LANGUE ROMANE, VI, 176. — Son génie, XXXIII, 25.

ROMANCIERS du moyen-âge. Ce que leur doit l'histoire, VI, 244, 250; XXXIII, 73.

ROME a dû sa grandeur à Numa, XVII, 57. — Moyen qu'on y prenait pour diminuer les dépenses, XXX, 252. — A été un modèle en politique, II, 37. — N'avait de beau que son génie; son caractère était odieux, XVII, 72. — Sa conversion racontée par Prudence. *Voir* Prudence. — Par Paul l'anachorète, XX, 67. — Son état après les incursions des Barbares, VI, 69. — A été pour le monde moderne un lien universel, XVII, 29. — Ses édifices anciens et modernes, XIII, 18. — Ses environs, 70. — Son aspect, 72. — Ses ruines, 79.

ROME ANTIQUE. Sa description au temps des persécutions, XIX, 96. — Serait ruinée sans l'influence des papes et du Christianisme, XV, 28 et suiv. *Voir* Léon le Grand.

RONSARD a propagé, par son suffrage, la poésie descriptive italienne, XV, 115. — Vivait sous François Ier, Charles IX, VII, 196.

RORIGON fait remonter l'origine des Francs à la chute de Troie, VI, 91.

ROSAMBO (M. de) a été le premier membre de la famille Malesherbes qui périt sur l'échafaud, VIII, 294.

ROSS (le capitaine) est chargé d'explorer les régions du pôle arctique, XII, *Préf.*, 43.

ROSTRENEN (le père). Son dictionnaire celtique, cité, XX, 251.

ROTURE (la) honorée sous Louis XIV; exemples nombreux, VII, 331, 338.

ROU (le roman du). *Voir* Pluquet.

ROUSSEAU (J.-B.) a imité les psaumes de David, XVI, 50. — A maintenu sous Louis XV les droits de la France à la suprématie du génie, VII, 344.

ROUSSEAU (J.-J.). Son siècle, II, 118. — Était supérieur aux encyclopédistes, III, 145. — Son *Émile*, 154. — Anecdote racontée par Champfort, 166. — Ne veut pas faire partie de la Société encyclopédique, 213. — Comment s'est conduit envers madame de Warens, XIII, 8. — Son opinion sur le fanatisme, XV, 89. — Ce qu'il pense des effets de la religion, XVII, 91. — Son éloge de la confession, XIV, 39. — Ses idées sur le suicide, XVII, 162. — Son discours sur l'*inégalité des conditions*, XV, 266. — Sa visite au mont Valérien, XXVIII, 287. — Sa Nouvelle Héloïse, XV, 71. — Ses confessions, 305. — Son style, XVI, 8. — Fragment de La Harpe à son sujet, 250.

ROUX. Ce qu'il était, XXX, 19. — Sa réponse à Louis XVI, *ibid.*

ROWE. Son opinion sur Shakespeare, VIII, 41. — A porté la littérature du dernier siècle à un haut degré de gloire, 61.

ROYAUMONT (abbaye de) a possédé plusieurs restes de princes de la famille de saint Louis, XVI, 296.

ROYOU (M.) Examen de son *Histoire de France*, VIII, 321.

ROZIÈRE (M. de) était ingénieur en chef du corps royal des mines, VIII, 319. — Son opinion sur l'expédition de saint Louis, *ibid.*

RUBRUQUIS a pénétré dans le pays des Mogols, XII, *Préf.*, 17.

RUFIN. Son origine, V, 164. — Était ministre d'Arcade, empereur d'Orient, *ibid.* — Est accablé de faveurs par Théodose, *ibid.* — Se montre cruel et avare, *ibid.* — Aspire secrètement à l'empire, 165. — Voit ses projets déjoués par Eutrope, *ibid.* — Excite les Huns à se précipiter sur l'Asie, et livre l'Europe aux Goths, 166. — Se flatte d'être proclamé empereur par les soldats, 167. — Est massacré, *ibid.*

RUHS. Son histoire de Suède est estimée, IV, *préf.*, 12.

RUILHIÈRES. Son histoire de la monarchie de Pologne, IV, *Préf.*, 59.

RUINART, savant Bénédictin, XVII, 24.

RUINES. Tableau de leurs beaux

effets en général, XVI, 23. — Les hommes ont un attrait pour elles, 23. — Il y en a de deux sortes : l'une, ouvrage du temps; l'autre, ouvrage des hommes, 24. — Leur effet, 17. — Considérées sous le rapport du paysage, 27. — De Palmyre, 28. — D'Egypte, *ibid.* — De la Grèce, 29. — Des monuments chrétiens, 30.

RUNSTABATHS des Normands. Ce que c'est. *Voir* Normands.

RUSSEL (lord). Sa conspiration mal conçue, XIII, 303. — Est la seule victime du règne de Charles II, *ibid.* — Son éloge, *ibid.*

RUTILIUS a mis en vers son voyage de Rome en Etrurie, VI, 57.

RYMER. Ses *Actes*, continués par Robert Sanderson, sont bons à consulter, IV, *Préf.*, 14. — En quelle langue sont écrits, XXXIII, 101.

S.

SABA (couvent de *Saint-*). Sa description, X, 114, 117. — Description de son église, 119.

SABINE. Beauté des montagnes de ce pays, XXI, 167.

SACERDOCE CHRÉTIEN. Sa grandeur. Fragment à ce sujet, XV, 352.

SACREMENTS de l'Église. Leur beauté et leur but, XIV, 35. — Baptême, 36. — Ses cérémonies dans les premiers siècles de l'Église, 37. — Au Paraguay, XVI, 192. — La confession, XIV, 39. — Ses nécessités et ses effets reconnus par Voltaire, 40. — Eucharistie, 41. — Son origine, 43. — Confirmation, 47. — Ordre, 57. — Mariage, 62. — Ses cérémonies, 66. — Extrême-onction, 70. — Ses cérémonies, 71.

SACRES des rois de France. Grandeur de cette cérémonie religieuse, VII, 62; XXV, 216. — Celui de Philippe-le-Long se fait à huis-clos. *Voir* son nom. — Ouvrage remarquable sur les résultats politiques du sacre. *Voir* Clausel de Coussergue. *Voir* aussi Chartres, Reims.

SACRIFICE (du) chez tous les peuples, XVI, 60. — Chez les païens, XX, 198, 343. — Sont défendus par Arcade. *Voir* ce nom. Julien les rétablit. *Voir* Taurobole. — Détails d'un sacrifice chez les anciens Grecs, XIX, 44, et les notes explicatives, 242. — Sacrifice aux dieux infernaux, XX, 298. — Chez les chrétiens supérieur à toutes les pompes antiques, V, 61, 63; XXI, 52.

SACRÉ (le cap) est fixé par Pythéas, XII, *Préf.*, 6. — Terminait à l'ouest les continents, *Préf.*, 7.

SACRILÉGE. Sentiment de l'auteur sur cette loi, XXX, 263.

SACS remplis de pierres en usage chez les anciens pour arrêter les vaisseaux, XXI, 146.

SACY. Sa traduction des Saintes-Écritures, VIII, 176.

SAGES de la Grèce. Leurs portraits et leur morale, II, 112.

SAINT-AMAND. Son poème de *Moïse sauvé*, XIV, 260.

SAINT-AULAIRE (le marquis de) a mis en scène avec bonheur les personnages de la Fronde, dans l'histoire de cette guerre civile, IV, *Préf.*, 64.

SAINT-DENIS. Célèbre abbaye de France, XVI, 108. — Ses tombeaux. *Voir* ce mot.

SAINTE-CROIX (le baron de). Sa savante dissertation sur Jérusalem, citée, X, 152.

SAINTE-FACE ou PORTRAIT de Jésus-Christ. Quelle est l'époque des plus anciennes peintures de ce genre, XIII, 38.

SAINTE-MARTHE. Savant Bénédictin, IV, *Préf.*, 19.

SAINTE-PALAYE. Son glossaire se compose de 56 volumes in-folio, IV, *Préf.*, 28.

SAINTE-SOPHIE (église), citée, IV, 302.

SAINT-GELAIS vivait sous François II, Charles IX, VII, 196.

SAINT-LAMBERT. Son poème des Saisons, XII, 116.

SAINT LOUIS. Poème du père Lemoine, XIV, 260.

SAINT-MARC a donné des renseignements sur les républiques italiennes du moyen-âge, IV, *Préf.*, 37.

SAINT-MARTIN (M. de) a jeté de vives lumières sur l'histoire des Perses, IV, *Préf.*, 55.

SAINT-NON (l'abbé de). L'origine des voyages pittoresques doit lui être rapportée, VIII, 253.

SAINT-PIERRE DE ROME. Ce que dit l'auteur de cette basilique célèbre, XIII, 18, 19.

SAINT-PIERRE (Bernardin de). Sa visite au mont Valérien, XXVIII, 287. — Beauté de sa prose, VIII, 167.

SAINT-PIERRE (Eustache de). Son discours aux bourgeois de Calais, VII, 53.

SAINT-RÉAL. Sa vie de Jésus-Christ, VIII, 175.

SAINTS (les). Leurs vies écrites par les Bollandistes, VI, 294. — Envisagés comme moyen politique et dramatique, XV, 129.

SAINT-SABA (couvent de). *Voir* Saba.

SAINT-SÉPULCRE. Sa description, X, 156 et suiv.

SAINT-SIÉGE. Considérations sur l'origine de sa puissance temporelle, VI, 149.

SAISONS (les). Poésies, XXIV, 31.

SALADIN, soudan d'Égypte. Sa générosité envers les chrétiens, X, 201. — Ses funérailles, 202. — Son éloge, V, 398.

SALAMANQUE. Célèbre par son université, XVII, 23.

SALAMINE (bataille de), gagnée par les Grecs sur les Perses, II, 281.

SALES (saint François de) conseille à Pierre Camus d'écrire des romans pieux, XVII, 166.

SALIENS (tribu des). Variante sur l'origine de ce nom, XIX, 359.

SALIGNAC a fait un voyage dans la Palestine, IX, 139.

SALINS (ville de). Son origine, VI, 95. — Son seigneur était *homme-lige* de l'église de Besançon, 139.

SALISBURY (la comtesse de). Ses amours avec Édouard III, roi d'Angleterre, VI, 325. — Est assiégée dans son château de Durham, 326. — Est délivrée par Édouard III, *ibid.*

SALLES PRÉTORIENNES. Beauté de leur architecture, XIII, 32.

SALLUSTE tient à la fois de Tacite et de Tite-Live, XV, 28.

SALVANDY (M.). Son histoire de Pologne avant et sous le roi Jean Sobieski, IV, *Préf.*, 58.

SALVIEN. Ses chroniques consultées par l'auteur pour la peinture des mœurs des Francs et des Gaulois, XVII, 10. — A décrit la Septimanie, V, 318.

SALVIEN, prêtre de Marseille, philosophe chrétien. Fragment de son allocution au peuple de Trèves, VI, 56: *Voir* son beau discours rapporté en entier, XVII, 134 et suiv.

SANADON (le père). Son éloge, XVII, 27.

SANCERRE (le sire de), connétable de Charles VI. Son tombeau retrouvé à Saint-Denis en 1793, XVI, 297.

SANCHONIATON, historien phénicien, II, 227. — A été cité par les savants modernes, XIV, 110.

SANDERSON (Robert) a continué le recueil des *Actes* commencé par Rymer, IV, *Préf.*, 14.

SANDWICH (îles) ont été découvertes par Cook, II, 169. — Ses habitants diffèrent de ceux des îles des Amis, *Préf.*, 171. — Costume de ses habitants, 172. — Forment un royaume civilisé, 174. Leur religion, 175. — Leur état social, *ibid.*

SANNAZAR a composé un poème intitulé *De partu Virginis*, XVII, 145.

SANSCRIT. Découverte de cette langue, II, 17. — Fragment d'un poème, *ibid.*

SANSON, bourreau en titre de la révolution; sa lettre curieuse sur les derniers moments de Louis XVI, III, 104 et suiv.

SANTEUIL. Ses poésies sacrées, XVI, 50.

SANUT a écrit sur Jérusalem, X, 149.

SANUTO. Son voyage en Palestine, IX, *Préf.*, 139.

SAPHO. Célèbre par ses vices et son génie, II, 91. — Inspirait aux Lesbiennes l'amour des lettres, *ibid.*

SAPOR II, roi de Perse, IV, 321. —Est couronné dans les entrailles de sa mère, *ibid.*

SARMATES (les) sont défaits par Constantin, IV, 320. — Pillent la Pannonie et autres provinces d'Orient, sous le règne de Constantin II et Constance, 330.

SARMIENTO. Ses voyages, XII, *Préf.*, 34.

SARON (plaine de). Sa description, X, 89.

SARRASINS (les). Caractère distinctif de leur architecture, X, 241.

SASSENAGE (Marguerite de) était maîtresse de Louis XI, VII, 156. — La fille qu'elle avait eue de ce prince est l'aïeule de Diane de Poitiers, *ibid.*

SATAN. Comment employé par les poètes chrétiens, XV, 126, 135.

SATURNIN est élu empereur dans le Pont, sous le règne de Valérien et Gallien, IV, 259. — Ses paroles en recevant la pourpre, 265.

SATURNIN est un des plus célèbres hérétiques du deuxième siècle, V, 278.

SAUL. *Voir* PAUL (saint).

SAUMAISE. Son traité intitulé: *Defensio regia pro Carolo I°*, a été composé pour combattre les apologies du régicide, XXVI, 95.

SAUVAGES. Tableaux de leurs mœurs. *Voir* Atala, les Natchez, etc. — Sont rendus à la liberté et à la civilisation par l'Évangile et les Missions. *Voir* ces mots.—Leur tradition sur le déluge, II, 18.

SAUVEMENT. Ce qu'il doit aux Bénédictins, XVII, 38.

SAVARIC, évêque d'Auxerre, s'empare de l'Orléanais, du Nivernais, d'Avalon, de Tonnerre et de Troyes, VI, 134.

SAVIGNY (M. de) suit l'histoire du droit romain depuis son âge poétique jusqu'à l'âge philosophique, IV, *Préf.*, 4.

SAVANTS du moyen-âge. Ouvrages des plus célèbres depuis le huitième siècle jusqu'au seizième, IV, *Préf.*, 8, 10, 11, 13, 14, 17, 18, 19, 20, 22, 28, 29. — Historiens, 31, 32, 33.

SAVOYARDS (les). Leur portrait, XIII, 9. — Leurs mœurs, *ibid.*

SAXO GRAMMATICUS est le Nestor du Danemarck, IV, *Préf.*, 12. — A conservé les chants des Scaldes, VI, 16. — A été consulté par l'auteur pour la peinture des mœurs des Francs et des Gaulois, XVII, 10.

SAXON GRAMMAIRIEN. *Voir* SAXO GRAMMATICUS.

SAXON ou TEUTONIQUE. Fragment de cette langue, VI, 341, 342.

SAYER (Robert) est auteur d'un ouvrage intitulé : *Ruins of Athens*, VIII, *Préf.*, 170.

SCALDES (les). *Voir* SAXON LE GRAMMAIRIEN.

SCALIGER vivait au seizième siècle, VII, 196.

SCANDINAVE ou SUÈVE (langue). Fragment, VI, 342.

SCANDINAVES (les) reconnaissaient dans les femmes quelque chose de divin, VI, 243. — Leurs poésies mythologiques, 23. — Leur religion, 30. — Joies célestes qui leur étaient promises, XIV, 234.

SCANDINAVIE (la). Ses côtes ont été reconnues par Pythéas, XII, *Préf.*, 5. — Était connue de Pline, *Préf.*, 7. — A été divisée en provinces ou royaumes, par le roi Alfred, *Préf.*, 16. — Portait le nom de *Mannaheim*, *ibid.*

SCEAU d'argent trouvé dans le tombeau d'une reine de France à Saint-Denis, XVI, 281.

SCEAUX (les) du moyen-âge sont des monuments précieux pour l'histoire, IV, *Préf.*, 20.

SCEPTRES remarquables trouvés dans des tombeaux de l'église Saint-Denis, XVI, 289, 294, 297.

SCÉTÉ (désert célèbre de la Thébaïde). Sa description, XX, 283.

SCHERER a traduit en allemand l'ouvrage de Nestor, annaliste russe, IV, *Préf.*, 10.

SCHILLER a paru quand le protestantisme s'est rapproché des arts et des sujets de la religion catholique, IV, *Préf.*, 105. — A chanté Jeanne d'Arc, VII, 138. — Langage qu'il lui prête, 139.

SCHISME (le grand) d'Occident, d'Angleterre. *Voir* Henri VIII.

SCHOLOEZER a commenté l'ouvrage de Nestor, annaliste russe, IV, *Préf.*, 8.

SCHWEITZ (canton de). Son insurrection au quatorzième siècle réveille la liberté dans les Alpes, VI, 192. — Professe le catholicisme, XXV, 236; V, 269.

SCIPION L'AFRICAIN. Son éloge, XI, 63. — Son départ pour la conquête de Carthage, *ibid.* — Son entrevue avec Annibal, 71. — Gagne la bataille de Zama, 74. — Sa mort, 76. — Son tombeau, XIX, 123.

SCIPION, deuxième Africain, pleure sur les ruines de Carthage, XI, 72. — Sa mort, *ibid.*

SCOLASTIQUE (la). Ce que c'est au moyen-âge, et surtout vers le milieu du douzième siècle, V, 158.

SCOT, savant du moyen-âge à la renaissance, VI, 257. — Est surnommé le *docteur subtil*, *ibid.*

SCOTT (Thomas). Sa fermeté devant ses juges, XIII, 298. — Est condamné comme régicide à la restauration de Charles II, *ibid.*

SCOTT (Walter) a fait renaître l'Écosse du moyen-âge, IV, *Préf.*, 64.

SCIENCES. Ce qu'elles doivent aux ordres religieux, XIV, 126. — Protégées par les papes, *ibid*; XVII, 28. — Ce que la religion a fait pour elles, XVI, 231 et suiv. *Voir* Mathématiques.

SCYLAX a composé un recueil des excursions maritimes faites de son temps, XII, *Préf.*, 5.

SCYTHES (les) habitaient à l'est de l'Europe, II, 205. — Leur gouvernement, *ibid.* — Leurs mœurs, 206. — Étaient anthropophages, VI, 13.

SCYTHIE (la) a été corrompue par les philosophes, II, 212.

SEBALO DE WEERT, voyageur sur mer, XII, *Préf.*, 34.

SÉBASTIEN (don), roi de Portugal. Son expédition d'Afrique, VII, 215.

SÉBASTIEN, général de l'empereur Valens, est tué à la bataille d'Andrinople, V, 93.

SEBONDE (Raymond de) a écrit un ouvrage conçu à peu près dans les mêmes vues que le *Génie du Christianisme*. *Voir* Raymond.

SECOUSSE. Son admirable préface, IV, *Préf.*, 14.

SECRETS THÉURGIQUES. Ce que c'est. *Voir* Apollonius de Thiane.

SECTES des Juifs, V, 221.

SEEDZEM. Voyageur cité sur la Pomme de Sodome, X, 132.

SEGUIER (le chancelier). Son éloge, XXVII, 277. — Présidait la commission chargée de réformer la législation sous Louis XIV, XXIX, 106.

SÉGUR (M. de). Son *Histoire de la campagne de Russie* restera. Pourquoi? IV, *Préf.*, 60.

SEINE (Saint-). Son seigneur était *homme-lige* de l'église de Besançon, VI, 139.

SEINE. Observation de Julien l'Apostat sur les eaux de ce fleuve, IV, 334.

SEIZE (les) jugés, IV, 112.

SÉJAN, favori de Tibère, empoisonne Drusus, IV, 177. — Sa fille est livrée aux derniers outrages avant d'être mise à mort, XVII, 76.

SELAGO. Plante mystérieuse chez les Gaulois. Ce qu'en dit l'auteur d'après Pline, XX, 33, 262.

SÉLEUCUS NICANOR a pénétré jusqu'au Gange, XII, *Préf.*, 4.

SEM est le père des peuples pasteurs, IV, *Préf.*, 3.

SEMAINE-SAINTE. Beautés de ses cérémonies, III, 77. — A Jérusalem, XX, 193.

SÉMIGALIE (la). Ses villes ont été pour la plupart fondées par les chevaliers teutoniques, XVII, 23.

SÉMINARE (bataille de) est perdue par les Français contre les Espagnols, VII, 162.

SÉNAT de Rome ancienne reçoit les Gaulois dans son sein, XX, 244. — Son avilissement sous les empereurs, IV, 237, 274, 267, 285.

SÉNÉCHAL. Ce que c'était au moyen-âge, VI, 236.

SÉNÈQUE a écrit sur le mépris des richesses, au sein du luxe de la fortune, VIII, 212. — Son opinion sur les dames romaines, XVII, 73. — Ses mémoires sur l'Inde, XII, *Préf.*, 8. — Sa fermeté en mourant, VIII, 245.

SENS DE L'HOMME. Merveilles de leur organisation, XIV, 325.

SEPTIMANIE (la). Sa description par Salvien, V, 318.

SEPTIME SÉVÈRE, empereur, IV, 206. — Bat Percennius Niger et Albinus, ses compétiteurs, *ibid*. — Casse et rétablit les prétoriens, qu'il compose d'étrangers, 207. — Place Commode au rang des dieux, passe en Angleterre et bat les Calédoniens, *ibid*. — Épouse Julie Domna, 208. — Ses paroles à Caracalla, son fils, *ibid*. — Sa mort, 209. — Sous son règne naquit l'éloquence chrétienne, *ibid*.

SÉPULCRE (le *Saint-*) a été profané par l'érection d'une statue de Jupiter, IX, *Préf.*, 129. — Est reconquis par les chrétiens, *Préf.*, 131. — Est cherché par ordre d'Hélène, *Préf.*, 132. — Est découvert sous les ruines des édifices d'Adrien, *ibid.* — Est couvert de pierreries, *Préf.*, 133. — Est honoré sous le titre de Martyrion, *Préf.*, 179. — Description de ce monument célèbre, X, 168. — Sa reconstruction. — Sa destruction totale, 299.

SÉPULTURES. Chez les anciens, XVI, 91, 93. — Chez les Barbares et les Sauvages, 95, 97. — D'Attila au milieu d'un fleuve. *Voir* Attila. — Chez les chrétiens, XVI, 99, 102. 105, 108. — Chez les Français modernes. *Voir* Saint-Denis. — De l'Escurial. *Voir* ce mot. — De Jérusalem, X, 223. — Des rois, 228. — De David; aventure remarquable qui s'y passe, X, 311.

SEQUANA, citée par rapport aux trois Gaules, XX, 234.

SERANIUS a publié la description de la Terre-Sainte, écrite par Adamannus, IX, *Préf.*, 190.

SERMIENTO. Célèbre voyageur, XII, *Préf.*, 30.

SERMENT des Francs sur les cheveux, VI, 108. — En langue teutonique, 341. — De Louis le Germanique et de son frère, *ibid.* — Sa force au moyen-âge, 192. — Du héron. *Voir* Robert d'Artois, Prestation, Vœux.

SERPENT. Sa description, XIV, 99. — Ses mœurs, *ibid.*

SERPENTS du lac Érié, XII, 49. — Leurs mœurs, 113.

SERRES a écrit l'un des premiers l'histoire générale de France, IV, *Préf.*, 32. — Est infidèle dans ses citations et fautif dans sa chronologie, *ibid.*

SERRURIER (le maréchal) est présenté à Louis XVIII à Compiègne, XXVII, 79.

SERVITUDE. Abolie par un concile, VI, 172.

SÉVÈRE a persécuté les chrétiens, IV, 211. — Est un des plus célèbres hérétiques du deuxième siècle, 278.

SÈZE (de). Les derniers mots de son discours pour la défense de Louis XVI, VIII, 293.

SGURE, tyran d'une partie de la Morée, assiége Athènes, IX, *Préf.*, 104. — Est repoussé, *ibid.*

SHAKESPEARE est le seul poète dramatique qui ait conservé son empire en Angleterre, VIII, 17. — Jugement de l'auteur sur ce poète, 38. — A chanté Jeanne d'Arc, VII, 138. — Caractère qu'il lui donne, *ibid.* — Son style a été parfaitement imité, XVII, 201.

SHAW. Ses voyages, XII, *Préf.*; 47; IX, *Préf.*, 139. — N'a rien écrit de satisfaisant sur le Saint-Sépulcre, X, 185.

SHETLAND (îles). Sont conquises par les pirates normands, XII, *Préf.*, 18.

SAETLAND (*Nouvelle-*) a été découverte par le capitaine Smith, XII, *Préf.*, 49.

SIAGRE, fils de Carloman, a été évêque de Nice, et mis au rang des saints, VI, 117.

SIBYLLE (la). Rôle qu'elle joue dans Virgile, XV, 42; XX, 344.

SIBYLLE de Cumes consultée, sa réponse, XX, 199. — Son temple à Tivoli, XIII, 89.

SICARD (le père) a visité l'Égypte et a rapporté un manuscrit descriptif de cette contrée, XX, 282.

SICILE (la). Son gouvernement, II, 178. — Son état politique a été fondé par des vassaux de nos rois, XXV, 3. — Ses historiens, VIII, 254.

SIDÈRE (Jean) était gouverneur de plusieurs villes, IX, *Préf.*, 105. — Excite les empereurs Jean Paléologue et Jean Cantacuzène à porter la guerre dans l'Achaïe, *ibid.*

SIDNEY est la capitale de la Nouvelle-Galles du sud, XII, *Préf.*, 49. — Est située dans le port Jackson, *ibid.*

SIDNEY. Sa conspiration mal conçue, XIII, 303. — Recevait de l'argent de Louis XIV, *ibid.* — Est mort pour la liberté, *ibid.*

SIDOINE APOLLINAIRE, poète et historien, XIII, 113. — Est un témoin irrécusable des mœurs des Barbares, VI, 8. — Cité sur les costumes des Francs, XIX, 307.

SIGEBERT, roi de France, fils de Clotaire, VI, 99. — Épouse Brunehaut, *ibid.* — Son règne est troublé par les discordes de cette princesse et de Frédégonde, *ibid.*

SIÉGE de l'empire romain

transporté hors de Rome, IV, 285.

SIGISMOND, roi de Bourgogne, fait la guerre aux enfants de Clovis, VI, 97.

SILIUS ITALICUS n'a pu surpasser Homère et Virgile dans la poésie descriptive, XV, 106.

SILOE (la fontaine de). Sa description, X, 274.

SILVAIN, guerrier franc, commandait l'infanterie romaine dans les Gaules, sous le règne de Constantin II et Constance, IV, 329. — Usurpe l'empire, *ibid.* — Est tué, *ibid.* — Son caractère et ses mœurs, *ibid.*

SILVESTRE II passe pour l'inventeur de l'horloge à roues, XIV, 156.

SIMINOLES (les) forment, avec les Muscogulges, la confédération des Creeks, XII, 240. — Ne possèdent que neuf villages, 247. — Leur caractère, *ibid.* — Leur portrait, *ibid.* — Villes modernes qui se trouvent dans leur pays, 280. — Leur physionomie et leur costume, XXIII, 104. — Envoient des députés au conseil général des tribus convoqué par les Natchez, *ibid.* — Leur manière de conserver le souvenir des choses passées, XIV, 171.

SIMON, comte de Montfort. Son caractère, VI, 175.

SIMON, le magicien, avait la prétention de posséder des secrets théurgiques, V, 25. — Est le premier hérésiarque, IV, 167.

SIMONIDE. La grammaire est née de son temps, II, 84. — Excellait à chanter les dieux, 87. — Sa morale, *ibid.* — A eu une destinée à peu près semblable à celle des poètes français du dix-huitième siècle, 90. — Avait chanté Hipparque et les assassins de ce prince, *ibid.*

SINAI (le), montagne célèbre de souvenirs bibliques, XX, 64, 65.

SINES (royaume de) est supposé devoir être Siam, XII, *Préf.*, 10.

SION est la montagne la plus élevée de Jérusalem, IX, *Préf.*, 142. — Sa description, X, 175.

SIRMOND (le père) a publié la notice *des Dignités des Gaules*, IV, *Préf.*, 19. — A laissé un nom estimé dans les lettres, XVIII, 27.

SISENAND, roi Goth, engage un plat d'or de cinq cents livres de poids à Dagobert, pour obtenir un secours de troupes, VI, 71.

SISMONDI (M.) est un des réformateurs de notre histoire générale, IV, *Préf.*, 66. — A trop jugé le passé d'après le présent, dans son histoire des républiques italiennes, *Préf.*, *ibid.*

SIXTE-QUINT, pape, succède à Grégoire XIII, VII, 220. — Avait été gardeur de pourceaux, VI, 148. — Désapprouve la Ligue, VII, 220. — Excommunie Henri IV, *ibid.* — Déclare que Jacques Clément était comparable, pour le salut du monde, à l'incarnation et à la résurrection, 271. — Approuve le régicide, VI, 148. — Meurt, VII, 302.

SLAVES (les) s'unissent aux Goths pour marcher à la conquête de l'empire romain, IV, 142. — Habitaient dans les plaines de la Pologne et de la Moscovie, *ibid.* — Étaient placés sous la domination des Goths, 249.

SMITH est le batelier qui interrogea Hulet sur l'exécution de Charles Ier, roi d'Angleterre, XIII, 297.

SMITH (John). Ses poèmes ont été imprimés avec le texte supposé d'Ossian, XVII, 200.

SMITH (le capitaine) a découvert la nouvelle Shetland, XII, *Préf.*, 45.

SMYRNE (ville de). Sa description, X, 17. — Son histoire, *ibid.*

SNORRON est l'Hérodote du Nord, IV, *Préf.*, 12.

SOCIÉTÉ PRIMITIVE. Comment expliquée par l'auteur et Bossuet, IV, 130, 139.—Par M. de Bonald, VIII, 118. — Ouvrage de Vico sur ses éléments. *Voir* Vico. — Tableau de la société antique chez les Romains, V, 290. — Comment a été sauvée et régénérée par le christianisme. *Voir* Christianisme, Évangile.

SOCIÉTÉ au moyen-âge. Ses mœurs singulières, VI, 270, 271. —Moderne. Son caractère, XXXIV, 339. — Son avenir, 344.

SOCRATE (l'historien) donne la chronologie de plusieurs évêques, IX, *Préf.*, 132. — A été consulté par l'auteur pour la description des mœurs des chrétiens primitifs, XIX, 10. — Est un historien ecclésiastique du règne de Théodose II, V, 199.

SODOME. Ce qu'en dit l'Écriture-Sainte, X, 128. — Arbre de Sodome. *Voir* Arbre.

SOEURS GRISES. Leur utilité et leurs bienfaits, XVII, 11.

SOIR (le), poésie, XXIV, 19, 21.

SOLFATARE (la). Ce que c'est, et ses effets merveilleux, XIX, 291.

SOLIN a moins copié Pline qu'on ne le croit dans son *Polystor*, IX, *Préf.*, 89.

SOLITAIRES de la Thébaïde. *Voir* Anachorètes, Pères du désert, Thébaïde. *Voir* aussi Moines, Religieux.

SOLON, législateur des Athéniens, II, 37. — Était poète, 95. — Sa muse licencieuse, 99.

SONGE philosophique de Boèce, V, 156. — De l'empereur Marcien, VI, 51. — De Scipion, XIX, 293. — De saint Grégoire de Nazianze, XVII, 144. — D'Athalie, XV, 143.

SORCELLERIE. Détails curieux à ce sujet, XXXIII, 65.

SORCIÈRES GAULOISES, citées, XIX, 311.

SOREL (Agnès), maîtresse de Charles VII, VII, 140.

SOSISTRATE (saint), Apôtre de Corfou, est brûlé dans un taureau d'airain, IX, 13.

SOTO (Ferdinand de) a colonisé le Canada, XII, *Préf.*, 35.

SOULIERS A LA POULAINE. Ce que c'est, VI, 283.—Singulière défense d'en porter, *ibid. Voir* Poulaine.

SOULIOTES (femmes). Leur dévouement, IX, *Préf.*, 31.

SOUTHAMPTON (lord) a offert de mourir pour Charles Ier, XIII, 227.

SOUTERRAINS servant à cacher le blé, XIX, 321.

SOUVENIRS RELIGIEUX. Sont les seuls qui soient durables, IX, *Préf.*, 140.

SOZOMÈNE est un historien ecclésiastique du siècle de Théodose II, V, 199. — Affirme qu'un Juif a indiqué la place du Saint-Sépulcre, IX, *Préf.*, 132. — Donne la chronologie de plusieurs évêques, *ibid.* — A été consulté par l'auteur pour la peinture des mœurs des chrétiens primitifs, XIX, 10.

SPARTE. Son gouvernement, II, 37. —Causes de sa ruine, IX, 188. — Son histoire, *Préf.*, 97 et suiv. — Ses ruines, 74. — Son état actuel, *ibid.*

SPECTACLES (les) condamnés par les païens, XXVII, 100. *Voir* Amphithéâtre, Cirque, Gladiateurs, Jeux. — Au moyen-âge. *Voir* Mystères. — Fureurs des spectacles en France sous la Fronde, VII, 144.

SPENSER était, comme son père, le favori d'Édouard II, VI, 211. — Fait décapiter vingt-deux barons, *ibid.* — Est mis à mort, *ibid.*

SPHÈRE. Composée par Dondis. *Voir* ce nom.

SPILBERG. Ses voyages, XII, *Préf.*, 34.

SPINOSA peut être appelé le type de l'athée, III, 140. — Sa doctrine, *ibid.* — Vivait avec ses chiens, etc., 164. — Réfuté par Clarke et Leibnitz, XIV, 3.

SPON a écrit avec Weler un voyage en Grèce qui est estimé, IX, *Préf.*, 120. — Ce qu'il dit du Granique, *Préf.*, 91.

SPYRIDION, évêque de Trimithonte, a formé le concile de Nicée, IV, 316. — Avait le don des miracles, *ibid.*

STABAT MATER, de Pergolèze, XV, 211.

STACHYS est un des premiers chrétiens de Rome, IV, 171.

STADT (lac) rafraîchit l'air dans des déserts de sable, XII, *Préf.*, 45.

STAEL (madame de). *Ses considérations* sur les principaux événements de la révolution, IV, *Préf.*, 57 et suiv. — Son opinion sur Mirabeau, *ibid.* — Jugée par l'auteur, VIII, 322.

STAMPALIE (île de). Sa description, XI, 44.

STANISLAS, roi de Pologne, comment s'échappe de son palais, III, 64.

STATIONS de Jérusalem, X, 156, 167 et suiv.

STATISTIQUE ecclésiastique et scientifique des états de l'Europe, XVII, 125 à 133.

STADES judaïques et grecques comparées, XI, 178, 183, 185, 196.

STATUAIRE (la) antique, XIII, 51.

STEIN (le baron de) encourage les travaux historiques de M. Paertz, IV, *Préf.*, 11.

STICOE, village indien, renferme des tombes pyramidales, XVIII, 40.

STILICON, ministre d'Honorius, grand capitaine, cité, V, 165 et suiv.

STOFFLET était garde-chasse, XXV, 226. — Rejoint Cathelineau, *ibid.* — Son caractère, 257. — Sa mort, 248.

STRABON. Son ouvrage sur les connaissances antérieures aux voyageurs, XII, *Préf.*, 7. — Ce qu'il dit de la mer Morte, 129. — Description du cercueil d'Alexandre, XX, 274. — A servi d'autorité à l'auteur pour ses recherches sur les curiosités géographiques de la Gaule, de la Grèce et de l'Égypte, *ibid.*

STRAFFORD (Wentworth, comte de) était membre du troisième parlement, XIII, 164. — Provoque la pétition des droits, *ibid.* — Soutient la prérogative royale, *ibid.* — Est nommé pair et vice-roi d'Irlande, *ibid.* — Fournit de l'argent au roi et lève pour lui une seconde armée, 165. — Est créé comte de Strafford, *ibid.* — Est accusé de haute trahison par Pym, 186. — Sa perte est due à son mépris pour les conseils, 190. — Conclusion de son discours, 191. — Est condamné, 192. — Sa lettre à Charles 1er, 193. — Ses derniers moments, 195.

STRATOPEDARCHA. Ce que c'est que cette milice, IX, *Préf.*, 102.

STROMATES. Ouvrage de saint Clément. *Voir* ce nom.

SUÈDE (la). Son histoire estimée. *Voir* Ruchs.

SUÉDOIS (les). Leur langue a quelque analogie avec celle des anciens Perses, VI, 29. — Leurs découvertes étaient ignorées de l'Europe franque et germanique, XII, *Préf.*, 15.

SUÉTONE opposé à Voltaire et comment, XVI, 302. — Assure qu'une tradition avait annoncé qu'un homme s'élèverait dans la Judée, et obtiendrait l'empire universel, 113.

SUÈVE (langue) ou sandinave. *Voir* ce dernier mot.

SUÈVES (les) envahissent les Gaules sous Honorius, empereur

d'Occident, V, 173. — Ravagent l'Espagne, 182.

SUGER (l'abbé) a fait faire un pas à la puissance royale, sous Louis le Gros, VI, 167. — Son éloge, 171. — Est un des plus grands ministres que la France ait possédés, XXVI, 162. —Travaux immenses qu'il a fait exécuter à Saint-Denis. *Voir* ce nom. — Son tombeau retrouvé en 1793, XVI, 297.

SUISSE (la). Plusieurs de ses villes ont été fondées par des ordres religieux ou militaires, XVII, 41. — Ses cimetières pittoresques, XVI, 104.

SULLY. Anecdote qu'on rapporte de lui, XXX, 103. — A payé trois cents millions de dettes de l'état, et a laissé trente millions à la Bastille, en se retirant des affaires, VII, 320. —Est un des plus grands ministres dont la France se glorifie, XXVI, 162.

SUPERSTITIONS ANTIQUES. Tableau, XX, 66, et la note, 289.

SUNIUM (cap de) est une crique abritée par un rocher, IX, 182. — Ruines du temple qui s'y trouvait, *ibid.*

SUPPLIANTS (les) chez les Grecs. Usage antique rappelé, XIX, 235.

SUPPLICES chez les Romains, V, 295, 297. — Infligés aux chrétiens (extrait de Lactance), XX, 353. — Prouvés par Tacite, XVI, 302. — Instruments des martyrs conservés au Vatican, XIII, 38.— Chez les Barbares, VI, 36, 37, 40.

SUR (le désert de). Où voyagèrent les Hébreux pendant quarante ans, XX, 64.

SUSARION peut être regardé comme le créateur de la comédie, II, 84.

SUZE (Henri de). Savant du moyen-âge à la renaissance, VI, 258.—Est surnommé *la Splendeur du droit*, *ibid.*

SYMBOLE de la foi chrétienne. Sa beauté, IV, 315.

SYMBOLES du culte des Égyptiens, jugés par l'auteur, XX, 281.

SYMPHOROSE (saint) subit le martyre avec ses fils, sous l'empereur Adrien, IV, 197; V, 249. — Tombeau de cette famille, XX, 349.

SYMPLICIUS DE CILICIE. Son histoire, V, 153. — Clôt la série des beaux génies de l'Orient, 154. — Sa prière, *ibid.*

SYRACUSE (ville de) a été fondée par Archias, Corinthien, la quatrième année de la dix-septième olympiade, II, 202.

SYRIENS (les). Chez eux les jours naturels commençaient au soleil levant, XIV, 112. —Et les jours artificiels au soleil couchant, *ibid.*

T.

TABAR. Ce que c'est, VII, 77.

TABLE des brames, envoyée par un missionnaire, XVI, 170.

TABLE d'émeraude, du trésor des Goths, VI, 70. — De Peutinger, état de ce monument de l'ancienne géographie, XII, *Préf.*, 8.

TABLE d'or avec inscription. Ouvrage du huitième ou neuvième siècle. *Voir* Bernelin.

TABLES D'OXFORD ou D'ARUNDEL. *Voir* ARUNDEL.

TABLES ANTEDILUVIENNES, citées, XIV, 264; XXXI, 268.

TACITE, empereur, IV, 273.— Était parent de l'historien du même nom, 274. — Rend au sénat quelques unes de ses prérogatives, *ibid.* — Marche contre les Alains et meurt, *ibid.*

TACITE. Autorité qu'il cite dans ses annales, IV, *Préf.*, 5. — Ce qu'il dit du Messie, XVI, 113. — A vu les causes des événements dans la méchanceté des hommes, XV, 280. — A donné naisssance à une école dangereuse, 282. — A plus de mouvement dans le style et de variété dans les couleurs que Tite-Live, VIII, 58. — A quelques beaux tableaux, XV, 106. — Doit être consulté pour la description des fêtes romaines, XIX, 10. — Prouve contre Voltaire les supplices exercés sur les chrétiens, XVI, 302. — Manuscrit de ses annales retrouvé et publié par ordre de Léon X. *Voir* ce nom.

TAIFALES (les). Barbares alliés des Goths, V, 90.—Leurs mœurs, VI, 12.

TALBOT est le dernier héros des guerres anglaises contre la France, VII, 140. — Est tué, *ibid*.

TALIEN est un des plus célèbres hérétiques du deuxième siècle, V, 278.

TALMONT (le prince de), général de la cavalerie vendéenne, XXV, 232. — Propose de marcher sur Paris, 240. — Ses paroles en allant à l'échafaud, XXVIII, 282.

TALMUDS. Babylonien de Jérusalem, cité, V, 223.

TALON a fait partie de la commission chargée de réformer la législation, sous Louis XIV, XXIX, 106.

TAMEAMA, roi et législateur des îles Sandwich, XII, *Préf.*, 39.

TANCRÈDE, chef des croisés, entre dans Bethléem, 199. — Son histoire, par Raoul de Caen. *Voir* Raoul.

TARILLON (le père). Sa lettre à M. de Pontchartrain sur les missionnaires du Levant, XVI, 168.

TARTARE. *Voir* Enfer.

TARTARES (les). Leurs ravages, XII, *Préf.*, 17.

TASMAN a fait le tour de la Nouvelle-Hollande, XII, *Préf.*, 30.

TASSE (le). Sa bravoure, VIII, 245. — Ses récits chevaleresques, VII, 196. — Dissertation sur son poème, XIV, 246.—A porté la poésie descriptive au plus haut degré, XV, 114.—N'a pas mis assez de hardiesse dans la peinture du paradis, 163. — A mis en action les anges, les saints, l'enfer et le ciel, XXI, 179. A été couronné au Capitole par un pape, XVII, 31. — Son tombeau, IX, 3.

TASSIN (Dom.). Savant Bénédictin, XVII, 24.

TAUROBOLE. Cérémonie ridicule à laquelle se soumet Julien et pourquoi? IV, 348; V, 24.—Constaté par une inscription; en quoi diffère du baptême, 29.

TAVERNIER. Ses voyages, XII, *Préf.*, 30.

TAYGÈTE (mont). Ce qu'en dit l'auteur, XX, 110, 311; IX, 52.

TAYLOR (le baron). Sa lettre sur Pompéi et Herculanum, XIII, 151.

TE DEUM. Beauté de cette hymne, et son auteur, XXI, 115, 168. —Effet que produit ce chant, XV, 212.

TEGHAN, savant religieux, VI, 143.

TÉLÉMAQUE (saint), moine et martyr, V, 170.

TÉLÉMAQUE (le). Est-il un poème? *Voir* Faydit.

TÉLESCOPE. *Voir* BACON.

TELLIER (le). Mérite de cet écrivain, IV, *Préf.*, 29.

TEMPÉ (vallée de) est couverte de ruines de la Grèce, XVI, 29.

TEMPÊTES. Description, XXI, 23 et suiv. — Sur terre, XVIII, 41.

TEMPLE de Jérusalem brûlé, IV, 187. — Sa description, par Joseph, X, 330. — Recherches sur ses mesures, XI, 186, 190.—

Efforts de Julien pour le rebâtir et donner un démenti à l'Évangile. *Voir* Julien, Jérusalem.

TEMPLES chez les Grecs. Le fer et l'or en étaient prohibés; XIX, 242.

TEMPLES des faux dieux. Leur destruction, V, 118, 119.

TEMPLE chrétien et prières, XIX, 129.

TEMPLIERS. Ordre célèbre. Sa destruction, VI, 193, 194.

TENTES des Barbares transformées en églises, V, 109.

TENTIRA, ou TINTYRIS, ou DENDERA. Ses belles ruines, XX, 54, 278.

TÉRÉBINTHE (vallée de). Sa description, X, 96.

TERRAY (l'abbé). Ses réductions en finances ont contribué à la ruine de la monarchie, XXXI, 33.

TERRE (création de la). Beauté de cette histoire dans Moïse, XIV, 93, 136, 141.

TERRE-NEUVE a été relevée par Coteréal, XII, *Préf.*, 37.

TERRE-SAINTE. Sa description par l'auteur. *Voir* Palestine, Jérusalem.—Ouvrages cités sur ce pays célèbre, IX, *Préf.*, 137. — Ses monuments sacrés, X, 152, 161, 168, 186. *Voir* aussi Stations.

TERRES NOBLES. Réflexions sur leur création, VI, 230.

TERREUR. Apologistes de cette sinistre époque, IV, *Préf.*, 85. — Tableaux de ses horreurs, 78.

TESTAMENT (Ancien). Beautés de ces récits dans la Bible. *Voir* Bible.— (Nouveau). *Voir* Évangile, Écriture-Sainte.

TESTAMENTS célèbres, cités. *Voir* Charlemagne, Mutilations prohibées, Manning.

TERTULLIEN est le Bossuet africain des pères de l'Église, X, 149; XIV, 2; XV, 307. — Sa science, et ses ouvrages, 308 et suiv. — Son opinion sur les théâtres, XXVII, 98.

TETRICUS est élu empereur en Occident, sous le règne de Valérien et Gallien, IV, 259. — Succède à Marius, trahit ses soldats et se rend à Aurélien, 270. —Sert d'ornement au triomphe de ce prince, 272. — Est nommé gouverneur de la Lucanie, *ibid*.

TEUTONIQUE (ordre), XVI, 225. — Langue teutonique. Fragments, VI, 342. *Voir* Évangile.

THALÈS DE CRÈTE, poète et législateur, II, 80.

THALÈS DE MILET est placé à la tête des sages, II, 112. — Était astronome et a fondé la secte ionique, *ibid*.—A voyagé en Perse, aux Indes, en Égypte et en Chaldée, V, 323. —Son système, *ibid*. — Sa cosmogonie, XIV, 194. — Jette dans la Grèce les semences de l'esprit métaphysique, *ibid*.

THAMAS KOULIKAN est connu par les écrits du père Bazin, XVI, 162.

THÉÂTRE. Son origine en France, VII, 143.—Sa corruption, XXXI, 222.

THÉÂTRE. Ce qu'en pensent Bourdaloue, Bossuet et Rousseau, II, 116; XXVII, 101, 102. — Les femmes en sont exclues par un pape. *Voir* Innocent XI.—Et par les païens du temps de Sophocle, XXVII, 100.

THÈBES (ville de). Description de cette ville et de ses ruines, XX, 57.

THÉBAIDE (tableau de la), XVI, 145; XX, 61. — Époque de sa ruine, 278.

THÉMISTOCLE a sauvé sa patrie, II, 297.

THÉMATA. Ce que c'était dans la topographie orientale, IX, *Préf.*, 102.

THÉOCRITE. Ses poésies, IX, 8.

THÉODEBERT, fils de Clodomir, roi d'Orléans, VI, 97.— Est assassiné par Clotaire, 98.

THÉODEBERT. Son règne a été

troublé par les discordes de Frédégonde et de Brunehault, VI, 99. — Défait les Gascons et les établit sur les confins de la Bourgogne, 100.

THÉODICÉE. Célèbre ouvrage de Leibnitz. *Voir* ce nom.

THÉODORE, écrivain ecclésiastique du siècle de Théodose II, V, 199. — Est auteur de l'histoire tripartite, *ibid.*

THÉODORE. *Voir* GRÉGOIRE DE PONS.

THÉODORET, historien ecclésiastique du siècle de Théodose II, V, 199. — A donné la chronologie de plusieurs évêques, IX, *Préf.*, 132. — Son histoire ecclésiastique, *Préf.*, 135. — Son ouvrage intitulé: *Vie des Solitaires*, *ibid.* — Passe en Palestine, *ibid.*

THÉODORIC, roi des Visigoths, V, 188. — Rétablit les édifices de Rome, ravagée par les Barbares, VI, 69. — Son austérité, 55. — Son éloge, XVII, 80. — Son nom est cité dans un manuscrit teutonique conservé dans l'abbaye de Fulde, VI, 16.

THÉODORIC II, roi des Visigoths, V, 211. — Proclame empereur Avitus, *ibid.* — Soumet le reste des Suèves, en Espagne, *ibid.* — Réunit Narbonne à son royaume, 213. — Est assassiné par son frère Euric, *ibid.*

THÉODOSE, empereur, Espagnol d'origine, V, 96. — Succède à Valens, *ibid.* — Tolère l'usurpation de Maxime, 97. — Rendit un édit en faveur de la religion catholique, 98. — Proscrit l'arianisme, *ibid.* — Fait massacrer les habitants de Thessalonique, 101. — Est expulsé de l'Église pour ce crime, 102. — Sa pénitence, *ibid.* De son règne date la ruine du paganisme, 109. — Demande au sénat de Rome quel dieu les Romains devaient adorer, 114. — Proscrit les païens, 116.

THÉODOSE II, fils d'Arcade, empereur d'Orient, V, 177. — Son éducation, *ibid.* — Son caractère, *ibid.* — Ses lois, 179. — Sa mort, 199. — A laissé un code qui porte son nom, *ibid. Voir* Lampe perpétuelle.

THÉODOSE, moine de Morée, désigné comme prince de ce pays, IX, *Préf.*, 106.

THÉOGNIS. Sa supercherie, V, 281.

THÉOPHILE, évêque d'Alexandrie, fait détruire le temple de Serapis, V, 119.

THÉORIES ou PROCESSION grecque. Description, XIX, 94, 183.

THÉOSOPHIE. Mérite de ce système historique de M. Ballanche, IV, *Préf.*, 50.

THÉRAMÈNES, III, 9. — Son éloquence et son génie, *ibid.* — Se range du côté du peuple, *ibid.* — Insurge les citoyens, *ibid.* — Fait démolir les forts, 10. — Comparé à Tallien, 24. — Son accusation, *ibid.* — Sa défense, *ibid.* — Sa condamnation, 22. — Sa protestation, *ibid.* — Sa mort, *ibid.*

THÉRAPEUTES D'ÉGYPTE (les). Ce que c'est, V, 222.

THERMES (le palais des). Recherches sur l'époque de sa construction, XX, 236. — Grandeur de ses jardins, 238.

THERMES D'ADRIEN, XIII, 32. — Ses belles ruines, 81. — De Paris dits de Julien, IV, 336. — De Dioclétien changés en église. *Voir* Notre-Dame-des-Anges.

THERMOPYLES (les) tombent au pouvoir des Perses, III, 278.

THESPIS est le père de la tragédie, II, 84.

THESSALIE (la), province de la Grèce, se joint aux Perses, II, 276. — Est le théâtre des guerres entre Alexis Comnène et Robert de Boëmond, IX, *Préf.*, 103. — Renommée pour ses gommes, IX, *Préf.*, 30.

THESSALONIQUE (ville de) se révolte contre Théodose, V, 101. — Souvenirs de cette ville, IX, *Préf.*, 104.

THEUDOALDE, maire du palais, après la mort de Pépin d'Héristal, VI, 102. — Est chassé par Charles Martel, *ibid.*

THÉURGIE. Exemples de ses opérations, V, 25, 21.

THÉVENOT doit être consulté sur le Saint-Sépulcre, X, 150.

THIBAUT, comte de Champagne, abandonne des vallées stériles à Saint-Bernard et à ses disciples, XVII, 37. — Ses chansons et ses amours, VI, 178.

THIERS (M.) est un des chefs de l'école fataliste, IV, *Préf.*, 70. —Son tableau de la mort de Mirabeau et de celle de Louis XVI, *Préf.*, 72, 73.

THIERRY I. Son règne a été troublé par les discordes de Frédégonde et de Brunehault, VI, 99.

THIERRY III. Son histoire est confuse, V, 102.

THOMAS AKEMPIS. *Voir* Imitation.

THOMAS d'AQUIN (saint). Célèbre théologien du douzième siècle, VI, 257.—Surnommé l'*Ange de l'école*, 258. — Comparé au plus grand génie de l'antiquité, *ibid.* — Ses poésies sacrées, XVI, 50.

THOMLINSON (le colonel) conduit, tête nue, Charles Ier, roi d'Angleterre, à l'échafaud, XIII, 230.

THOU (le président de), VII, 288. — Est un des plus grands magistrats que la France ait possédés, XXVI, 162.

THUCYDIDE, jugé comme historien, IX, 12 ; XV, 280.

THURINGE (la) faisait partie du pays habité par les Francs, VI, 89.

THURINGES. Leurs ravages en France, VI, 61.

TIBÈRE, empereur, IV, 165.— Est l'inventeur du crime de lèse-majesté, XXVIII, 276. — Veut mettre Jésus-Christ au nombre des dieux, XVI, 118. — Se fait ériger des autels, XV, 130. — Développe les vices de l'esprit philosophique, III, 185.

TIBULLE, jugé comme poète, XV, 105.

TILLET (du). Son interprétation du mot *Frank*, VI, 88. — Mérite de cet historien et de ses inventaires des chartes, IV, *Préf.*, 29.

TILLEMONT (le nain de) est le guide le plus sûr pour les faits et les dates de l'histoire des empereurs, IV, *Préf.*, 37.

TIMOSTHÈNES a donné une description de tous les ports connus, XII, *Préf.*, 5.

TINO (île de), autrefois Ténos, X, 10. — Est célèbre par ses serpents, *ibid.*

TITE-LIVE, jugé comme moraliste et historien, XXII, *Préf.*, 10. —Ne s'appuie jamais d'aucun texte dans son ouvrage, IV, *Préf.*, 6.— Est mort sous Tibère, IV, 178.

TITUS, empereur, succède à Vespasien, IV, 184 et suiv.

TIVOLI. Sa description, XIII, 20.

TOLÈDE (ville de). Ses environs ont été fertilisés par les Bénédictins, XVII, 38.

TOMBEAUX (respects des peuples anciens pour les), III, 101.— D'Égypte, XVI, 91. — Des Grecs et des Romains, 93. — De la Chine et de la Turquie, 94. —De la Calédonie ou ancienne Écosse, 95. — D'Otaïti, 97. —Chrétiens, 99. — Cimetières de campagne, 102. — Cimetière du Paraguay, 195. — Dans les églises, 105.— Des anciens, etc., XX, 54, 276. *Voir* Sépulcre et Sépultures, Le Tasse, Alexandre, Agamemnon, Godefroy de Bouillon. — De Jésus-Christ. Comment sauvé de l'incendie, XX, 339. — De Guillaume le Conquérant à Caen, VII, 14.

TOMBEAUX de Saint-Denis, leur célébrité, XVI, 108. — Procès-verbal de leurs tombes, 277. — Objets curieux qu'on y trouve, 281, 284, 289, 291, 293, 294, 297, 298. — Leur violation pendant la révolution de 93, III, 101. — De Néron. Explication à ce sujet, XX, 356.—Tombeau Plotia, XIII, 88.

TOMBEAUX champêtres. Elégie, XXIV, 43.

TOPOGRAPHIE ancienne du monde chrétien au cinquième siècle, XII, *Préf.*, 11. — Du Danemarck au douzième siècle, 12.

TORTURES. Idée de celles qu'on exerçait contre les martyrs, XX, 60, 61.

TOUMAS (les). Nation éteinte, XII, 264.

TOULOUSE (ville de). Ses troubadours, XXII, 24.—A vu s'établir sous Charles IV la réunion de *la gaie société des sept torbadors* qui a donné naissance à celle des jeux floraux, VI, 211. — Son parlement rendait ses arrêts d'après le droit écrit, 222. — Prétendait jouir du *franc-aleu*, avant les établissements de Simon de Montfort, *ibid.*

TOURAINE (la) a été réunie à la couronne sous Philippe-Auguste, VI, 172.

TOURNEFORT. Célèbre voyageur, XII, *Préf.*, 30. — Ce qu'il dit du Granique, IX, *Préf.*, 92.— A dessiné le premier les lieux qu'il visitait, VIII, 253.

TOURNEMINE (le seigneur de). Sa manière d'agir envers les huissiers, XIII, 110.

TOURNEMINE (le père), jésuite, a laissé un nom illustre, XVII, 27.

TOURNOIS. Leur célébrité au moyen-âge, XVI, 239.

TOURS (ville de) possédait une école célèbre dès le neuvième siècle, XVII, 22.

TOUSSAINT LOUVERTURE. Conjecture sur sa mort, XXVI, 15.

TRADITIONS des anciens peuples, ne sont qu'une copie plus ou moins altérée des récits de Moïse, XIV, 98 et suiv.

TRAITE des noirs. Loi qui la prohibe, IX, *Préf.*, 68.

TRAITÉ de Strasbourg, cité, VIII, 342. *Voir* la note. — De Bretigny. Ses résultats funestes pour la France, XXVIII, 115, 116.

TRAJAN (empereur) réduit la Dacie en province romaine, IV, 157.— Ses conquêtes, 158. — Son règne a marqué le second siècle de la littérature latine, 198.

TRANSAMONT, roi des Vandales, successeur de Gondamond, XI, 88.

TRAPPE (la). Lettres curieuses sur ce couvent célèbre, XVI, 307, 317, 323.

TREBELLIEN est élu empereur en Isaurie, sous le règne de Valérien et Gallien, IV, 259.

TRÉMOILLE (sire de la) bat le duc d'Orléans à Saint-Aubin, VII, 158.

TRÉPIED d'or de Delphes, transporté à Constantinople, IV, 302.

TRÉSOR des Goths. Ce qu'il offrait de remarquable, VI, 70. —

TRÉSOR de Saint-Denis, pillé par les révolutionnaires, XVI, 278 et suiv.

TRÉSOR. Loi sur la propriété d'un trésor trouvé, 237.

TRÉSOR des Chartes de France. Détails précieux sur cette vaste collection des archives françaises, IV, *Préf.*, 20, 21. — Sa table citée, 24. — Travaux de Du Tillet sur ce recueil, 28.

TREVERI est la Trèves moderne, XIX, 141.

TRÈVES (ville de) est brûlée par les Francs, sous le règne de l'empereur Honorius, VI, 56. — Discours du prêtre Salvien à ses habitants, *ibid.* — Importance de cette ville, XVII, 136.

TRIADE ÉGYPTIENNE. Ce que c'est et son signe phonétique, V, 27. — A-t-elle du rapport avec le mystère de la Trinité, 28 et suiv.

TRIBUNAL révolutionnaire. Réponse barbare de son président à la sœur de l'auteur, XVIII, *Préf.*, 3.

TRIESTE (ville de). Ce qu'en dit l'auteur, IX, 4.

TRINITÉ connue des Egyptiens, V, 26, 27 ; XIV, 15. — Les mages en avaient une, 16. — Platon semble en parler, *ibid.* — Son antiquité, *ibid.* — Connue aux Indes et au Thibet, 17. — A Otaïti, 18. — Tradition qu'en offrent les fables du paganisme, 19. — Sa démonstration, *ibid.*

TRIGUER (Yves de), savant du moyen-âge à la renaissance, VI, 257.

TRIPOLIZZA, capitale de la Morée, est exactement décrite par Pouqueville, IX, 42, 46, 47. N'est pas indiquée sur les cartes, *ibid.* — N'a pas été tout à fait inconnue aux géographes, *ibid.* — Est appelée *Tripolezza* par Pellegrin, et *Trapallezzo* par d'Anville, *ibid.*

TRISSINO a fait renaître en Italie la tragédie régulière dans sa *Sophonisbe*, VIII, 43.

TROGUE-POMPÉE a conduit l'histoire jusqu'aux auteurs chrétiens, XV, 281.

TROPHIME (saint), fondateur de l'église d'Arles, IV, 253.

TROUBADOURS. Ce que leur doit la langue, XXXIII, 91.

TROYES (ville de), sauvée de l'invasion d'Attila, VI, 60. — Sa coutume réputait toute terre franche ou allodiale, 223.

TROUVÈRES, Anglo-Saxons et autres. Leurs poésies, XXXIII, 73.

TUBINGUE (ville de), célèbre par son université, XVII, 23.

TUCHOR a fait un voyage dans la Palestine, IX, *Préf.*, 139.

TUDÈLE (Benjamin) a laissé une relation sur trois parties du monde, XII, *Préf.*, 17. — Son voyage est d'une haute antiquité, IX, *Préf.*, 111.

TUMULI, Indiens de l'Ohio, XI, 305.

TUNIS. Mémoire sur cette ville, XI, 211.

TUNISIENS (les). Leur caractère, XI, 54.

TURCS (les). Leur despotisme et leur manière de gouverner les peuples qu'ils ont soumis, IX, 194. — Leur incurie, *ibid.* — Leurs tombeaux, XVI, 94.

TURENNE (maréchal de), VII, 324. — Est converti au catholicisme par Bossuet, 325. — Ses cendres avaient été laissées par la république au milieu d'une ostéologie de singes, III, 54. — Son tombeau à Saint-Denis, XVI, 281.

TURLUPINS (les). Leurs désordres, VI, 295.

TURNER. Son apostrophe au bourreau de Charles Ier, XIII, 245.

TURPIN. Archevêque de Reims. Roman célèbre qu'on lui attribue, VI, 242.

TURQUIE. Ses tombeaux. *Voir* Tombeaux.

TUTILLON, moine de Saint-Gall, au neuvième siècle, exerçait à Metz l'art du graveur et du sculpteur, VI, 145.

TYCHO-BRAHÉ s'est acquis le titre de restaurateur de l'astronomie, VII, 196. — Rappelle les anciens astronomes de Babylone, XIV, 127.

TYR (ville de), cité célèbre dans l'Orient par son commerce et ses richesses, II, 225. — Était la capitale de la Phénicie, 226. — Prophétie célèbre contre cette ville, XV, 194.

TYRTÉE. Ses chants célèbres, II, 82. — Fragments qui restent de ses vers, 102. — Les Lacédémoniens lui doivent la victoire de Stenyclare, XIX, 222.

U.

ULPHILAS, évêque des Goths, a traduit, au quatrième siècle, les Évangiles, dans sa langue maternelle, VI, 28.

UNDERWALD (canton d'). Son catholicisme, XXVII, 62. — Son insurrection au quatorzième siècle, VI, 192.

UNDERWALDEN. *Voir* UNDERWALD.

UNITÉ de Dieu. Comment prouvée, XIV, 306.

UNITÉ de l'Église. Son origine et sa force, VI, 134. — Dépeinte par Bossuet, XVI, 301.

UNIVERS. Spectacle général, XIV, 141.

UNIVERSITÉ de Paris. Son origine véritable, VI, 255. — Son importance historique, 260. — A quelle époque on y enseigne le grec et l'arabe, 256. — Nombre prodigieux de ses élèves aux processions de Saint-Denis, 260.—Avait une poste aux lettres au moyen-âge, 255. — Regrets donnés à l'ancienne université et à ses services, VIII, 198.

UNIVERSITÉS (tableau statistique des) des états de l'Europe, XVII, 125 à 133. *Voir* Instruction publique.

UNIVERSITÉS. Leur fondateur et leurs colléges, VI, 256. — Ce qu'elles doivent au christianisme, *ibid.* — Celles d'Italie datent du quinzième siècle. *Voir* Italie. — Celles d'Écosse, d'Edimbourg, de Leyde. *Voir* tous ces noms.

URBAIN II. Sous ce pape est délibérée et résolue la première croisade au concile de Clermont, VI, 164.—Ses paroles véhémentes aux croisés, IX, *Préf.*, 42.

URBAIN VI, pape, successeur de Grégoire XI, fixe le retour du jubilé à la trente-troisième année, IV, 245.

URBAIN, l'un des premiers chrétiens de Rome, IV, 171.

URI (canton d'). Son catholicisme, XXVII, 62. — Son insurrection au quatorzième siècle, VI, 192.

UROCH. Description de cet animal par Tacite, XIX, 332.

URSINS (*Voir* Juvénal des).

USAGE singulier des siècles barbares par rapport à l'homicide, VI, 40. *Voir* Procédure.

UTRECHT (ville d'), célèbre par son université, XVII, 23.

UXISAMA (île d'), Ouessant, a été reconnue par Pythéas, XII, *Préf.*, 6.

V.

VAIRVILLE doit sa fertilité aux travaux agricoles des Bénédictins, XVII, 38.

VAISSEAUX des anciens. Notes à ce sujet, XIX, 274, 275. — — Nommé Deliaque, 19, 94.

VALENS, empereur, frère de Valentinien, détails sur sa vie, V, 71 et suiv.

VALENS est élu empereur en Grèce, sous le règne de Valérien et Gallien, IV, 259.

VALENTIN, hérésiarque du temps d'Adrien, V, 278. — Sa doctrine, *ibid.*

VALENTINE DE MILAN, fille de Galéas Visconti, épouse le duc d'Orléans, VII, 127. — Malheurs de cette princesse, VIII, 354.

VALENTINIEN, empereur, V,

71. — Associe son frère Valens à l'empire, *ibid.* — Établit sa cour à Milan, lors de la séparation des états romains en empire d'Orient et d'Occident, 72. — Poursuit avec rigueur les magiciens, 73. — Accorde le libre exercice du culte, 75. — Sa mort, *ibid.*

VALENTINIEN II, empereur, V, 77.—Reçoit en partage l'Italie, l'Illyrie et l'Afrique, 78. — Est étouffé dans son lit par ordre de son favori Arbogaste, 190.

VALENTINIEN III, empereur d'Occident, V, 191. — Se sauve à Rome lorsque Attila pénètre pour la troisième fois en Italie, 207. — Tue Ætius de sa propre main, 209.

VALÉRIE, fille de Dioclétien, IV, 290. — Sacrifie aux idoles, *ibid.* — Est décapitée à Thessalonique, 292.

VALÉRIEN marche au secours de Gallus attaqué par Émilien, IV, 255. — Est proclamé empereur, *ibid.* — Associe son fils Gallien à l'empire, *ibid.* — Est nommé censeur, *ibid.* — Combat les Barbares, *ibid.*—Fait la guerre aux Perses, 256. — Est fait prisonnier, *ibid.* — Son humiliation, *ibid.* — Meurt, *ibid.* — Il reste de lui de belles médailles, 258.

VALÉSIENS. Ce qu'enseignait cette secte. *Voir* Origène.

VALHALLA (le) des Barbares. Ce que c'était, VI, 32.

VALLIA, élu roi des Visigoths, V, 188. — Extermine les Silinges et les Alains, en Espagne, *ibid.*

VALLÉE DE JOSAPHAT. Son aspect, X, 178. — De Chamouni, XIII, 126.—Du Jourdain, XX, 187.

VALOIS (lignée royale de) avait peu de mœurs, mais avait du génie, XIII, 107.—Tour ou chapelle dite *des Valois* à Saint-Denis, citée comme un beau monument, XVI, 281. — Le lieu où elle était renferme les restes des rois et reines exhumés à Saint-Denis, *ibid.*

VALOIS (Charles de), comte d'Auvergne. Ses intrigues politiques, XIII, 111.—Est renfermé à la Bastille, 112. — Son caractère, *ibid.* — Sa mort, *ibid.*

VALOIS. *Voir* MARGUERITE DE VALOIS.

VAN DE CÉRÈS. Conjectures sur ce point d'antiquité grecque, XIX, 276.

VANASSEL atteste par sa fertilité les travaux agricoles des Bénédictins, XVII, 38.

VANCOUVER. Son arrivée à la Colombia, XII, *Préf.*, 50.

VANDALES (les). Leur origine, XI, 86. — S'emparent des Gaules avec d'autres Barbares, IV, 275. — Sont chassés par l'empereur Probus, *ibid.*

VANIÈRE (le père), savant jésuite, cité, XVII, 27.

VANNES (Saint-), célèbre congrégation de ce nom, citée, IV, *Préf.*, 13, 18.

VARILLAS, auteur d'une Histoire de France, IV, *Préf.*, 33.

VARUS. Description de son camp, XIX, 147, 324.

VASES de Corinthe, cités. *Voir* Corinthe. — Vases du temple de Jérusalem. Détails à ce sujet, IX, *Préf.*, 136. — Sacrés, respectés par les Barbares, VI, 54.

VASSAL. Ce que c'était au moyen-âge, VI, 224.

VATICAN. Son origine, IV, 174. — Son musée, XIII, 36.

VAUDONCOUR (M. de). Ses mémoires sur la guerre entre la France et la Russie, IX, *Préf.*, 23.

VAUDOISIE D'ARRAS. Ce que c'était, XXVIII, 51 ; VI, 295.

VAUGE a été fertilisé par saint Colomban, XVII, 38.

VELLÉDA, druidesse (épisode). *V.* la Table sommaire des Martyrs.

VELLEIUS - PATERCULUS a généralisé l'histoire, sans la défigurer, XV, 280.

VELLY. Son histoire de France, IV, *Préf.*, 33. — Son travail est d'un grand prix, *ibid.*

VENDÉE (la). Ses forêts servent d'asile aux prêtres français pendant la terreur de 1793, XXVI, 111. — Se met en insurrection, II, 276. — Ce qu'elle a souffert pour la monarchie, XXV, 262. — Ce que les ministres du roi ont fait pour elle, 272.

VENDÉENS (les) se soulèvent contre les principes de la révolution, XXV, 225. — Prennent Saumur, 230. — Leur renommée se répand dans toute l'Europe, 231. Battent les républicains à Châtillon et à Coron, 232. — Sont battus à Chollet, 236. — Se retirent à Beaupréau, *ibid.* — Se replient sur Saint-Fulgent, *ibid.* — Battent les républicains à Laval, 239. — S'insurgent contre leurs chefs, 241. — Ne peuvent passer la Loire, 242. — Sont défaits au Mans, *ibid.* — Sont vaincus à Savenay, 243. — Leur soumission, 248. — Reprennent les armes en 1799, *ibid.* — Se soulèvent après le 20 mars 1815, 341. — Détails sur ce qu'ils ont obtenu à la restauration, 276.

VENISE (ville de) a dû sa naissance à l'invasion d'Attila en Italie, V, 208. — A dû ses richesses aux croisades, XVII, 48. — Visitée par l'auteur, IX, 3.

VÉNITIENS (les) se précipitent sur le Péloponèse et l'Attique, IX, *Préf.*, 103. — S'emparent de Constantinople, *Préf.*, 104. — Sont maîtres de la Morée, *Préf.*, 105. — Ravagent Athènes, *Préf.*, 111. — S'emparent de Coron, *ibid.* — Sont chassés par les Turcs, *ibid.* — Vicissitudes de leurs expéditions, *ibid.* — Ont établi leur commerce avec l'Inde et la Chine par caravanes, XII, *Préf.*, 19.

VENT DU MIDI. Ses effets terribles au désert, XX, 57.

VÉNUS. Rôle que les mythologistes font jouer à cette déesse, XX, 183, 190, 334, 335.

VERAZINI (Jean) a reconnu plus de six cents lieues de côtes, le long de l'Amérique septentrionale, par ordre de François Ier, VIII, 76.

VERDUN (les jeunes filles de). Leur mort, XIV, 81.

VERMILLON DE LIVADIE. Renommé. *Voir* Livadie.

VÉRONE (ville de). Son fameux congrès, XXVI, 311.

VERRÈS. Sa cruauté envers des prisonniers romains, XX, 271.

VERSAILLES (château de). Ses souvenirs historiques, XXIV, 295, 296. *Voir* Architecture.

VERTOT. Son erreur au sujet de Chéronnée, IX, 29.

VERTUS THÉOLOGALES. *Voir* Foi, Espérance et Charité.

VERTUS selon la religion chrétienne, XIV, 72. — Selon les anciens, 75. — Leur récompense selon les anciens, 233. — Selon les chrétiens, *ibid.*

VESERONCE (bataille de). Clodomir, roi d'Orléans, y est tué, VI, 97.

VESTALES. Mises en parallèle avec les vierges chrétiennes, V, 112, 113.

VÉSUVE. Visité par l'auteur, XIII, 54. — Cité à l'occasion de Pline, XIX, 291.

VÊTEMENTS. Noms des plus remarquables au moyen-âge, VI, 202.

VIATIQUE. Usage admirable de l'Église à ce sujet, XX, 208, 348.

VICAIRE SAVOYARD. Sa profession de foi, jugée, II, 121.

VICES selon la religion, XIV, 72. — Peines dans l'autre vie, 233.

VICO a, dans sa *Science Nouvelle*, posé les fondements de l'histoire générale de l'espèce humaine, IV, *Préf.*, 46. — Son système historique, *ibid.*

VICTIMES des sacrifices païens. *Voir* Sacrifice.

VICTOR HUGO. Son éloge, IV, *Préf.*, 64.

VICTORIA était mère du tyran Victorin, IV, 260. — Est la Zénobie des Gaules, *ibid.* — Meurt sous le règne d'Aurélien, 270.

VICTORIN est élu empereur en Occident sous le règne de Valérien et Gallien, IV, 259. — Succède à Posthume, 260. — Son caractère, *ibid.*

VIDA. Son poème sur la vie de Jésus-Christ, XVII, 171.

VIE A VENIR. Sans cette vérité tout le christianisme est faux, XIV, 215, 236.

VIE DE JÉSUS-CHRIST. Dissertation sur celle du père de Ligny, VIII, 174.

VIE MONASTIQUE. Son origine, XVI, 145.

VIEILLESSE (belle image de la), XIX, 133.

VIERGE (sainte). Son culte est plein de charmes, XIV, 32, 34. — Son sépulcre et ses funérailles, X, 182.

VIERGES CHRÉTIENNES. Leur beau caractère, V, 112, 241, 245. — Leur vêtement consacré, XXI, 163. — Exemples de leur héroïsme, XX, 208, 347.

VIES des saints pendant les huit premiers siècles. Ce qu'en pense l'auteur, IV, *Préf.*, 20.

VIGNES plantées dans les Gaules. Autorités historiques, XX, 244.

VIGNETTES ou MINIATURES des manuscrits. Doivent être étudiées, IV, *Préf.*, 20. — Leur importance historique, VIII, 345.

VILEVAULT. Son admirable préface, IV, *Préf.*, 14.

VILLAMONT. Jugement de son ouvrage sur la Terre-Sainte, X, 150.

VILLA ADRIANA. Ses monuments, XIII, 26, 81. — Villa de Mécène, 85. — D'Est. Ses ruines, 87.

VILLARET. Continuateur de l'Histoire de France de Velly, IV, *Préf.*, 33.

VILLE EN BOIS, de 3000 pas de tour, XXVIII, 124.

VILLE-HARDOUIN (Guillaume), prince d'Achaïe, tombe entre les mains de Michel Paléologue, IX, *Préf.*, 103. — Remet les places qu'il possédait en Morée, *ibid.* — Cède Argos et Anaplion, *ibid.* — Est cité par Joinville, *ibid.* — Était historien et guerrier, XII, *Préf.*, 14.

VILLÈLE (le comte de). Ce qu'en dit l'auteur, XXVII, 119.

VILLEMAIN (M.). Son histoire de Cromwell, IV, *Préf.*, 55. — Doit publier une vie de Grégoire VII, *ibid.* — Ses mélanges historiques et littéraires, VI, 148.

VILLES et VILLAGES bâtis par le clergé, XVII, 40.

VILLES englouties de la Palestine, X, 127.

VILLES de l'ancienne France. Leur physionomie et leur aspect singulier au moyen-âge, VI, 276 et suiv.

VILON (François), savant du moyen-âge à la renaissance, VI, 257.

VINCENNES (bois de). Ce qui s'y passe de remarquable, VI, 197. — Souvenir de Saint-Louis, XIX, 331.

VINCENT (saint). Ses visions, XX, 208.

VINCENT DE PAUL (saint). Son histoire, XVII, 18. — Sa statue a été remplacée par celle de Marat, XVI, 74.

VINCI, musicien, a été protégé par les souverains pontifes, XV, 213.

VINELAND. Ancien nom de l'Amérique, VI, 25. — Origine de ce nom, XIV, 300.

VINISAUF ou VINISANF. Chroniqueur, cité, VI, 174.

VINS de l'Archipel, renommés, XX, *Préf.*, 30.

VIRGILE était consulté par

Auguste, IV, 156. — Parle de la résurrection dans son sixième livre, XIV, 238. — Son parallèle avec Racine, XV, 63. — Pourquoi sert de guide au Dante dans son Enfer. *Voir* Dante. — Sa statue au musée Capitolin, XIII, 40.

VIRGINIE (la). Colonisée par Jacques Cartier, etc., XII, *Préf.*, 11. — Se soulève contre Cromwell, mais est réduite à l'obéissance, XIII, 255.

VIRGINITÉ. Beauté de ce dogme chrétien, XIV, 57, 60.

VISIGOTHS (les) étaient les Goths d'Orient, IV, 250. — S'unissent aux Ostrogoths, V, 80. — S'en séparent, 83. — Demandent à Valens une retraite dans l'empire, *ibid.* — Conditions qui leur sont imposées, 84. — Sont accablés de misères et d'infortunes, 35. — Attaqués par les Romains sont vainqueurs, 88.

VISIONS (les trois) de Kilderik. Ce que c'est, VI, 92.

VISIONS de l'enfer. Légende du moine Albéric, citée, XXXIII, 83. — D'une femme d'Albion, 135.

VITRAUX des églises. Leurs beaux effets, VI, 277.

VITRY (le cardinal). Son opinion sur les religieuses de l'Hôtel-Dieu, XVII, 12.

VITUS. Sa collection des capitulaires de Charlemagne est la première qui ait été imprimée, VI, 127.

VOIE douloureuse à Jérusalem, X, 170; XX, 194 et suiv.

VOIES ROMAINES, citées. *Voir* Cassia. — Voie Appienne. Sa beauté et ses monuments, XIX, 95.

VOILE (cérémonie de la prise de), XVIII, 131.

VOEUX de pauvreté et de chasteté, etc., XVI, 141, 143, 221.

VOEUX de chevalerie, XVI, 236. — Des mariniers. *Voir* ce mot.

VOLNEY. Son ouvrage est un chef-d'œuvre dans tout ce qui n'est pas érudition, XI, 12. — Sa description d'Alexandrie est complète et fidèle, 34. — A donné d'excellents renseignements sur la Syrie, IX, *Préf.*, 4. — N'a écrit que quelques mots sur les Saints-Lieux, X, 150.

VOLTAIRE. Son caractère, XIV, 269. — Consultait sur ses tragédies les pères Brumoy et Porée, VIII, 124. — A dédié *Mérope* à ce dernier, XVII, 26. — Haïssait Rousseau et Montesquieu, III, 213. — Sa correspondance, 214. — N'entendait rien en métaphysique, 144. — Considéré comme historien, XV, 290. — Son opinion sur le règne de Charlemagne, XVII, 35. — Son opinion sur les mathématiques, XV, 242. — Ses essais historiques trop décriés, IV, *Préf.*, 33. — Ses jugements sur Shakespeare, VIII, 39. — Sa Henriade, XIV, 265. — A mis en action les anges, les saints, le paradis et l'enfer, XXI, 179. — A profané la mémoire de Jeanne d'Arc, XV, 364. — Son opinion sur les missionnaires, XVI, 163. — Ses pensées sur le père Parennin, 175. — Son éloge de la confession, XIV, 40. — Celui de la communion, 66. — Ne se fait pas conscience de tronquer ce qui ne lui convient pas, VIII, 223. — Reproche que lui fait Robertson à ce sujet, XVI, 300. — Suétone et Tacite prouvent contre lui la vérité des persécutions, 302. — Ses objections contre la Bible viennent de Julien, 49.

VOCONCES (les), peuples gaulois qui habitaient le Dauphiné, XIX, 141.

VORAGINES (Jacques de). Savant du moyen-âge à la renaissance, VI, 257.

VOYAGES. Leurs résultats, VIII, 253.

VOYAGES PITTORESQUES. Premiers auteurs, VIII, 253.

VOYAGEURS célèbres, cités comme autorités, IX, *Préf.*, 92; XII, *Préf.*, 4 et suiv. — Sur Sparte, 93. — Anacharsis. *Voir* ce nom. — Pausanias. *Voir* ce nom. — Ce que les voyages ont coûté à l'auteur, IX, 150.

W.

WALID (calife). Sous son règne les Arabes ont découvert la Chine, XII, *Préf.*, 14.

WALLIS. Ses voyages, XII, *Préf.*, 34.

WALTER SCOTT. Ce que lui doit l'Écosse, IV, *Préf.*, 64.

WALHEOF. *Voir* Guallève et Légende.

WASHINGTON. Ses premières armes, VII, 339. — Est comparé à Bonaparte, XII, 20, 21, 22, 27.

WEERT. Voyageur sur mer, XII, *Préf.*, 34.

WEBB a cherché les sources du Gange, XII, *Préf.*, 35.

WESEL (ville de) a été fondée par les chevaliers teutoniques, XVII, 28.

WESTPHALIE (la) faisait partie du pays habité par les Francs, VI, 89.

WIARDA (M.). On lui doit une collection des manuscrits des deux textes de la loi salique, IV, *Préf.*, 10.

WICLEFF. Ses déclamations contre l'Église et les grands, VI, 261.

WILLIBALDUS a écrit sur Jérusalem, X, 150.

WITHIMER succède à Hermanric, comme chef des Ostrogoths, V, 82. — Est tué dans la bataille qu'il livre aux Huns, *ibid.*

WOLGA (le) est indiqué par Ptolémée, XII, *Préf.*, 12.

WOODROGERS. Célèbre voyageur sur mer, XII, *Préf.*, 34.

WOOK a fait un voyage en Grèce pour visiter la patrie d'Homère, IX, *Préf.*, 123.

WORMIUS (Olaüs) offre dans sa littérature runique une multitude de poésies saldes, VI, 16.

WULFSTAN (le Danois) a décrit la mer Baltique, XII, *Préf.*, 16.

X.

XÉNOPHON est le père de l'histoire morale, XV, 280. — Tient un rang illustre parmi les guerriers voyageurs, XII, *Préf.*, 10. — Sa Cyropédie peut être regardée comme un traité propre à former le cœur de la jeunesse, VIII, 122.

XERXÈS, successeur de Darius, II, 273. — Sa pusillanimité, *ibid.* et suiv.

Y.

YAMASES (les), peuple de la Floride, conquis par les Muscogulges, XII, 246 et suiv.

YAZOU (rivière). Sa description, XII, 269.

YAZOUS (les). Nation éteinte, XII, 264.

YEUX (les). Merveilles de leur organisation, XIV, 325.

YORK (le duc d') faisait partie

de l'armée coalisée contre la France, II, 278. — Est d'avis de marcher contre la capitale, 280.

YOUNG. Jugement sur ses *Nuits* ou *Complaintes*, VIII, 21.

Z.

ZACHARIE, pape, approuve l'élection de Pépin au trône des Francs, VI, 114. — Désirait se soustraire au joug des empereurs grecs et des Iconoclastes, *ibid*.
ZALEUCUS, législateur dans la Grande-Grèce, II, 199. — Ses lois, *ibid*.
ZAMA (bataille de). Récit de ce grand événement, XI, 74.
ZANTE (île de) ou *CÉFALONIE*. *Voir* ce nom.
ZEA (île de) est l'ancienne Céos, XI, 6. — Coutume singulière qu'on y pratique, *ibid*. — Son commerce, 7.
ZÉLANDE (la Nouvelle-) a été reconnue par Tasman, XII, *Préf.*, 30. — A été découverte par Cook, II, 169.
ZÉNOBIE était femme d'Odénat, tyran sous Valérien, IV, 272. — Se déclare indépendante après la mort de son mari, 267. — S'empare de l'Égypte, 270. — Est battue à Émèse, *ibid*. — Orne le triomphe d'Aurélien, son vainqueur, 272. — Avait cultivé les lettres, *ibid*.
ZÉNON, chef de la secte stoïcienne, III, 124. — Sa philosophie, *ibid*. — Son système sur l'origine du monde, XIV, 95.
ZÉPHYR ou le vent d'ouest chez les Grecs, XIX, 281.
ZEUXIS. Sujets de quelques uns de ses tableaux, XV, 218.
ZIGOMALAS. Sa lettre sur Athènes, IX, *Préf.*, 113.
ZOROASTRE, fondateur de la philosophie persane et de l'ordre des Mages, II, 348. — Sa théogonie, 254. — Opinion de plusieurs auteurs sur sa vie et ses principes, *ibid*.
ZOROASTRE II a altéré la doctrine de Zoroastre Ier, II, 254. — Ses lois, XIV, 82.

J. B. H*****.

CLASSEMENT DES GRAVURES

POUR LES OEUVRES

DE M. DE CHATEAUBRIAND.

TOME PREMIER.

Portrait en regard du titre.
La chute du Niagara............................ 149
Jersey.. 194

TOME DEUXIÈME.

Bonaparte, 1797, en regard du titre.
L'Égypte...................................... 132

TOME TROISIÈME.

Robespierre................................... 20
Exécution de Louis XVI........................ 98

TOME QUATRIÈME.

Mirabeau, préface............................. 57
Catherine de Médicis, *ib*.................... 111

TOME CINQUIÈME.

Rome, en regard du titre.
Constantinople.................................... 96

TOME SIXIÈME.

Saint Louis....................................... 178
Mazarin 256
Le moyen-âge..................................... 270

TOME SEPTIÈME.

Le roi Jean à la bataille de Poitiers............. 92
Mort de la Pucelle................................ 137
Louis XI.. 145
Plessis-lès-Tours................................. 146
François Ier............................ 165
Mort de Bayard 169
Charles IX 198
Henri III 212
Le duc de Guise................................... 219
Assassinat du duc de Guise 250
Henri IV.. 295

TOME HUITIÈME.

Londres 5
Louis XIV... 216
Buffon.. 235
Malesherbes 289
Mme de Staël............................ 328

TOME NEUVIÈME.

Carte de l'Itinéraire............................. 1

Corfou 9
Sparte. « Et je criai de toute ma force, etc. ».... 74

TOME DIXIÈME.

Mer Morte 122
Carte de la Palestine....................... 147
Jérusalem.................................. 211
Temple de Jérusalem........................ 234

TOME ONZIÈME.

Ruines de Carthage......................... 97

TOME DOUZIÈME.

Wasinghton 20
Napoléon 22
Forêt vierge 54

TOME TREIZIÈME.

Marie Stuart distribuant ses joyaux, en regard du titre.
Naples 47
Marie Stuart............................... 155
Charles Ier 157
Marie de Médicis........................... 180
Cromwell devant le portrait de Charles Ier 201

TOME QUATORZIÈME.

La prière, en regard du titre.
La communion............................... 41

TOME QUINZIÈME.

Retour du pélerin, en regard du titre.

TOME SEIZIÈME.

La Messe..	65
Le convoi du laboureur...........................	83
Les tombeaux..	105
Le chevalier..	231

TOME DIX-SEPTIÈME.

Sœurs grises..	11
Boileau..	23
Montesquieu..	27
Venise...	48

TOME DIX-HUITIÈME.

Atala..	37
Salle des jugements.............................	170
Le dernier Abencérage et Blanca...........	173
Le dernier Abencérage et Lautrec..........	191

TOME DIX-NEUVIÈME.

Je tombe aux pieds de Velleda, en regard du titre.

TOME VINGTIÈME.

Les martyrs, en regard du titre.

TOME VINGT-UNIÈME.

Elle exhale son dernier soupir, en regard du titre.

Racine... 68
Corneille... 94

TOME VINGT-DEUXIÈME.

Les Natchez, en regard du titre.

TOME VINGT-TROISIÈME.

Départ de René, en regard du titre.

TOME VINGT-QUATRIÈME.

Le soir dans une vallée.................	21
La mer................................	55
L'esclave..............................	65

TOME VINGT-CINQUIÈME.

La duchesse de Berry, en regard du titre.

Cathelineau...........................	225
Charette..............................	226
Larochejacquelein.....................	237
La Harpe..............................	295
Henri V...............................	317

TOME VINGT-SIXIÈME.

Napoléon, 1812........................	11
Mme Elisabeth...........................	346

TOME VINGT-SEPTIÈME.

Richelieu.............................	102
Villèle................................	119

TOME VINGT-HUITIÈME.

J.-J. Rousseau........................	287

Charlotte Corday............. 309

TOME VINGT-NEUVIÈME.

La princesse de Lamballe, en regard du titre.

TOME TRENTIÈME.

Marie-Antoinette....................... 1

TOME TRENTE-TROISIÈME.

Cromwell, portrait 323

TOME TRENTE-QUATRIÈME.

Milton 3
Walter Scott........................... 292
Lord Byron............................ 316

www.ingramcontent.com/pod-product-compliance
Lightning Source LLC
Chambersburg PA
CBHW050319170426
43200CB00009BA/1388